· 中国物流与采购联合会系列报告 ·

中国供应链发展报告

2017

中国物流与采购联合会
China Federation of Logistics & Purchasing

China Supply Chain Development Report（2017）

中国财富出版社

图书在版编目（CIP）数据

中国供应链发展报告.2017／中国物流与采购联合会编.—北京：中国财富出版社，
2017.11

ISBN 978－7－5047－3630－7

Ⅰ.①中…　Ⅱ.①中…　Ⅲ.①供应链管理—研究报告—中国—2017　Ⅳ.①F259.21

中国版本图书馆 CIP 数据核字（2017）第 271561 号

策划编辑 张　茜		**责任编辑** 邢有涛　赵雅馨			
责任印制 方朋远　梁　凡		**责任校对** 胡世勋		**责任发行** 敬　东	

出版发行 中国财富出版社

社　　址	北京市丰台区南四环西路 188 号 5 区20 楼	**邮政编码**　100070
电　　话	010－52227588 转 2048/2028（发行部）	010－52227588 转 307（总编室）
	010－68589540（读者服务部）	010－52227588 转 305（质检部）
网　　址	http://www.cfpress.com.cn	
经　　销	新华书店	
印　　刷	北京京都六环印刷厂	
书　　号	ISBN 978－7－5047－3630－7/F·2830	
开　　本	787mm×1092mm　1/16	**版　　次**　2017 年 11 月第 1 版
印　　张	17	**印　　次**　2017 年 11 月第 1 次印刷
字　　数	342 千字	**定　　价**　198.00 元

中国供应链发展报告（2017）
编 委 会

中国供应链发展报告（2017）
编 辑 部

主　　编：蔡　进

副 主 编：郑荣良

编辑人员：刘　笛　闫建华　马天琦

联系方式：

采 购 委：010 - 58566588 - 162、230、180

网　　址：www. chinascm. org. cn

电子邮箱：liud@ chinascm. org. cn

yanjh@ chinascm. org. cn

matq@ chinascm. org. cn

前　言

当今世界，全球国家之间竞争与合作的主线已日益深化为全球供应链之间的竞争与合作。全球供应链正在不断突破传统的地理疆界，形成了全新的全球互联互通的功能性版图。欧美国家已经将全球供应链逐步从企业微观层面提升到国家宏观战略层面，我国也在不断研究探索，积极推动出台供应链相关政策。近日，国务院办公厅印发《国务院办公厅关于积极推进供应链创新与应用的指导意见》（以下简称《意见》），全面部署供应链创新与应用有关工作，推动我国供应链发展水平全面提升，标志着我国供应链迎来创新与应用发展的新时代。当前，随着"一带一路"倡议和"中国制造2025"的实施，以及供给侧结构性改革的不断深入，我国参与全球供应链体系竞争与合作的深度不断加深、广度不断扩大，供应链创新与应用正在迎来广阔的发展前景。因此，如何在新一轮的全球经济发展大潮中，促进产业链、价值链与供应链的融合和创新发展，通过供应链的牵引和驱动，提升国家竞争力，实现跨越式发展，是摆在我国政府、行业和企业面前的现实问题。

中国物流与采购联合会是面向物流、采购和供应链领域的全国性行业社团组织，推动中国供应链事业的发展是我们的重要使命之一。早在十多年前，我会就专门成立了采购与供应链管理专业委员会，具体负责传播和推广先进的供应链管理理念、技术与方法。十多年来，我会还与美国供应管理协会（ISM）等多家国际机构开展了深层次合作，举办多层面供应链国际交流论坛活动，引入了先进的供应管理培训和专业认证资质体系，在推动供应链公共服务体系建设等方面，进行了有益的探索和实践。

今年，是我国供给侧结构性改革的深化之年，也是供应链创新跨越发展之年。为了更好地探讨和发挥供应链在我国经济转型、供给侧结构性改革中的作用，全面、系统、准确地反映我国供应链发展状况，为政府、企事业单位等提供决策参考和研究借鉴，我会决定组织编辑出版《中国供应链发展报告（2017）》，旨在通过深入分析我国供应链管理发展的现状和问题，把握趋势，研究措施，积极推进我国供应链的创新发展。本报告包括综合篇、产业篇、专题篇和企业篇，既有综合产业及细分行业分析，也有专题研究，同时还有企业最佳实践案例，共计十五篇研究报告。

　　本报告在编写过程中，得到了社会各界的广泛关注，国内外一流的供应链管理专家和研究机构积极响应、踊跃投稿，如北京大学、中国人民大学、厦门大学、天津大学、北京物资学院等高等院校的资深学者，世界 500 强企业以及国内领先的供应链管理企业等资深专业人士。报告中的数据较新、涵盖面较宽、理论指导性较强，体现了一定的权威性和专业性。本报告今年首次编辑出版，后续将每年出版一本《中国供应链发展报告》，持续地对我国的供应链管理实践与创新加以系统总结和研究分析，以期成为业界具有重要影响力的行业发展报告。

　　在此，我代表中国物流与采购联合会，由衷感谢一直关注和支持我们的专家学者、研究机构和企业代表。在全球化的今天，中国供应链管理实践与创新的成果，不仅仅属于中国，更属于世界。我们诚恳地希望广大国内外供应链领域的专家和学者继续关注和支持这本报告，提出宝贵意见和建议，以帮助我们进一步改进工作，共同提升我国供应链管理水平，为全球供应链管理的发展做出贡献！

中国物流与采购联合会会长

2017 年 10 月

目　录

综合篇

产业篇

专题篇

企业篇

综合篇

国务院办公厅关于积极推进供应链创新与应用的指导意见

（国办发〔2017〕84号）

各省、自治区、直辖市人民政府，国务院各部委、各直属机构：

供应链是以客户需求为导向，以提高质量和效率为目标，以整合资源为手段，实现产品设计、采购、生产、销售、服务等全过程高效协同的组织形态。随着信息技术的发展，供应链已发展到与互联网、物联网深度融合的智慧供应链新阶段。为加快供应链创新与应用，促进产业组织方式、商业模式和政府治理方式创新，推进供给侧结构性改革，经国务院同意，现提出以下意见。

一、重要意义

（一）落实新发展理念的重要举措。

供应链具有创新、协同、共赢、开放、绿色等特征，推进供应链创新发展，有利于加速产业融合、深化社会分工、提高集成创新能力，有利于建立供应链上下游企业合作共赢的协同发展机制，有利于建立覆盖设计、生产、流通、消费、回收等各环节的绿色产业体系。

（二）供给侧结构性改革的重要抓手。

供应链通过资源整合和流程优化，促进产业跨界和协同发展，有利于加强从生产到消费等各环节的有效对接，降低企业经营和交易成本，促进供需精准匹配和产业转型升级，全面提高产品和服务质量。供应链金融的规范发展，有利于拓宽中小微企业的融资渠道，确保资金流向实体经济。

（三）引领全球化提升竞争力的重要载体。

推进供应链全球布局，加强与伙伴国家和地区之间的合作共赢，有利于我国企业更深更广融入全球供给体系，推进"一带一路"建设落地，打造全球利益共同体和命运共同体。建立基于供应链的全球贸易新规则，有利于提高我国在全球经济治理中的话语权，保障我国资源能源安全和产业安全。

二、总体要求

（一）指导思想。

全面贯彻党的十八大和十八届三中、四中、五中、六中全会精神，深入贯彻习近平总书记系列重要讲话精神和治国理政新理念新思想新战略，认真落实党中央、国务院决策部署，统筹推进"五位一体"总体布局和协调推进"四个全面"战略布局，坚持以人民为中心的发展思想，坚持稳中求进工作总基调，牢固树立和贯彻落实创新、协调、绿色、开放、共享的发展理念，以提高发展质量和效益为中心，以供应链与互联网、物联网深度融合为路径，以信息化、标准化、信用体系建设和人才培养为支撑，创新发展供应链新理念、新技术、新模式，高效整合各类资源和要素，提升产业集成和协同水平，打造大数据支撑、网络化共享、智能化协作的智慧供应链体系，推进供给侧结构性改革，提升我国经济全球竞争力。

（二）发展目标。

到2020年，形成一批适合我国国情的供应链发展新技术和新模式，基本形成覆盖我国重点产业的智慧供应链体系。供应链在促进降本增效、供需匹配和产业升级中的作用显著增强，成为供给侧结构性改革的重要支撑。培育100家左右的全球供应链领先企业，重点产业的供应链竞争力进入世界前列，中国成为全球供应链创新与应用的重要中心。

三、重点任务

（一）推进农村一二三产业融合发展。

1. 创新农业产业组织体系。鼓励家庭农场、农民合作社、农业产业化龙头企业、农业社会化服务组织等合作建立集农产品生产、加工、流通和服务等于一体的农业供应链体系，发展种养加、产供销、内外贸一体化的现代农业。鼓励承包农户采用土地流转、股份合作、农业生产托管等方式融入农业供应链体系，完善利益联结机制，促

进多种形式的农业适度规模经营，把农业生产引入现代农业发展轨道。（农业部、商务部等负责）

2. 提高农业生产科学化水平。推动建设农业供应链信息平台，集成农业生产经营各环节的大数据，共享政策、市场、科技、金融、保险等信息服务，提高农业生产科技化和精准化水平。加强产销衔接，优化种养结构，促进农业生产向消费导向型转变，增加绿色优质农产品供给。鼓励发展农业生产性服务业，开拓农业供应链金融服务，支持订单农户参加农业保险。（农业部、科技部、商务部、银监会、保监会等负责）

3. 提高质量安全追溯能力。加强农产品和食品冷链设施及标准化建设，降低流通成本和损耗。建立基于供应链的重要产品质量安全追溯机制，针对肉类、蔬菜、水产品、中药材等食用农产品，婴幼儿配方食品、肉制品、乳制品、食用植物油、白酒等食品，农药、兽药、饲料、肥料、种子等农业生产资料，将供应链上下游企业全部纳入追溯体系，构建来源可查、去向可追、责任可究的全链条可追溯体系，提高消费安全水平。（商务部、国家发展改革委、科技部、农业部、质检总局、食品药品监管总局等负责）

（二）促进制造协同化、服务化、智能化。

1. 推进供应链协同制造。推动制造企业应用精益供应链等管理技术，完善从研发设计、生产制造到售后服务的全链条供应链体系。推动供应链上下游企业实现协同采购、协同制造、协同物流，促进大中小企业专业化分工协作，快速响应客户需求，缩短生产周期和新品上市时间，降低生产经营和交易成本。（工业和信息化部、国家发展改革委、科技部、商务部等负责）

2. 发展服务型制造。建设一批服务型制造公共服务平台，发展基于供应链的生产性服务业。鼓励相关企业向供应链上游拓展协同研发、众包设计、解决方案等专业服务，向供应链下游延伸远程诊断、维护检修、仓储物流、技术培训、融资租赁、消费信贷等增值服务，推动制造供应链向产业服务供应链转型，提升制造产业价值链。（工业和信息化部、国家发展改革委、科技部、商务部、中国人民银行、银监会等负责）

3. 促进制造供应链可视化和智能化。推动感知技术在制造供应链关键节点的应用，促进全链条信息共享，实现供应链可视化。推进机械、航空、船舶、汽车、轻工、纺织、食品、电子等行业供应链体系的智能化，加快人机智能交互、工业机器人、智能工厂、智慧物流等技术和装备的应用，提高敏捷制造能力。（工业和信息化部、国家发展改革委、科技部、商务部等负责）

（三）提高流通现代化水平。

1. 推动流通创新转型。应用供应链理念和技术，大力发展智慧商店、智慧商圈、智慧物流，提升流通供应链智能化水平。鼓励批发、零售、物流企业整合供应链资源，构建采购、分销、仓储、配送供应链协同平台。鼓励住宿、餐饮、养老、文化、体育、旅游等行业建设供应链综合服务和交易平台，完善供应链体系，提升服务供给质量和效率。（商务部、国家发展改革委、科技部、质检总局等负责）

2. 推进流通与生产深度融合。鼓励流通企业与生产企业合作，建设供应链协同平台，准确及时传导需求信息，实现需求、库存和物流信息的实时共享，引导生产端优化配置生产资源，加速技术和产品创新，按需组织生产，合理安排库存。实施内外销产品"同线同标同质"等一批示范工程，提高供给质量。（商务部、工业和信息化部、农业部、质检总局等负责）

3. 提升供应链服务水平。引导传统流通企业向供应链服务企业转型，大力培育新型供应链服务企业。推动建立供应链综合服务平台，拓展质量管理、追溯服务、金融服务、研发设计等功能，提供采购执行、物流服务、分销执行、融资结算、商检报关等一体化服务。（商务部、中国人民银行、银监会等负责）

（四）积极稳妥发展供应链金融。

1. 推动供应链金融服务实体经济。推动全国和地方信用信息共享平台、商业银行、供应链核心企业等开放共享信息。鼓励商业银行、供应链核心企业等建立供应链金融服务平台，为供应链上下游中小微企业提供高效便捷的融资渠道。鼓励供应链核心企业、金融机构与中国人民银行征信中心建设的应收账款融资服务平台对接，发展线上应收账款融资等供应链金融模式。（中国人民银行、国家发展改革委、商务部、银监会、保监会等负责）

2. 有效防范供应链金融风险。推动金融机构、供应链核心企业建立债项评级和主体评级相结合的风险控制体系，加强供应链大数据分析和应用，确保借贷资金基于真实交易。加强对供应链金融的风险监控，提高金融机构事中事后风险管理水平，确保资金流向实体经济。健全供应链金融担保、抵押、质押机制，鼓励依托中国人民银行征信中心建设的动产融资统一登记系统开展应收账款及其他动产融资质押和转让登记，防止重复质押和空单质押，推动供应链金融健康稳定发展。（中国人民银行、商务部、银监会、保监会等负责）

（五）积极倡导绿色供应链。

1. 大力倡导绿色制造。推行产品全生命周期绿色管理，在汽车、电器电子、通信、大型成套装备及机械等行业开展绿色供应链管理示范。强化供应链的绿色监管，探索建立统一的绿色产品标准、认证、标识体系，鼓励采购绿色产品和服务，积极扶植绿色产业，推动形成绿色制造供应链体系。（国家发展改革委、工业和信息化部、环境保护部、商务部、质检总局等按职责分工负责）

2. 积极推行绿色流通。积极倡导绿色消费理念，培育绿色消费市场。鼓励流通环节推广节能技术，加快节能设施设备的升级改造，培育一批集节能改造和节能产品销售于一体的绿色流通企业。加强绿色物流新技术和设备的研究与应用，贯彻执行运输、装卸、仓储等环节的绿色标准，开发应用绿色包装材料，建立绿色物流体系。（商务部、国家发展改革委、环境保护部等负责）

3. 建立逆向物流体系。鼓励建立基于供应链的废旧资源回收利用平台，建设线上废弃物和再生资源交易市场。落实生产者责任延伸制度，重点针对电器电子、汽车产品、轮胎、蓄电池和包装物等产品，优化供应链逆向物流网点布局，促进产品回收和再制造发展。（国家发展改革委、工业和信息化部、商务部等按职责分工负责）

（六）努力构建全球供应链。

1. 积极融入全球供应链网络。加强交通枢纽、物流通道、信息平台等基础设施建设，推进与"一带一路"沿线国家互联互通。推动国际产能和装备制造合作，推进边境经济合作区、跨境经济合作区、境外经贸合作区建设，鼓励企业深化对外投资合作，设立境外分销和服务网络、物流配送中心、海外仓等，建立本地化的供应链体系。（商务部、国家发展改革委、交通运输部等负责）

2. 提高全球供应链安全水平。鼓励企业建立重要资源和产品全球供应链风险预警系统，利用两个市场两种资源，提高全球供应链风险管理水平。制定和实施国家供应链安全计划，建立全球供应链风险预警评价指标体系，完善全球供应链风险预警机制，提升全球供应链风险防控能力。（国家发展改革委、商务部等按职责分工负责）

3. 参与全球供应链规则制定。依托全球供应链体系，促进不同国家和地区包容共享发展，形成全球利益共同体和命运共同体。在人员流动、资格互认、标准互通、认可认证、知识产权等方面加强与主要贸易国家和"一带一路"沿线国家的磋商与合作，推动建立有利于完善供应链利益联结机制的全球经贸新规则。（商务部、国家发展改革委、人力资源和社会保障部、质检总局等负责）

四、保障措施

（一）营造良好的供应链创新与应用政策环境。

鼓励构建以企业为主导、产学研用合作的供应链创新网络，建设跨界交叉领域的创新服务平台，提供技术研发、品牌培育、市场开拓、标准化服务、检验检测认证等服务。鼓励社会资本设立供应链创新产业投资基金，统筹结合现有资金、基金渠道，为企业开展供应链创新与应用提供融资支持。（科技部、工业和信息化部、财政部、商务部、中国人民银行、质检总局等按职责分工负责）

研究依托国务院相关部门成立供应链专家委员会，建设供应链研究院。鼓励有条件的地方建设供应链科创研发中心。支持建设供应链创新与应用的政府监管、公共服务和信息共享平台，建立行业指数、经济运行、社会预警等指标体系。（科技部、商务部等按职责分工负责）

研究供应链服务企业在国民经济中的行业分类，理顺行业管理。符合条件的供应链相关企业经认定为国家高新技术企业后，可按规定享受相关优惠政策。符合外贸企业转型升级、服务外包相关政策条件的供应链服务企业，按现行规定享受相应支持政策。（国家发展改革委、科技部、工业和信息化部、财政部、商务部、国家统计局等按职责分工负责）

（二）积极开展供应链创新与应用试点示范。

开展供应链创新与应用示范城市试点，鼓励试点城市制定供应链发展的支持政策，完善本地重点产业供应链体系。培育一批供应链创新与应用示范企业，建设一批跨行业、跨领域的供应链协同、交易和服务示范平台。（商务部、工业和信息化部、农业部、中国人民银行、银监会等负责）

（三）加强供应链信用和监管服务体系建设。

完善全国信用信息共享平台、国家企业信用信息公示系统和"信用中国"网站，健全政府部门信用信息共享机制，促进商务、海关、质检、工商、银行等部门和机构之间公共数据资源的互联互通。研究利用区块链、人工智能等新兴技术，建立基于供应链的信用评价机制。推进各类供应链平台有机对接，加强对信用评级、信用记录、风险预警、违法失信行为等信息的披露和共享。创新供应链监管机制，整合供应链各环节涉及的市场准入、海关、质检等政策，加强供应链风险管控，促进供应链健康稳定发展。（国家发展改革委、交通运输部、商务部、中国人民银行、海关总署、税务总局、工商总局、质检总局、食品药品监管总局等按职责分工负责）

（四）推进供应链标准体系建设。

加快制定供应链产品信息、数据采集、指标口径、交换接口、数据交易等关键共性标准，加强行业间数据信息标准的兼容，促进供应链数据高效传输和交互。推动企业提高供应链管理流程标准化水平，推进供应链服务标准化，提高供应链系统集成和资源整合能力。积极参与全球供应链标准制定，推进供应链标准国际化进程。（质检总局、国家发展改革委、工业和信息化部、商务部等负责）

（五）加快培养多层次供应链人才。

支持高等院校和职业学校设置供应链相关专业和课程，培养供应链专业人才。鼓励相关企业和专业机构加强供应链人才培训。创新供应链人才激励机制，加强国际化的人才流动与管理，吸引和聚集世界优秀供应链人才。（教育部、人力资源和社会保障部、商务部等按职责分工负责）

（六）加强供应链行业组织建设。

推动供应链行业组织建设供应链公共服务平台，加强行业研究、数据统计、标准制修订和国际交流，提供供应链咨询、人才培训等服务。加强行业自律，促进行业健康有序发展。加强与国外供应链行业组织的交流合作，推动供应链专业资质相互认证，促进我国供应链发展与国际接轨。（国家发展改革委、工业和信息化部、人力资源和社会保障部、商务部、质检总局等按职责分工负责）

中国物流与采购联合会解读《国务院办公厅关于积极推进供应链创新与应用的指导意见》

日前，国务院办公厅印发了《国务院办公厅关于积极推进供应链创新与应用的指导意见》（国办发〔2017〕84号，以下简称《意见》），部署供应链创新与应用有关工作，推动我国供应链发展水平全面提升。中国物流与采购联合会从行业组织的角度，对《意见》做出如下解读。

一、出台背景：全球趋势 顺势而为

早在20世纪90年代，国际学界对传统供应链的普遍定义是"围绕核心企业，通过对商流、信息流、物流、资金流的控制，从采购原材料开始到制成中间产品及最终产品、最后由销售网络把产品送到消费者手中的一个由供应商、制造商、分销商、零售商直到最终用户所连成的整体功能网链结构"。进入21世纪，全球物流已进入供应链时代，发达国家纷纷从战略层面推进供应链体系建设。2012年，美国发布了《全球供应链国家安全战略》，把供应链建设上升到国家战略的高度。随着全球经济一体化和信息技术的不断发展，物流、采购、电商、快递等业态融合交叉发展，现代物流向供应链转型升级成为必然趋势，供应链与互联网、物联网深度融合，已经逐渐步入智慧供应链新阶段，成为供给侧结构性改革和构建全球化经济新格局的有力抓手。

改革开放近四十年来，我国经济持续高速增长，综合国力得到极大提升，现代物流与供应链管理规模迅速发展，有力地促进了经济结构调整和发展方式转变，较好地发挥了对国民经济的支撑和保障作用。目前，我国已经成为全球第二大经济体、世界最大的贸易国之一，也是全球供应链重要中心之一。2016年，全国社会物流总额达230万亿元，社会物流总费用超过11万亿元，已经超过美国，成为全球最大的物流市场。全国货运量达到440亿吨，其中，公路货运量、铁路货运量、港口货物吞吐量多年来居世界第一位。快递业务量突破300亿件，继续稳居世界第一。特别是物流、采购、电商、快递等业态融合交叉，不断创新发展，为我国产业的转型升级提供了良好的条件和契机。总体而言，我国供应链发展虽然处于初级阶段，但发展起点高、发展速度快，供应链在各行业加速创新与应用，形成了多种供应链发展模式，推动了我国经济的转型升级，提升了我国全球市场竞争力。

党的十八大以来，以习近平同志为核心的党中央高度重视我国供应链的发展，多次提出要推进供应链创新，着力加强供给侧结构性改革，形成完整高效的产业供应链。国务院做出全面部署安排，要求以提高经济发展质量和效益为中心，以供应链与互联网深度融合为根本路径，以信息化、标准化、信用体系建设和人才培养为支撑，创新发展供应链新理念、新技术、新模式，高效整合各类资源和要素，提升产业集成和协同水平，打造大数据支撑、网络化共享、智能化协作的智慧供应链体系。

2016 年以来，商务部、中国物流与采购联合会以及相关部门研究机构等全程重点参与《意见》的相关调研和起草工作。

二、出台意义：首部政策　战略立意

《意见》是我国首次以国务院办公厅名义发布的有关供应链的专题政策，是一个里程碑式的文件，标志着我国进入供应链创新与应用发展的新时代。《意见》包括：重要意义、总体要求、重点任务和保障措施四大部分主体内容。顺应当今时代与行业发展的趋势与特征，《意见》中提出，供应链是以客户需求为导向，以提高质量和效率为目标，以整合资源为手段，实现产品设计、采购、生产、销售及服务全过程高效协同的组织形态。它体现了当今时代发展趋势和特征，强调供应链降本增效、协同整合、开放共赢的功能特征与组织模式，其应用范围从企业、产业之间的互联互通，延伸到地区、国家之间的互联互通。《意见》中指出，推进供应链的创新与应用，是落实新发展理念的重要举措，是供给侧结构性改革的重要抓手，是引领全球化、提升竞争力的重要载体，凸显出供应链重大战略意义。

三、总体要求：立意高远　方向明确

《意见》总体要求分为指导思想和发展目标两大部分。指导思想：全面贯彻党的十八大和十八届三中、四中、五中、六中全会精神，深入贯彻习近平总书记系列重要讲话精神和治国理政新理念、新思想、新战略，认真落实党中央、国务院决策部署，统筹推进"五位一体"总体布局和协调推进"四个全面"战略布局，坚持以人民为中心的发展思想，坚持稳中求进工作总基调，牢固树立和贯彻落实创新、协调、绿色、开放、共享的发展理念，以提高发展质量和效益为中心，以供应链与互联网深度融合为路径，以信息化、标准化、信用体系建设和人才培养为支撑，创新发展供应链新理念、新技术、新模式，高效整合各类资源和要素，提升产业集成和协同水平，打造大数据支撑、网络化共享、智能化协作的智慧供应链体系，推进供给侧结构性改革，提升我国经济全球竞争力。《意见》立意高远，着眼于推动国家经济社会发展，找准了路径，为供应链发展指明了方向。

《意见》的发展目标契合实际和发展趋势，要求我们主动适应经济发展新常态，具体是：到 2020 年，形成一批适合我国国情的供应链发展新技术和新模式，基本形成覆盖我国重点产业的智慧供应链体系。……培育 100 家左右的全球供应链领先企业，我国成为全球供应链创新与应用的重要中心。

四、重点任务：实现主要产业全覆盖

《意见》提出了六项重点任务，分别是：推进农村一、二、三产业融合发展，促进制造协同化、服务化、智能化，提高流通现代化水平，积极稳妥发展供应链金融，积极倡导绿色供应链，努力构建全球供应链。这六项任务符合"创新、协调、绿色、开放、共享"的发展理念，其中前三项任务分别覆盖了我国的第一产业、第二产业、第三产业，目标是通过供应链促进我国社会经济的协调发展，实现全社会的经济红利共享。

重要任务一：推进农村一、二、三产业融合发展。我国是农业大国，但并非农业强国。传统小农生产模式仍然普遍存在，影响农产品供应链建设，影响农村经济发展。《意见》从创新农业产业组织体系、提高农业生产科学化水平、提高质量安全追溯能力三个方面，以供应链理念推进农村一、二、三产业融合发展，势必加速我国传统农业生产模式向现代农业生产模式转变，以供应链推动我国从农业大国走向农业强国。

重要任务二：促进制造协同化、服务化和智能化。当前，电子商务及移动支付等技术手段带来的生产和服务变革，正在重塑全球制造业供应链体系。《意见》提出了推进供应链协同制造、发展服务型制造与促进制造供应链可视化和智能化是提升制造业整体发展水平的三个重要方向。这是强化供给侧结构性改革，落实"中国制造 2025"任务，推进我国从制造业大国向制造业强国转变的重要举措，也有利于中国制造抢占全球供应链高地。

重要任务三：提高流通现代化水平。作为全球最大贸易国之一和全球最大的电商市场，我国流通领域创新发展已走在世界前列，以阿里、京东、苏宁等为代表的大数据驱动的供应链流通服务体系正在形成。但支撑我国零售等市场基本面的仍是大量中小企业，《意见》提出的推动流通创新转型、推进流通与生产深度融合和提升供应链服务水平，将在加速我国流通供应链智能化，强化流通与生产供应链联动，以及提升供应链核心竞争力等方面发挥重要作用。

重要任务四：积极稳妥发展供应链金融。供应链金融是推动产业"脱虚入实"，以金融推动实体发展，加速产融结合的重要手段。国家政策引导和推动下的供应链金融，更应当积极发挥金融对于实体经济的促进作用，并且运用有效手段防范供应链金融风险。

重要任务五：积极倡导绿色供应链。我国绿色供应链的实践才刚刚起步，部分企业采取的绿色供应链措施主要是在我国不断提高的环境标准及环境政策压力下采取的行为。《意见》提出的大力倡导绿色制造、积极推行绿色流通和建立逆向物流体系，将加速我国经济的绿色发展和可持续发展。

重要任务六：努力构建全球供应链。我国倡导的"一带一路"伟大构想，为我国融入世界经济开创了新的局面。"一带一路"建设的本质是打造融合商流、物流、资金流、信息流、人才流等多元一体的供应链新通路。同时，我国借助上海合作组织、亚太经济合作组织（APEC）等多元合作组织参与全球经济建设，展现大国担当，也需要从构建全球供应链体系出发，积极融入全球供应链网络、提高全球供应链安全水平和参与全球供应链规则制定，这也将极大提升我国参与全球供应链体系建设的深度和广度。

五、保障措施：立体、有力、可行

《意见》提出了六条保障措施，分别从政策环境、试点示范、信用和监管、标准体系、人才培养、行业组织建设等方面提出了要求，从营造良好公共政策环境和行业环境出发，从政策到试点，从宏观到微观，符合行业和企业发展诉求，立体感强、富有力度、具体可行。在政府有关部门的引导和推动下，能够充分发挥企业和行业的积极性和创造性。

其中，第六条保障措施明确指出："加强供应链行业组织建设。"包括：推动供应链行业组织建设供应链公共服务平台，加强行业研究、数据统计、标准制修订和国际交流，提供供应链咨询、人才培训等服务。加强行业自律，促进行业健康有序发展。加强与国外供应链行业组织的交流合作，推动供应链专业资质相互认证，促进我国供应链发展与国际接轨。

六、行业组织：使命光荣　责任重大

中国物流与采购联合会作为经国务院批准设立的我国唯一一家物流与采购行业综合性社团组织，其主要任务是推动我国物流业的发展，推动政府与企业采购事业的发展，推动生产资料流通领域的改革与发展。在物流、采购向供应链转型升级的大背景和大趋势下，从行业组织的定位出发，积极推动供应链的创新与应用，是中国物流与采购联合会义不容辞的责任，使命光荣、责任重大。

中国物流与采购联合会将依托深厚的行业资源与专家队伍，密切配合有关部门，认真贯彻落实好相关政策要求，积极参与推进供应链相关政策课题研究，加快推动智慧供应链公共服务平台建设，加强行业数据统计、供应链知识体系建设和专业人才培养，参与推进供应链标准和信用体系建设，不断深化国际交流与合作，进一步促进行业健康有序发展！

中国供应链发展综述报告

一、中国供应链发展环境

近年来，面对复杂多变的国际环境和国内改革发展稳定的繁重任务，党中央、国务院及有关部门相关规划政策密集出台，"一带一路"倡议与"中国制造2025"大力实施，供给侧结构性改革继续深入推进，转型升级步伐加快，固定资产投资持续加大，我国经济社会保持了平稳健康发展，对世界经济增长贡献与影响力日益增强。当前，我国已经成为全球第二大经济体，进出口贸易总额名列世界前茅，成为全球最大的物流市场，是全球供应链重要中心之一，软硬件基础设施持续完善，供应链发展的环境持续向好，为我国供应链快速发展打下了坚实基础。

（一）国民经济环境

1. 宏观经济环境

我国对世界经济增长的贡献与影响力日益增强。2012年以来，全国国内生产总值（GDP）从54.03万亿元以每年7%左右的增速上升到2016年的74.41万亿元，按可比价格计算，2016年较2015年增长6.7%（如图1所示）。根据世界银行统计，我国对世界经济增长的贡献率为33.2%，对世界经济的影响力日益增强。

2012年以来，第一产业、第二产业增加值占国内生产总值的比重逐年降低，到2016年，第一产业增加值为6.37万亿元，占国内生产总值8.6%；第二产业增加值为29.62万亿元，占国内生产总值39.8%；第三产业增加值为38.42万亿元，占国内生产总值51.6%，比2015年提高1.4个百分点（如图2所示）。从数据来看，经济结构逐渐优化，对第二产业的依赖度逐渐减弱，第三产业成为经济发展的加速器，我国经济"换挡加速"的进程有序推进。

我国经济总体运行平稳。从2017年上半年相关统计数据看，我国经济总体运行平稳，供给侧结构性改革继续深入推进，转型升级步伐加快，经济发展的稳定性、协调性和可持续性增强，消费需求对经济增长的拉动作用保持强劲，投资增长总体稳定，

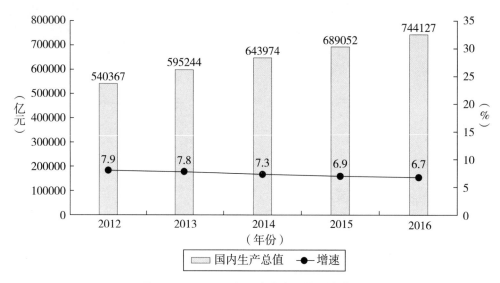

图1　2012—2016年国内生产总值及其增速

资料来源：国家统计局。

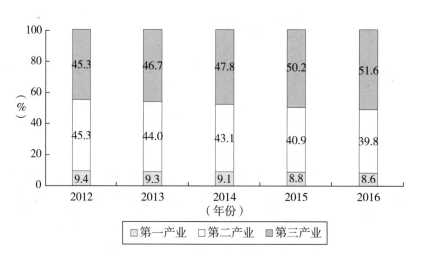

图2　2012—2016年三次产业增加值占国内生产总值的比重

资料来源：国家统计局。

进出口较快增长。第三产业增加值占GDP的比重为54.1%，高于第二产业14个百分点，较2016全年增长2.5个百分点。就业稳中向好，消费价格温和上涨。据初步核算，2017年上半年GDP为38.15万亿元，按可比价格计算，同比增长6.9%，环比增长1.7%；居民消费价格指数（CPI）同比上涨1.4%。

2. 国内贸易

社会消费保持较旺增长势头，对经济增长贡献较大。2016年，社会消费品零售总额332316亿元，比2015年增长10.4%，扣除价格因素，实际增长9.6%（如图3所示）。按经营地统计，城镇消费品零售额285814亿元，增长10.4%；乡村消费品零售额 46503 亿元，增长 10.9%。按消费类型统计，商品零售额 296518 亿元，增长 10.4%；餐饮收入额 35799 亿元，增长 10.8%。[①]

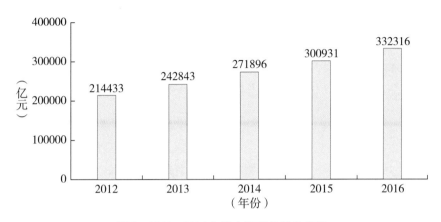

图 3 2012—2016 年社会消费品零售总额

资料来源：国家统计局。

在限额以上企业商品零售额中，粮油、食品、饮料、烟酒类零售额比 2015 年增长 10.5%，服装、鞋帽、针纺织品类增长 7.0%，化妆品类增长 8.3%，金银珠宝类与 2015 年持平，日用品类增长 11.4%，家用电器和音像器材类增长 8.7%，中西药品类增长 12.0%，文化办公用品类增长 11.2%，家具类增长 12.7%，通信器材类增长 11.9%，建筑及装潢材料类增长 14.0%，汽车类增长 10.1%，石油及制品类增长 1.2%。

2016 年网上零售额 51556 亿元，比 2015 年增长 26.2%。其中网上商品零售额 41944 亿元，增长 25.6%，占社会消费品零售总额的比重为 12.6%。在网上商品零售额中，吃类商品增长 28.5%，穿类商品增长 18.1%，用类商品增长 28.8%。

3. 进出口贸易

对外贸易增长相对起伏，但保持较高顺差。2016 年，货物进出口总额 243386 亿元，比 2015 年下降 0.9%（如图 4 所示）。其中，出口 138455 亿元，下降 1.9%；进口 104932 亿元，增长 0.6%。货物进出口差额（出口减进口）33523 亿元，比 2015 年减少 3308 亿元。对"一带一路"沿线国家进出口总额 62517 亿元，比 2015 年增长 0.5%。其中，出口 38319 亿元，增长 0.5%；进口 24198 亿元，增长 0.4%。[②]

4. 固定资产投资

固定资产投资持续加大。2016 年，全社会固定资产投资 606466 亿元，比 2015 年

①②此数据引自《中华人民共和国 2016 年国民经济和社会发展统计公报》，数据虽有出入，但是未作修改。

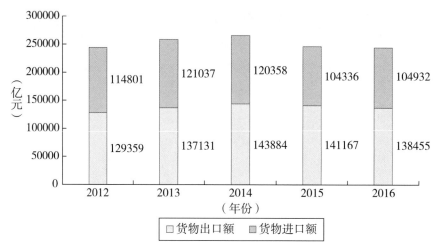

图4　2012—2016年货物进出口总额

资料来源：国家统计局。

增长7.9%，扣除价格因素，实际增长8.6%（如图5所示）。其中，固定资产投资（不含农户）596501亿元，增长8.1%。分区域看，东部地区投资249665亿元，比2015年增长9.1%；中部地区投资156762亿元，增长12.0%；西部地区投资154054亿元，增长12.2%；东北地区投资30642亿元，下降23.5%。在固定资产投资（不含农户）中，第一产业投资18838亿元，比2015年增长21.1%；第二产业投资231826亿元，增长3.5%；第三产业投资345837亿元，增长10.9%。基础设施投资118878亿元，增长17.4%，占固定资产投资（不含农户）的比重为19.9%。①

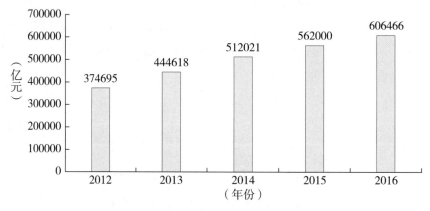

图5　2012—2016年全社会固定资产投资

资料来源：国家统计局。

---

①　固定资产投资按东部、中部、西部和东北地区计算的合计数据小于全国数据，是因为有部分跨地区的投资未计算在地区数据中。

（二）行业政策环境

2013 年 9 月和 10 月，习近平主席在出访中亚和东南亚国家期间，先后提出"丝绸之路经济带"和"21 世纪海上丝绸之路"（简称"一带一路"）的重大倡议，得到了国际社会的广泛响应。

2014 年 8 月，国务院发布《关于加快发展生产性服务业促进产业结构调整升级的指导意见》，提出"优化物流企业供应链管理服务，提高物流企业配送的信息化、智能化、精准化水平，推广企业零库存管理等现代企业管理模式"。

2014 年 9 月，商务部发布《关于促进商贸物流发展的实施意见》，提出"引导生产和商贸流通企业改变'大而全''小而全'的运作模式，剥离或外包物流功能，实行主辅业分离。支持商贸物流企业开展供应商管理库存（VMI）、准时配送（JIT）等高端智能化服务，提升第三方物流服务水平。有条件的企业可以向提供一体化解决方案和供应链集成服务的第四方物流发展。支持传统仓储企业转型升级，向配送运营中心和专业化、规模化第三方物流发展，鼓励仓储、配送一体化，引导仓储企业规范开展担保存货第三方管理。支持货代物流企业发展壮大，为各类企业开拓国内和国际市场提供支撑。"

2014 年 9 月，国务院发布的《物流业发展中长期规划（2014—2020 年)》明确指出：鼓励物流企业与制造企业深化战略合作，建立与新型工业化发展相适应的制造业物流服务体系，形成一批具有全球采购、全球配送能力的供应链服务商；鼓励传统运输、仓储企业向供应链上下游延伸服务，建设第三方供应链管理平台，……加快发展具有供应链设计、咨询管理能力的专业物流企业，着力提升面向制造业企业的供应链管理服务水平。

2014 年 11 月，习近平主席在亚太经合组织会议上提出："现在，需要对接各国战略和规划，找出优先领域和项目，集中资源，联合推进。这有利于降低物流成本、创造需求和就业、发挥比较优势和后发优势，在全球供应链、产业链、价值链中占据有利位置，提高综合竞争力，打造强劲、可持续、平衡增长的亚洲发展新气象"。

2014 年 12 月，习近平总书记在政治局第 29 次集体学习会议上指出，中国要"勇于并善于在全球范围内配置资源"。

2015 年 3 月，经国务院授权，国家发展和改革委员会、外交部、商务部联合发布了《推动共建丝绸之路经济带和 21 世纪海上丝绸之路的愿景与行动》。

2015 年 5 月，国务院印发了《中国制造 2025》，部署全面推进实施制造强国战略，《中国制造 2025》是我国实施制造强国战略第一个十年的行动纲领。

2015 年 11 月，习近平总书记在中央财经工作领导小组第十一次会议上强调，要着力加强供给侧结构性改革，着力提高供给体系质量和效率，增强经济持续增长动力，推动我国社会生产力水平实现整体跃升。

2016 年 1 月，科技部、财政部、国家税务总局正式颁布修订后的《高新技术企业认定管理办法》，将"物流与供应链管理技术"正式纳入高新技术企业认定范围，极大地提高了物流服务行业坚持技术与管理创新的积极性，并为行业发展提供了各种政策支持。

2016 年 2 月，中国人民银行、国家发展和改革委员会、工业和信息化部等八部委联合发布了《关于金融支持工业稳增长调结构增效益的若干意见》，明确指出"推动更多供应链加入应收账款质押融资服务平台，支持商业银行进一步扩大应收账款质押融资规模。建立应收账款交易机制，解决大企业拖欠中小微企业资金问题。"

2016 年 3 月，李克强总理在政府工作报告中指出，要"运用信息网络等现代技术，推动生产、管理和营销模式变革，重塑产业链、供应链、价值链，改造提升传统动能，使之焕发新的生机与活力"。广东省等地方政府积极响应国家号召，于 2016 年 6 月发布《关于开展广东省供应链管理试点示范工作的通知》。截至 2016 年 9 月初，已经评选出 72 家服务型制造企业和 61 家生产服务类企业进行为期一年的试点工作。

2016 年 11 月，商务部等 10 部门联合发布《国内贸易流通"十三五"发展规划》，提出了流通升级战略，消费促进、流通现代化、智慧供应链三大行动，9 项主要任务和 17 个重点项目。

2016 年 12 月，习近平总书记在中央经济工作会议上提出，"要促进形成大中小企业专业化分工协作的网络体系，形成完整高效的产业供应链"。会议指出，"今年以'三去一降一补'五大任务为抓手，推动供给侧结构性改革取得初步成效，部分行业供求关系、政府和企业理念行为发生积极变化。明年要继续深化供给侧结构性改革"。

2017 年 2 月，习近平总书记在中央财经工作领导小组第十五次会议上强调，做好 2017 年经济工作，要坚持稳中求进的工作总基调，把握好经济社会发展大局，确保经济平稳健康发展，努力提高经济运行质量和效益；确保供给侧结构性改革得到深化，经济结构调整取得有效进展。

2017 年 7 月，习近平总书记在中央财经工作领导小组第十七次会议上强调，要改善投资和市场环境，加快对外开放步伐，降低市场运行成本，营造稳定、公平、透明、可预期的营商环境，加快建设开放型经济新体制，推动我国经济持续健康发展。

2017 年 8 月，商务部办公厅、财政部办公厅联合下发《关于开展供应链体系建设工作的通知》，按照"市场主导、政策引导、聚焦链条、协同推进"原则，重点围绕物流标准化、供应链平台、重要产品追溯，打基础、促协同、推融合，开展供应链创新试点工作。

2017 年 10 月，国务院办公厅印发《国务院办公厅关于积极推进供应链创新与应用的指导意见》（以下简称《意见》），部署供应链创新与应用有关工作，推动我国供应链发展水平全面提升。《意见》提出以供应链与互联网、物联网深度融合为根本路径，以信息化、标准化、信用体系建设和人才培养为支撑，创新发展供应链新理念、新技术、新模式，高效整合各类资源和要素，提升产业集成和协同水平，打造大数据支撑、网络化共享、智能化协作的智慧供应链体系，推进供给侧结构性改革，提升我国经济全球竞争力。《意见》是国务院首次针对供应链应用与创新发布的专项文件，标志着我国供应链迎来创新与应用发展的新时代。

据不完全统计，截至 2017 年 9 月底，国务院及有关部门累积出台物流服务业相关政策文件超过 100 多项，包括《关于加强物流短板建设促进有效投资和居民消费的若干意见》《全国电子商务物流发展专项规划（2016—2020 年）》《交通运输信息化"十三五"发展规划》和《"互联网＋"绿色生态三年行动实施方案》，全面落实了《物流业发展中长期规划（2014—2020 年）》，极大地促进了物流服务业发展。

此外，国家有关部门正在抓紧研究制定推动供应链创新与应用的相关配套政策，将为供应链体系建设与供应链的创新和应用营造良好的行业政策环境。

二、中国供应链发展回顾

供应链的概念是 20 世纪 80 年代提出的，译自英文"Supply Chain"，是指产品生产和流通过程中所涉及的原材料供应商、生产商、批发商、零售商及最终消费者组成的供需网络，即由物料获取、物料加工到成品送到用户手中这一过程所涉及的企业和企业部门组成的一个网络。根据我国国家标准《物流术语》（GB/T 18354—2006），"供应链，即生产及流通过程中，涉及将产品或服务提供给最终用户所形成的网链结构。""供应链管理，即对供应链涉及的全部活动进行计划、组织、协调、控制。"随着全球经济一体化时代的发展，供应链实践与创新的范围不断扩大，层级不断深入，水平不断提高，国际化程度不断加深，其概念和内涵也不断进行扩展。当今时代的供应链，是以客户需求为导向，以提高质量和效率为目标，以整合资源为手段，实现产品设计、采购、生产、销售及服务等全过程的企业间的协同的组织形态，已经远远超越了传统的供应链范畴。从应用上，可分为企业微观供应链、产业和城市中观供应链与国家宏观供应链，在这三大层面中，企业供应链是基础，产业与城市供应链是重点，国家供应链是根本。供应链是全人类共同寻求互联互通所必然产生的一种组织模式，也是互联互通发展到一定阶段的产物，是人类社会经济发展的一个规律。当今时代的供应链发展，是以合作、包容、开放、共享为基本理念，通过协同、整合、优化与创新，建立利益共同体，实现价值创造，达到互利共赢的共同目标。

改革开放三十多年来，我国经济持续高速增长，综合国力得到极大提升，现代物流与供应链管理规模迅速扩大，有力地促进了经济结构调整和发展方式转变，较好地发挥了对国民经济的支撑和保障作用。特别是我国加入世界贸易组织（WTO）以后，伴随着我国经济社会与互联网的飞速发展，电商、物流、采购、快递等业态融合交叉不断创新发展，企业供应链正从产业供应链到平台供应链、供应链生态圈演进升级，供应链管理的模式不断创新，技术不断进步，供应链金融迅速发展，都为我国产业的转型升级提供了良好的条件和契机。

当前，我国已经成为全球第二大经济体，是世界最大的贸易国之一，也是全球供应链重要中心之一。截至2016年年底，我国已经拥有了61个千亿级产业、161个500亿级产业和数以千计的百亿级产业，这些庞大数量级的产业，通过供应链的协同整合，将形成世界级产业集群。供应链是一个国家经济各门类及产业集群的生态体系，能将供给侧和需求侧有机地结合起来，让供给侧结构性改革更有效率，提高经济运行逆周期弹性和创新活力，同时体现中央提出的"人类命运共同体"和"创新、协调、绿色、开放、共享"五大发展理念，成为了供给侧结构性改革的重要抓手，是"一带一路"倡议实施的重要载体，也是提升国家竞争力的重要战略支撑。

但从总体上看，我国经济总体发展不平衡，经济运行效率不高，供应链发展总体上仍处于快速转型发展的起步阶段，主要地区和行业的供应链发展不均衡，主要产业供应链发展水平差距较大，存在不少短板，许多产业在全球竞争中仍处于全球供应链、价值链的中低端，但少数产业供应链如电商等已经跃居世界前列。根据2016年世界银行银行发布世界物流绩效指数（LPI）排名，我国排在第27名，与美国、德国、新加坡和日本等发达国家相比，我国供应链发展还有很大的差距，同时也意味着还有很大的增长空间。

（一）农业供应链

农业生产是以土地资源为基础的收获过程，农业供应链是基于对现代农业物流的研究而产生的现代农业的先进管理模式，它既研究农业生产本身的资源配置，又研究农业产前、产后资金、信息及产品的科学流动，达到供、产、运、加、销有机衔接，使产前、产中、产后与市场之间连接成满意的系统优化运转状态。

我国一直以来是农业大国，农村人口超过全国总人口的40%，超过28%的劳动力从事第一产业农业生产，生产方式以小农经济为主，根据国家统计局《中华人民共和国 2016 年国民经济和社会发展统计公报》显示，我国 2016 年全年粮食产量 61624 万吨，畜牧肉类总产量 8540 万吨，水产品产量 6900 万吨，木材产量 6683 万立方米，农业生产总值为 60870.5 亿元。

多年来，党中央、国务院及各级政府高度重视农业生产，针对"三农"问题出台了大量鼓励政策与相关法律法规，要求"推进发展现代农业，确保农产品有效供给。强农惠农的思想认识只能增强不能削弱，要千方百计确保主要农产品供给安全，认真搞好市场流通体系建设，加强农产品质量安全管理，确保群众吃上放心食品"。2016年，习近平总书记又提出了供给侧结构性改革经济发展新战略，在这个大背景下，打通、优化农业供应链，是供需结构平衡的重要途径，也是农业转方式、调结构的刚性需求。发达国家的实践表明，农业供应链运作效率对一个国家和地区的食品安全与保障具有至关重要的影响。

目前，我国的农业供应链主要有以下三大不足：第一，地区间农业发展不均衡，规模、产量、产值、主要产品、机械利用率、现代化程度都差别较大；第二，农业供应链刚刚起步，基础薄弱，难以成型，问题集中在生鲜农产品的运输以及供需匹配方面；第三，农业供应链专业人才严重匮乏，在目前我国农业生产流通过程中，不仅缺少具有供应链知识的人才，受过高等教育的养殖、销售、财务人才都十分稀缺。

总的来说，我国的农业供应链发展还相对落后，处于初级发展阶段。虽然随着互联网经济的蓬勃发展，大量销售生鲜农产品以及大宗加工农产品的电商平台（如美菜网、每日优鲜、广西白糖网等）涌现出来，但是我国小农经济为主的小生产模式导致农业市场力量极度不均衡，很难形成协同，农业供应链由销售市场占据了主导地位，农户的生产过程没有标准、不具规模，农业生产普遍现代化程度低，机械利用率不足，信息技术落后，农业供应链效率低下。

农业包括种植业、林业、畜牧业、渔业、副业五种产业形式，按照我国的产业区分，农产品的加工、流通与销售不属于农业范畴，而是工业与服务业范畴，但考虑到一个完整的农业供应链链条应该覆盖产、供、销等各个阶段，在这里将农产品的加工、流通与销售也一并加以阐述。我国农业供应链现阶段发展成果较为突出的主要有以新疆生产建设兵团、黑龙江兵团农场为代表的规模化种植业模式，以蒙牛、伊利等大型企业为代表的产销一体畜牧业模式，以及以各大生鲜电商平台为代表的农产品直销模式。

1. 种植业供应链

在我国，种植业是农业的主要生产方式，种植业供应链可以分为产前、产中、产后三个部分，如图 6 所示。

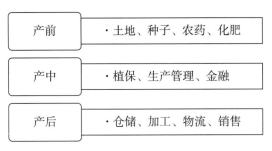

图6　种植业生产三个部分

种植业供应链的产前环节主要包括土地的准备以及良种、化肥、农药、地膜等农用物资的采购，各类农用机械的购买及租赁也属于产前的准备环节；农业种植的产中主要包括植保、生产管理与金融；种植业产后主要是仓储、加工、销售、物流等方面的服务。

我国东部大部分平原地区人口密集，农田分散，而华南等地多丘陵，均不适合大规模种植农场的发展，导致我国中东部地区的农业无法形成规模效应。而新疆、黑龙江等边境地区的建设兵团拥有大范围的土地资源作为农场，形成了种植业的规模化生产，是我国种植业现代化供应链的一大特色。以新疆生产建设兵团为例，2012年全兵团农用土地总面积419.86万公顷，其中耕地104.31万公顷，园地6.52万公顷，林地44.39万公顷，牧草地242.65万公顷，已经具备了发展规模化、机械化的现代农业供应链的基础。

从2013年开始，根据农垦办的文件要求，新疆生产建设兵团一〇五团开始探索国有农场的信息化发展，利用信息技术提升农垦农业生产经营和管理水平。在国家大力支持下，一〇五团已经达到了全团滴灌节水农业面积90%，精准农业技术达100%，机械化程度超过80%，成为现代化农场。一〇五团在农业供应链建设方面主要取得了两项成果。

第一，围绕农场优势产业，开展物联网、互联网、现代智能等技术装备在农业生产过程中的集成创新应用，构建了万亩棉花精准生产物联网，并利用北斗精准定位技术实现了农机播种作业的自动导航，达到了农业生产的网络化检测、智能化控制、精准化作业以及农产品的全程信息化追溯，大大提高了农业生产效率，降低了生产成本。

第二，探索数字化土地管理制度，建立数字化条田档案，开发了各类信息及电商平台（包括手机客户端），并确保数据的准确性以及更新的即时性，建立规范化的种植计划管理流程，实现了团、连两级对种植结构的宏观控制及种植户计划任务的微观管理。

通过将各种高新技术与农业生产有机结合，一〇五团已经成为我国西北地区现代化种植业供应链的代表，为我国各大国有农场提供了发展方向。

2. 畜牧业供应链

我国的畜牧养殖业有两种模式，一种是只养殖不销售，对接批发市场及各大超市的模式；另一种是以蒙牛、伊利为代表的产销结合模式。当前我国农村畜牧业生产中存在大量的农民分户小规模饲养、混放混养、粗放经营等现象，组织化程度低下、养殖环境差、管理水平低、畜禽发病率高、养殖不规范，严重影响了我国畜牧业经济效益的提高。而西部地区广大牧民普遍教育水平低，畜牧生产过程还是主要依赖多年以来的经验积累，得不到科学的指导。畜牧业供应链包括采购、饲养、屠宰、配送等环节，我国大部分的畜禽产品的生产销售过程是割裂的，形不成连续的链条，远远落后于荷兰、新西兰等畜牧业发达国家。

但是，我国畜牧业供应链发展也有值得肯定的成果，我国各地已经逐渐形成了特色养殖产业集群，如甘南—临夏传统肉羊区、内蒙古奶制品产业、广西平南生猪调出县等。我国在肉类及奶业有一大批龙头企业，如蒙牛、伊利、光明、华润等，以这些龙头企业为核心的供应链在一定程度上代表了我国畜牧业供应链的最高发展水平。

以蒙牛为例，蒙牛作为乳制品行业中最早开始建立供应链系统的企业，已经成功建立起自原料奶采购、生产、仓储到分销商的供应链系统。蒙牛的奶业供应链主要有以下几种管理策略。

（1）通过多种方式增加奶源。蒙牛一方面与农户签约，将分散饲养的奶牛集中起来进行挤奶，对原奶进行统一加工；另一方面自建现代化牧场，使奶源贴近市场，还与地方企业合作进行贴牌加工，短期内迅速抢占市场。

（2）信息化仓储管理。利用自动化仓储系统分析与控制不同生命周期的产品的库存周转速率，实现对产品生命周期的精准控制。

（3）多渠道配送。蒙牛采用了传统分销、电商直销与专卖店销售等多种模式，拉近了生产地与奶制品消费地的距离。

（4）严控质量。由于奶制品具有食品安全特殊要求，因此蒙牛的生产加工过程严格控制温度、杀菌等，确保食品安全。

蒙牛目前已经拥有一个整合统一的供应链系统，这个系统可以有效地贯穿供应链上下游企业，实现对整个供应链网络资源的优化配置，并且蒙牛在这个系统中处于核心领导地位。

3. 生鲜农产品流通

传统的农产品流通有三种模式：农户主打经营模式、超市主导经营模式、专业批发市场定向模式。截至 2015 年 6 月，我国共有农产品批发市场 4469 家。其中，年交易额亿元以上的有 1790 家，成交额 2.5 万亿元；专业性市场 1101 家，年交易总额占农产品流通总量的 67.3%。截至 2016 年，我国规模最大的农产品批发市场是北京新发地市场，其2014 年全年交易量 1450 万吨，交易金额 536 亿元，当年这一交易量位居世界第一，交易金额位居世界第二。

在第一种模式中，农户与产地批发、销地批发、农贸市场、消费者是分段连接的，中间的每一小段都是一个独立的链条，几乎没有供应链概念。在第二种模式中，基本上都是由超市打造和管理供应链。在第三种模式中，完整的信息物流都还没有建设起来，更遑论供应链的概念了。因此，农产品流通的供应链条基本上是由市场主导的，农户几乎没有主动性。

受电子商务大环境的影响，越来越多的农产品通过网络渠道销售，不管是团购、微商还是网站直销，都对供应链提出了更高的需求，也形成了各具特色的农产品流通供应链。但是由于农户本身缺乏对资源的管理整合能力，形成很难跨过去的管理门槛，因此农产品流通链条主要掌握在电商运营企业手中。据中国电子商务研究中心监测数据显示，2014年全国生鲜电商交易规模达到260亿元，相较于2013年的130亿元整整增长100%。2014年全国总共有4000多家生鲜电商，其中盈利的只占到1%，其余的99%中大部分亏损，小部分勉强盈亏平衡。许多红火一时的生鲜电商平台已经被市场淘汰，目前市场上在生鲜农产品流通方面做得比较出色且稳定的电商平台主要有本来生活、沱沱工社、顺丰优选、京东生鲜、天天果园等。

据《2013—2017年中国冷链物流行业市场调研与投资预测分析报告》显示，目前我国农产品损腐率较高，每年约有1.3亿吨的蔬菜和1200万吨的果品在运输中损失。欧、美、加、日等发达国家与地区肉禽冷链流通率已经达到100%，蔬菜、水果冷链流通率也达95%以上，而我国大部分生鲜农产品仍在常温下流通。我国冷链运输能力的不足以及运输成本很高，已经成为生鲜电商发展中最大的障碍，我国农产品流通不能只依靠电子商务，更要发展各种支持生鲜农产品流通的基础设施及技术装备。

农产品是主要的食物营养来源，对于国家安全、国计民生都有至关重要的意义。虽然我国农业供应链存在诸多问题，但在党中央和各级政府的大力推动下，农业生产已经迎来了较好的发展阶段。一方面通过优化农业供应链，改变传统经营模式；另一方面让农业能够搭乘数字科技发展的快车迅速开拓渠道，从而提升农产品品质。

（二）工业供应链

工业是指从事自然资源的开采，对采掘品和农产品进行加工和再加工的物质生产部门。工业是第二产业的重要组成部分，分为轻工业和重工业，具体包括：对自然资源的开采，如采矿、晒盐等（但不包括禽兽捕猎和水产捕捞）；对农副产品的加工和再加工；对采掘品的加工和再加工；对工业品的修理、翻新。工业既是我国国民经济中最重要的物质生产部门，又关系到国防安全和国家竞争力，是推进我国城镇化进程的主动力。工业供应链转型升级能够推动我国整体实力的进一步提升，提高我国的核心竞争力。

过去五年来，我国的工业增长速度放缓，工业总产值逐年下降。我国工业增加值对 GDP 增量的贡献率在 2000 年时超过 50%，2016 年下降到了 35%，工业拉动 GDP 增长的速度也已经下降到了 2.4%，工业已经不再是我国经济支柱产业，工业产品价格指数连年下降。根据国家统计局发布的《中国统计年鉴（2016）》，2016 年我国的工业总产值为 235183.5 亿元，约占国内生产总值的 34%。在规模以上工业企业中，制造业占据了四分之三以上的份额，并且吸引了最多的劳动人口，是工业的支柱产业。

但是，工业的能源消费量仍然占据了我国能源消费总量的近 70%，其中仅制造业就消耗了能源消费总量的 57%，由于我国的能源结构以化石燃料为主，工业（尤其是制造业）的能源消耗带来了大量的二氧化碳排放以及空气污染，目前的工业发展模式不具有可持续发展性，在环境保护及资源节约日益受到重视的今天，传统的依赖消耗自然资源的工业发展模式已经逐渐丧失了竞争力，以制造业为重心的工业亟需探索转型高效节能环保的绿色供应链可持续发展之路。

总体来看，我国工业供应链各行业发展相对不均衡，处于转型发展阶段。特别是"十二五"以来，我国的产业结构不断优化，各工业产业集中呈现波动式的提高，产业转移步伐加快，产业集聚水平不断提高，在全国各地形成了众多各具特色的产业集群，产业供应链不断发展壮大。此外，信息技术的广泛应用使工业化与信息化融合度进一步加深，制造业与物流业形成联动，智能、大数据等高新技术的产业化，使物联网等新技术成为我国工业供应链的新推动力，人才、知识产权与创新能力越来越受到重视。

1. 制造业

我国作为一个正处于工业化中期的发展中国家，经过改革开放以来的快速发展，已建成由原材料能源、装备、消费品、国防科技、电子信息产业等组成的门类齐全的工业体系和较强的产业配套能力，成为世界第一大出口国。制造业供应链主要包含四类，分别是原材料和零部件供应端、生产端、销售端和售后服务端。不同行业对这四个板块的重视程度不同。比如制造汽车、飞机、高铁、地铁等的企业会比较关注原材料和零部件供应端；而生产食品、服装等的企业则会注重销售端。麦肯锡相关研究报告指出，当今中国制造业面临三大问题：一是要加速实现卓越制造；二是不主动寻求根本性问题；三是忽略整个价值链的效率提升，只关注局部效率的提升。这三个问题不解决，我国制造业很难持续发展。只有整个制造业供应链的提质增效，才能带动整个产业的健康发展。

当前，世界各国纷纷都开始重视制造业及工业对经济发展的影响，制定相应的发展战略与规划，尤其是新一轮技术革命背景下，大数据、智能等技术催生了大量的新兴产业，已经成为世界各国抢占新一轮经济和科技发展制高点的重大战略，定制化生产、智能制造等先进生产方式已经成为世界先进制造业的重要发展方向。《中国制造2025》指出，网络众包、协同设计、大规模个性化定制、精准供应链管理、全生命周期管理、电子商务等正在重塑产业价值链体系；提出要加快供应链管理系统的推广应用，实现供应链优化，打造绿色供应链。我国制造业供应链的发展，正处于重要的历史机遇期，已经有一大批如华为、联想、海尔、中兴等行业龙头企业在全球范围内形成了较为完善的供应链网络，较好地具备了全球市场资源的整合和运营能力。

以华为为例，华为从2000年开始就着手进行供应链的设计和优化，目前已经实现了订单运作周期仅两周的柔性生产，通过与供应商形成战略协作关系使采购早期介入研发过程中。目前，华为已经实现了包括新产品可供影响战略布局、销售预测、订单可视化、差异化供应等目标，其产品在国际电子设备市场上能够与苹果、三星等世界一流企业的产品竞争。

2. 煤炭及钢铁行业

近年来，我国重工业中的许多行业产能过剩问题突出，尤其是煤炭和钢铁行业，严重供大于求。中国煤炭工业协会的数据显示，2006年以来，全国煤炭采选业固定资产累计投资3.6万亿元，累计新增产能30亿吨。截至2015年年底，全国煤矿产能总规模为57亿吨，而2015年全国煤炭消费量在40亿吨左右，同比下降3.7%，过剩产能达17亿吨。供给侧改革提出了"三去一降一补"的目标，强调在钢铁、水泥、电解铝、平板玻璃和船舶五个行业去产能，化解重工业的产能过剩危机。国家发展和改革委员会最新数据显示，截至2017年7月底，钢铁行业退出产能2126万吨，完成全年目标任务量4500万吨的47%；煤炭行业退出产能9500多万吨，完成全年目标任务量2.5亿吨的38%。

目前，我国煤炭和钢铁行业还是以粗放型的供应链为主，虽然形成了较为完整的供应链条，但是受限颇多，不够灵活，尚处于初级发展的转型阶段。我国煤炭和钢铁供应链具有产量大、生产平稳、原材料依赖进口、自营物流为主的特点，但是粗放型的供应链管理导致了结构性产能过剩，我国煤炭和钢铁企业普遍利润率不高，大量煤炭和钢铁企业的供应链都存在着对外依存度高、效率低下的问题。

宝钢作为我国钢铁行业的龙头企业之一，在2016年主动压减产能，优化产业布局，紧密围绕"改革、转型、创新"三条主线推进供给侧结构性改革，实施全方位结构调整和转型升级。宝钢成立了化解过剩产能领导小组，并与各子公司签订了"化解钢铁煤炭过剩产能实现脱困发展目标责任书"，将任务完成情况与子公司的年度业绩考核挂钩。在 2016 年，宝钢仅用 8 个月时间就完成了全年的去产能目标。

此外，宝钢还主动提出对上海吴淞地区钢铁产业进行调整，对效率不高、环保指标较差的落后装备予以淘汰，推进绿色制造。宝钢通过分析市场状况与竞争对手的优劣势，整合重组了一批生产线，用高附加值产品置换了缺乏市场竞争力的低附加值产品，着重做精做强，推进"绿色、精品、智慧制造"，还建成了"欧冶云商"钢铁交易平台，推进建设钢铁生态圈平台化服务，实现了企业的转型升级，提质减量增效。宝钢的转型还体现在员工分流方面，各子公司根据当地特色，因地制宜地制定了不同的分流渠道。经过转型升级，宝钢的钢铁产业布局更加合理，产品品质得到改善，在近几年钢铁行业不景气的情况下连年保持盈利，是我国重工业企业转型升级的典范之一。

3. 纺织业及服装业

在改革开放初期，我国南方多个省市曾作为国外大型服装时尚公司的廉价生产基地，进行了大量的来料加工、贴牌生产等低附加值服务。这为我国纺织业及服装业供应链的发展打下了基础，但也使我国大量服装厂丧失了自主设计的能力，纺织业及服装业发展缺乏创新性。随着生活水平的提高，人们对服装产品的需求越来越多元化，对随机型流行服饰的需求也在不断上升，因此对企业的能力有更高的要求。大量纺织服装厂商在新的市场背景下缺乏竞争力，经营遇到困难。2015 年以来，小品牌服装企业在竞争中不断退出市场。截至 2016 年 5 月，服装行业有 15409 家企业，其中亏损企业 2511 家，数量占比达 16.30%。

总体来看，我国纺织业与服装业目前仍然是比较传统的产 + 销供应链模式，也处于初级发展的转型阶段，各企业供应链发展水平不均衡，已经有少数企业形成了中高级的柔性供应链，实现了向价值链高附加值部分的转移。我国纺织业与服装业的特点是市场需求量大、品牌众多、市场发展稳定，但是行业集中度不高，知名品牌少，高端品牌更少，纺织服装企业普遍缺乏原创设计、缺乏生产管理，需要在生产销售模式上转型创新。在这个稳中求变的机遇期，红领等国产高端服装品牌通过供应链管理手段逐渐崭露头角。

红领主要利用客户交互系统实现全球的大规模定制，客户可选择个性化面料、辅料；挑选自己喜欢的版型，实现自主设计。与此同时，设计师会将客户的偏好与数据库的数据进行匹配组合，利用后台 100 万万亿的版型、工艺数据与自动生产的系统对接，实现信息传递，科学安排生产计划，以流水线模式制造个性化产品。红领的创新为我国纺织业与服装业供应链提供了转型的方向，即追求个性与特色的定制化模块生产模式。

上海纺织集团则是从传统的劳动密集型服装纺织制造企业转型升级为创新型高端服装纺织制造企业，重构了服装、装饰、产业用纺织品三大支柱产业，其自主研发的耐高温纤维、调温纤维等市场占有率高，技术含量高，代表了我国新材料纺织业的顶尖水平。在"一带一路"倡议背景下，上海纺织已经制定了"全国布局，海外发展"的战略核心，目标是成为"非洲原料、欧美设计、亚洲加工、中国集成、全球销售"的综合性产业集团，形成覆盖全球的纺织产业供应链，建设有国际影响力的纺织品全产业链交易平台。

（三）服务业供应链

在经济增长速度下降和制造业受到"双重挤压"的大背景下，依靠服务业维系中高增速增长尤为重要。服务业作为国民经济的一大产业，对国民经济增长的贡献率进一步提高，主动力作用更加显现。2016 年，我国服务业增加值 384221 亿元，比上年实际增长 7.8%，在三次产业中继续领跑，增速比第二产业高出 1.7 个百分点。服务业供应链是以服务产品为核心的一种供应链。总体来看，我国服务业供应链发展起点高，发展相对较快，处于创新发展的阶段。近年来呈现三大特点：第一，服务供应链依托我国第三产业的飞速增长，呈现快速发展态势；第二，传统服务业向集成规模化平台方向发展；第三，第一产业、第二产业以价值链为纽带，开始向服务供应链延伸。以物流服务业、商贸流通业、供应链服务业、旅游服务业供应链和汽车售后服务供应链为代表的现代服务业尤为突出。

1. 物流服务业

物流是现代服务业的一种形式，现代服务业包含了现代物流服务；同时，现代物流服务又是现代服务业的一个十分重要的组成部分。根据国家统计数据，2016 年，邮政业全年完成邮政函件业务 36.2 亿件，包裹业务 0.3 亿件，快递业务量 312.8 亿件；快递业务收入 3974 亿元，如图 7 所示。2016 年全社会物流总额 229.7 万亿元，同比增长 6.1%；社会物流总费用 11.1 万亿元，同比增长 2.9%，低于全社会物流总额以及 GDP 增长速度。物流总费用占物流总额的 4.8%。2016 年物流服务业总收入 7.9 万亿元，比上年增长 4.6%，低于全社会物流总额的增速，高于社会物流总费用的增速。2016 年，社会物流总费用中运输费用为 6 万亿元，占比为 54.1%；保管费 3.7 万亿元，占比为 33.3%；管理费用为 1.4 万亿元，占比为 12.6%，如图 8 所示。综合来看，运输费用仍是物流服务业"降本增效"的突破口。

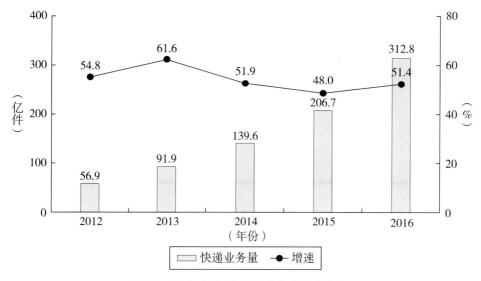

图 7　2012—2016 年快递业务量及其增速

资料来源：国家统计局。

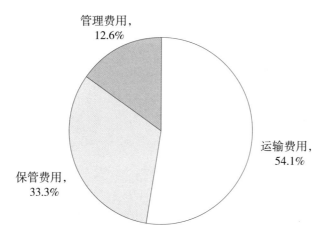

图 8　物流服务业—2016 年社会物流总费用构成

资料来源：中国物流与采购联合会。

从物流服务业市场主体构成来看，仍然以国有企业和外商投资企业为主，2015 年国有企业平均资产超过民营企业 10 倍左右，如表 1 所示。2016 年，是我国民营物流服务企业集体上市的一年，截至 2016 年年末，"四通一达"（申通、运通、中通、百世汇通、韵达）与顺丰相继上市成功，但在"2016 年中国物流企业 50 强"前八名中，只有顺丰能够占据一席之地，如表 2 所示。同时也要看到，其他七位都是大宗商品运输的国有企业，快递行业依然具有很广阔的发展空间。

表1   **2015 年不同所有制物流服务业企业平均资产**

企业类型	平均资产（万元）
国有企业	11857.3
民营企业	1340.7
港澳台投资企业	9433.1
外商投资企业	17012.5

资料来源：《中国供应链管理蓝皮书（2017）》。

表2   **2016 年度中国物流企业 50 强前八排名**

排名	企业名称	物流业务收入（亿元）	市场占有率（%）
1	中国远洋（集团）总公司	1247.16	1.30
2	中国海运（集团）总公司	790.66	0.82
3	中国外运长航集团有限公司	753.20	0.78
4	厦门象屿股份有限公司	599.23	1.62
5	河北省物流产业集团有限公司	550.10	0.57
6	顺丰速运（集团）有限公司	481.00	0.50
7	中铁物资集团有限公司	359.63	0.37
8	天津港（集团）有限公司	350.35	0.36

资料来源：2016 年中国物流企业 50 强。

总体来看，我国物流服务业呈现五个突出特点。第一，市场需求结构不断进行调整。在前几年电子商务物流需求快速增长的趋势下，2016 年 O2O（线上到线下）的业务出现增长，工业品物流占物流服务市场总额的 93%，达到 214 万亿元，未来仍将是物流服务业重点服务对象。进口货物物流总额 10.5 万亿元，增长 7.4%；农产品物流总额 3.6 万亿元，增长 3.1%；再生资源物流总额 0.9 万亿元，增长 7.5%；单位与居民物品物流总额 0.7 万亿元，增长 42.8%。第二，制造业及分销业供应链优化与物流企业协同发展。表现为高端制造业供应链优化向深度协同方向发展，与第三方、第四方专业物流企业融合发展；分销业不断创新优化，促进供应链物流服务向一体化方向发展；特种、专业物流服务异军突起，适应监管要求，承担社会责任。第三，创新物流服务模式与物流技术促进行业和企业健康快速发展。"物流与供应链管理技术"正式纳入高新技术企业认定范围，有力地提高了物流服务行业坚持技术与管理创新的积极性。第四，资源整合、兼并重组与资本运营加快。2016 年，以"四通一达"为代表的一批快递、物流企业相继成功上市；德利得供应链、亚峰快运、安捷供应链等一批创新型物流企业在"新三板"挂牌，截至 2016 年第四季度，已有 89 家交通运输、仓储和邮政业企业在我国上市。第五，国家政策大力扶持。

2. 商贸流通业

随着市场化程度的不断提升，商品贸易更趋多元化，流通渠道更加广阔，消费者的购物习惯日渐多元化，使得商贸流通业供应链市场规模不断扩大，主要表现在以下几个方面。第一，我国跨区域和跨国经营的商贸流通企业不断增加，截至 2016 年，批发零售业法人企业单位数达 183077 个，限额以上批发业法人企业单位数达 91819 个，住宿和餐饮业法人企业单位数为 44884 个，营业额达 8512.23 亿元，比 2015 年增长 4.4%。第二，消费者需求量日渐增强，社会消费品零售总额从 2015 年的 30.09 万亿元，增加到 2016 年的 33.23 万亿元，同比增长 10.4%，增长速度较快。按消费类型统计，商品零售额 296518 亿元，增长 10.4%；餐饮收入额 35799 亿元，增长 10.8%。第三，国内生产总值（GDP）增速较快，2016 年我国 GDP 为 744127.0 亿元，较之 2015 年的 689052.0 亿元，增长 6.7%。作为扩大消费的重要支柱，商贸流通业对我国 GDP 增长功不可没，其中 2016 年商贸流通业产值为 117749.5 亿元，占 GDP 比重为 15.82%。第四，电子商务的兴起扩大了商贸流通业的市场规模，2016 年中国电子商务交易额 22.97 万亿元，同比增长 25.5%。其中 B2B（企业对企业电子商务模式）市场交易规模 16.7 万亿元，网上零售额为 5.15 万亿元，生活服务电商交易规模 9700 亿元。第五，货物进出口贸易量较大，2016 年货物进出口总额 243386 亿元，比 2015 年下降 0.9%。其中出口 138455 亿元，下降 1.9%；进口 104932 亿元，增长 0.6%。货物进出口差额 33523 亿元，比 2015 年减少 3308 亿元。第六，快递业一路高歌猛进，2016 年我国快递业务量突破 300 亿件，达到 312.8 亿件，同比增长 51.4%。第七，人均消费支出逐渐上涨，2016 年全国居民人均消费支出 17111 元，比 2015 年增长 8.9%，扣除价格因素，实际增长 6.8%。

商贸流通龙头企业以系统集成商的身份实现对全网络的协同管理，主要表现在以下几个方面。首先，大型零售商、大型电商、大型专业市场、第四方物流商等商贸流通系统集成商迅速崛起，带来显著的商圈集聚效应。如广州"天河路商圈"作为华南第一商圈，天河路全长约 2.8 千米，商圈商业零售总面积近 120 万平方米，聚集了天河城、正佳广场、天环广场、太古汇、万菱汇、广州维多利广场（VT101）、时尚天河、广百百货等购物中心、百货商场，以及天河电脑城、太平洋数码广场等 6 家电子产品集贸综合体。其次，供应链主体对信息、技术以及消费者的集聚性显著增强。比较有代表性的国内自营电商平台京东商城，依靠线上电子商务平台获得流量，于 2005 年自建物流系统，现已形成了涵盖中小件物流网、大件物流网和冷链物流网的三张网布局，拥有 7 个智能物流中心、263 个大型仓库、550 万平方米的仓储设施、6780 个配送站和自提点，完成了对全国2672个区县的覆盖。其中，中小件物流网已覆盖我国93%的区县（台湾省除外），"211"及次日达订单占比已经达到了85%；大件物流网已全面覆盖我国所有省级行政区（台湾省除外）；冷链物流网则通过七地生鲜仓覆盖全国；自营配送覆盖了全国98%的人口，将商品流通成本降低了70%。目前，京东物流依旧在快速扩张中。2016年度城市便利店发展指数显示，全国便利店总体规模高速增长，中西部城市发展势头迅猛，大型电商及物流企业大规模布局便利店，在空间上汇聚了众多需求各异的消费者，更为显著地增强了供应链核心企业的集聚效应。

3. 供应链服务业

随着社会分工的不断细化，服务外包已经成为很多公司核心竞争优势的一个重要来源。许多跨国公司如GE（通用电气）、HP（惠普）、IBM（国际商用机器）等已经能够使用全球劳动力等资源，把相关服务业务外包给其他公司，以获得技术支持、客户服务支持和产品设计。这些公司有能力利用全球最好的资源，并使服务外包成为赢得竞争优势的重要武器。服务外包的不断增长，特别是物流、采购、分销等非核心业务的外包，为供应链服务业的形成与发展奠定了坚实的基础。市场需求多样化、个性化和变化频繁的特点，要求供应链服务企业能够适应市场，提供适应需求变化的服务，因此服务模式的创新，以及服务平台化、规模化，是供应链服务企业的一大特点和优势。

目前，全国90%以上的供应链管理公司总部聚集在珠三角、长三角地区。特别是深圳率先涌现出包括怡亚通、飞马国际、普路通、华富洋等一大批行业龙头企业。究其原因，深圳依托毗邻香港的区位优势、珠三角密集的产业集群和丰富的商品门类，为深圳供应链管理型企业开展代理采购、代理分销等供应链管理服务创造了良好的基础条件。仅怡亚通目前就拥有近80家分支机构，全球员工约为3000人，在中国范围内建立了覆盖380个城市的深度分销平台；而另一家供应链管理企业年富实业，在北京、上海等10多个城市建立了分支机构，拥有覆盖全国的物流配送网。这些大型供应链企业在发展过程中，对中小物流企业转型升级，也产生了持续的引领作用。

在《广东省经济和信息化委关于公布广东省供应链管理试点企业名单的通知》中可以看出，以怡亚通、朗华、创捷、越海和润泰为代表的61家生产服务类供应链企业根据自身的特点，在不同的产业中充分发挥了各自的作用，对于产业集群的形成和发展发挥了十分积极的作用。基于对目前广东省数千家供应链服务企业进行的总结分析，供应链服务业务主要有四种模式：产业链资源高度整合的集成服务模式、电商型供应链服务创新模式、协同采购与分销型服务模式和供应链金融服务模式。

以怡亚通为例，其综合供应链创新服务平台"供应通"集品牌直供与营销为一体，以商店需求为中心，以供应商管理库存（VMI）为物流基础，以互联网为工具，以平台服务为载体，建立商店集中采购及综合服务 B2B 平台，如图 9 所示。通过"供应通"平台，怡亚通创建了以"互联网为工具，物流为基础，供应通为载体"的商业新生态，既可为上游厂商解决终端覆盖和终端动销问题，也可帮助下游经销商进行一站式商品采购，从而提升物流效率，降低商品流通环节的运行成本。"供应通"打开了怡亚通供应链"高速路"的各个接口，扩大了怡亚通业务区域和渠道覆盖，实现了区域全面覆盖。通过"合作伙伴＋品牌＋渠道"的方式解决了规模竞争力的问题，形成了规模垄断优势。

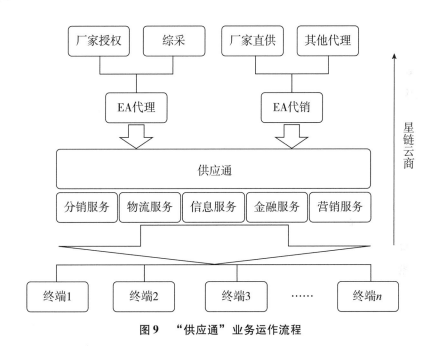

图 9 "供应通"业务运作流程

4. 旅游服务业供应链

随着经济的不断发展以及人们生活水平的日益提高，旅游成为了人们生活中必不可少的组成部分，旅游业已经成为我国服务业重要战略性支柱产业之一。根据国家统计局统计，2016 年国内旅游 44.4 亿人次，同比增长 11%；国内旅游总收入 3.9 万亿元，同比增长 14%，旅游业在未来将是近十万亿级市场，如图 10 和图 11 所示。旅游服务业供应链的研究成为服务供应链研究中的一个重要分支，旅游服务业供应链以其独特的规模经济效应和集成化思想成为获取旅游业竞争优势的一个重要方式。

旅游服务业供应链是由向旅游者提供旅游产品和服务的所有供应商组成的，包括

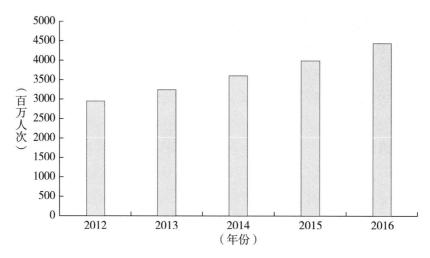

图 10　2012—2016 年国内旅游者数量

资料来源：国家统计局。

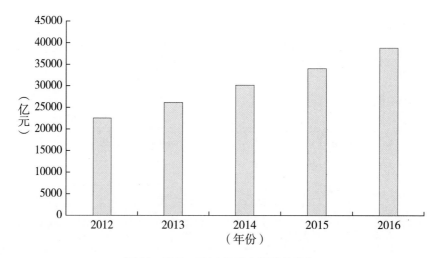

图 11　2012—2016 年国内旅游总收入

资料来源：国家统计局。

旅游产品供应体系中所有用来满足旅游者需求的商品和服务的供应商以及旅游者在旅游过程中直接向其购买商品或服务的目的地其他供应商；这些供应商所提供的商品或服务包括住宿、交通、吸引物、酒吧、餐馆、纪念品和手工艺品、食品生产、垃圾处理系统以及对旅游业的发展起支持作用的目的地基础设施等。

　　以携程旅行网（以下简称"携程网"）为例，携程网建立于 1999 年，总部位于上海。以期初的票务和酒店服务中心为基础，携程网整合高科技产业与传统旅行业，发展成为全国领先的具有广度和深度的综合旅游网站。携程网业务涉及旅游行业的吃、住、行、游、购五大要素，其中旅游景点包含了景区景点门票；餐饮主要有团购美食和酒店提供的饮食；住宿从星级酒店到主题酒店，再到特色民宿、青年旅舍等能满足旅游者多元化的需求；交通已经涵盖机票、火车票、汽车票、船票、国内国际租车业务，提供全方位的服务；同时还为客户提供全球购、金融等超越吃、住、行、游、购活动的增值服务。以携程网为代表的基于 B2C（企业对消费者交易方式）电子商务的旅游服务业供应链模式如图 12 所示。

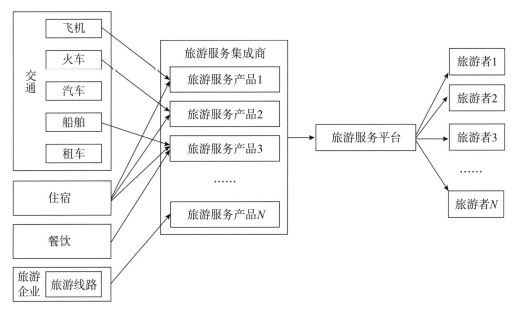

图 12　基于 B2C 电子商务的旅游服务业供应链模式

资料来源：刘伟华．

5. 汽车售后服务供应链

根据国家统计局统计，2012—2016 年，全国私人汽车拥有量大幅增加，如图 13 所示。基于庞大的汽车市场，其售后服务业越来越受到社会关注。汽车售后服务供应链是以为用户提供车辆维修等售后服务为目的的企业所组成的组织结构为主体，通过对客户车辆的维修等售后服务，来拉动汽车备件在供应链中的流动，包括原材料供应、半成品加工、零部件生产、汽车制造厂检验、包装、运输以及备件储运中心的储存，最后通过维修服务厂站对用户车辆的修理和维护，将备件送到用户手中。

上海通用汽车有限公司作为传统的汽车制造企业，在以服务供应链为核心向全产业链延伸的过程中进行了许多探索。上海通用汽车公司汽车备件售后服务供应链为客户推－拉混合型供应链。备件计划根据配件工程释放的备件号，以及历史销量、年限和现有库存，计算出最佳补货点，统一下订单给所有备件供应商（包括国外和国内），之后供应商根据订单的交货周期准时将备件运送至上海通用汽车公司配送中心，入库、包装后进入库房管理。当经销商售后服务（After－sale

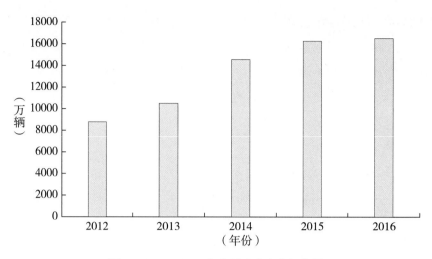

图 13　2012—2016 年全国私人汽车拥有量

资料来源：国家统计局。

service，ASC）通过设计制造服务（Design + Manufacture + Service，DMS）销售系统提出备件需求并下订单时，DMS 销售系统根据目前库存信息，安排配送中心发货，经过陆运或空运等各种配送方式将备件准时送达经销商售后服务中心，从而满足客户的需求，如图 14 所示。

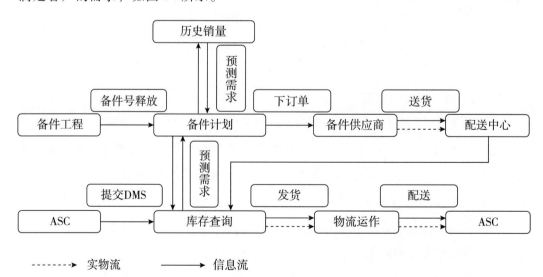

图 14　上海通用汽车有限公司汽车备件售后服务供应链流程

资料来源：刘伟华。

（四）供应链金融

为实体经济服务，满足经济社会发展需要，是金融的本分。供应链金融应"产业发展需求"而生，自其诞生之日起，就肩负了以供应链为纽带，振兴实体经济的重任。从企业需求角度来看，我国非金融企业应收账款余额规模达到 16 万亿元，工业企业应收账款规模已超过 10 万亿元。供应链金融服务商主要面对的中小型工业企业的总应收账款规模已超过 6 万亿元。应收账款融资是供应链金融重要的融资模式，应收账款规模的不断增长为我国供应链金融的快速发展奠定了坚实的基础。从分布地域来看，供应链金融企业主要集中在长江三角洲、珠江三角洲和环渤海经济为主的东部经济发达地区。在我国，中小企业是国民经济的重要组成部分，不仅数量占据全国企业数量的 90% 以上，并且创造的最终产品和服务价值占国内生产总值的 50%。中小企业不仅仅是经济结构调整的主要着力点，也是金融业服务实体经济的重要抓手，更是供应链金融需要重点投入的领域。根据国外研究机构 Demica（黛米卡）的统计，国际银行的供应链金融业务年增长率为 30% ~ 40%，在 2020 年之前，供应链金融业务年增长率不会低于 10%。根据前瞻产业研究院"供应链金融行业报告（2015）"数据显示，到 2020 年，我国供应链金融的市场规模可达 14.98 万亿元。

2017 年万联供应链金融研究院、华夏邓白氏和中国人民大学中国供应链战略管理研究中心联合对国内供应链金融的调研结果显示：82% 的业内受访企业表示整个供应链金融行业在 2017 年的景气程度将持续上升，该结果表明大比例的从业者对供应链金融行业的发展持有乐观态度；仅 7% 左右的受访企业表示可能出现下降的趋势，不乐观的供应链金融从业者主要来自供应链公司及外贸综合服务平台。从供应链金融机构的员工规模来看，超过 50% 的供应链金融服务商员工规模不到 100 人，属于小微企业范畴，或处于初创期。约 30% 的受访机构为中型规模的供应链金融服务商，员工人数为 100 ~ 500 人。员工人数在 500 人及以上的大型供应链金融服务商不到 20%。从人员扩张趋势看，近九成供应链金融服务商表示在未来三个月有招聘新员工的计划。该结果表明企业对供应链金融未来的发展预期看好，同时也意味着行业竞争正在逐步加剧。

总体来看，我国供应链金融发展较快，处于快速成长阶段。其共同特点是，通过资产端来对接资金端，利用信息手段和社会信用体系，解决供应链企业的融资问题。供应链金融由六部分构成：资金供给端［商业银行、信托公司、保险代理、小额贷款公司、P2P（点对点网络借款）公司、担保公司等］、资金需求端（供应链上的各类企业）、平台（供应链服务公司、外贸综合服务平台、B2B 平台、金融信息服务平台等）、信息化服务商、基础设施服务商、行业组织。平安银行、海尔集团和深圳创捷供应链三家的探索分别代表了传统银行、制造企业和供应链服务提供商对于供应链金融的探索。

1. 平安银行橙 e 网

平安银行作为我国业内最早提出并践行供应链金融的银行，在供应链金融领域进行了一些有益探索。从 2013 年至今，平安银行开启平台和供应链金融模式，并设立网络金融事业部和供应链金融事业部——全行业第一家平台事业部和供应链金融事业部，并在集团支持下，搭建了跨线条、跨部门的银行公共平台——橙 e 网，如图 15 所示。目前其所提供的供应链金融业务正从传统的银行借贷业务转向基于组织生态的供应链金融。同时，结合银行原有的征信体系，针对供应链的主体提供定制化的融资解决方案，资金来源也是平安银行本身，因此，它兼顾了风险管理者和流动性提供者的角色。

图 15　橙 e 网业务构成

资料来源：平安银行。

2. 海尔在线供应链金融

早在 2013 年年底，海尔就决定搭建一个面对客户的 B2B 系统。基于与客户交互的互联网化，在线供应链金融旨在解决下游企业的资金需求难题。2014 年 9 月，海尔 365 供应链金融平台（365rrs. com）上线，这一在线平台为全国所有海尔经销商提供产品展示、下单、支付、结算、年度协议签订、对账、发票、全程物流的可视可控等服务。

得益于移动互联和大数据技术的发展，作为客户交互体验引领下的开放平台，海尔可以将其拥有的客户群体数据和规模庞大的经销商数据与银行系统连接，成为银行授信的重要依据。海尔与银行合作，整合了银行的资金、业务以及技术等专业优势和海尔集团分销渠道网络、交易数据和物流业务等要素的雄厚积淀，通过海尔365供应链金融平台的交易记录，将产业和金融通过互联网的方式集合在一起，开拓了针对经销商的"货押模式"和"信用模式"两种互联网在线供应链金融业务模式。在线供应链金融主要解决下游经销商的资金需求问题，成为B2B平台的一个重点方向。平台上的经销商不用抵押，不用担保，不用跑银行办手续，通过平台上的"在线融资"窗口，实现了资金及时到账，不仅方便快捷、效率高，还能享受与大企业一样的优惠利率，大大减少了利息支出。海尔集团先与平安银行、中信银行合作线上的供应链金融模式，之后又有广发银行、青岛银行等银行加入合作，目前已经为下游企业融资二十几亿元，解决了近千家海尔专卖店的资金困难问题。

3. 创捷供应链的互联网金融

创捷以通信行业的产融结合为突破点，探索出了"生产生态 + 供应链金融生态"的生态圈。

根据工业和信息化部2015年的统计，在我国的通信行业中，深圳的手机加工商加工的产品占总产量的90%、整机生产商占80%、方案设计占70%、手机零部件配套率占99%。如果说，以苹果为代表的美国硅谷是全球通信行业的设计中心，那么以门类齐全的工厂为代表的中国深圳则是全球通信行业的加工中心。依托分工明确、专业化、高效的产业链和产业集群供应网络，深圳在全球通讯行业中牢牢占据着加工霸主地位。

在传统的通信产业供应链中，生产加工企业需要独立完成接单、方案设计、集成设计、采购集样、样品制作、生产制造、物流、商检、交货、收款、结算和售后等全流程。这种传统的方式不仅大大增加了加工企业的负担和管理上的难度，也不利于产业效率的提高。在这种情况下，深圳通信产业供应链形成了相互关联又分工明确的流程体系。以生产制造为分界线，将上述流程分为产业发展驱动因素群（包括接单、方案设计、集成设计、采购集样、样品制作）和产业发展辅助因素群（包括物流、商检、交货、收款、结算和售后），这样的产业分工极大地提高了每项环节的效率，也使得各环节企业形成了独特的核心竞争力。通信行业供应链如图16所示。但是，这样高度的专业化分工和集群体系，使得各环节之间的供应链协作难度大大增加，如何在使每个企业的能力得到充分发挥的同时，保证供应链体系的一致性和稳定性成为了供应链管理的重中之重。

针对上述问题，创捷构建了"生产生态 + 供应链金融生态"的生态圈。生产生态将中国中小企业聚合成虚拟的"1"，形成有计划的产业组织体系，同时通过产业互联网将众多的国外原材料或零部件供应商、国内零部件供应商和加工商整合形成虚拟产

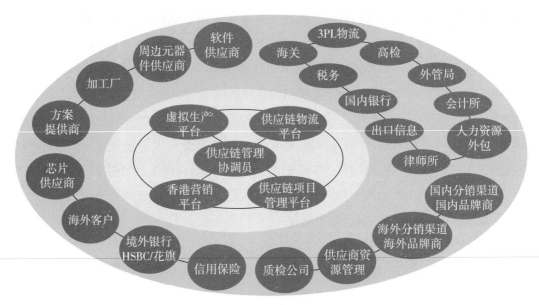

图 16　通信行业供应链

资料来源：www. strongjet. com. cn.

业集群。在生产生态中，创捷供应链 E－SCM 平台嵌入的 QP 关务系统、E－Bank 系统、金税系统等可以将相关数据自动导入各个机构相应的信息化平台中，提高了数据的准确度和运作效率。创捷依托生产生态形成的交易结构和信息流，构建起供应链生态，包括针对 2500 多家国内原材料或零部件供应商提供应收账款保理服务、针对 70 家加工组装厂家的生产应收账款以及加工设备的融资租赁服务、针对国外强势零部件供应商提供付汇交易（包括正常贸易和物流流程基础上产生的套利套汇交易）服务、针对国外客户提供出口信保融资服务、针对国内分销商提供物流金融服务。

（五）绿色供应链

当前，促进绿色转型发展已经成为我国社会经济发展的主旋律，绿色供应链正在成为我国绿色转型、实现绿色制造的重要途径与切入点。总体而言，我国绿色供应链的实践才刚刚起步，企业采取的绿色供应链措施主要是在我国不断提高的环境标准及环境政策压力下采取的行为。同时，随着政府绿色采购与物流政策的不断升级，越来越多的企业正在以采购和物流绿色化的方式促进绿色供应链发展。

一是在政策法规环境方面，政府支持力度不断加大。我国现阶段与物流和供应链相关的立法主要体现在环境保护、资源再生与回收利用方面。例如 20 世纪 80 年代制定的《中华人民共和国环境保护法》《中华人民共和国大气污染防治法》；20 世纪 90 年代制定的《中华人民共和国固体废物污染环境防治法》《中华人民共和国环境噪声污染防治法》；2001 年制定的《报废汽车回收管理办法》；2002 年制定的《中华人民共和国清洁生产促进法》；2008 年制定的《中华人民共和国循环经济促进法》《废弃电器电子产品回收处理管理条例》，以及其他相关法律、法规，成为我国发展绿色物流的基本法律依据。

特别是随着《物流业发展中长期规划（2014—2020 年）》的发布，我国加快了现代物流的发展，各级政府更加重视物流业的绿色协调发展。在绿色物流、交通运输、产品包装、流通加工等方面出台了一系列政策和措施，严格执行环评标准，加大新能源补贴力度，支持力度不断加大。2016 年 3 月，《中华人民共和国国民经济和社会发展第十三个五年规划纲要》中指出要大力发展绿色物流；2016 年 8 月，国家邮政局出台《推进快递业绿色包装工作实施方案》，谋划快递业绿色包装工作，提高快件包装领域资源利用效率，降低包装耗用量，减少环境污染；2016 年 9 月，国家发展和改革委员会发布《物流业降本增效专项行动方案（2016—2018 年）》，提出要根据行业发展需求，加快制修订绿色物流标准；2017 年 2 月，商务部发布《商贸物流发展"十三五"规划》，在发展任务中提到引导企业创新绿色物流运作模式，建立绿色节能低碳运营管理流程和机制，加快淘汰落后用能设备，并鼓励企业全面推进绿色仓储设施设备与技术应用，推进绿色包装、运输等绿色供应链重点工程。

与此同时，政府大力提倡绿色供应链，在交通运输、产品包装、流通加工等多方面出台了一系列的政策和实施方案。相关部门对物流企业的环评标准也更为严格。此外，政府对绿色物流加大资金投入。例如，提倡使用新能源车，企业购入新能源车能享受政府财政上的支持。使用清洁能源的企业，也能享受政府补贴。以上这些政策法规在一定程度上推动了我国绿色物流与供应链的实践，提升了企业和消费者对绿色、环保的认识，为我国绿色供应链发展打下了较好的政策环境基础。

二是在行业企业方面，绿色供应链蓬勃发展。在供给侧结构性改革的推动下，产业以转型升级为目标，通过发展绿色供应链，有效配置企业资源，降低企业经营成本，提高企业集约化水平。由于绿色供应链在我国的实践才刚刚起步，在不断提高环境标准及环境政策的推动下，很多企业积极探索绿色物流与供应链实施措施，降低成本，提高效益，推动企业可持续发展。如 2016 年 6 月，菜鸟网络联合"四通一达"、中国邮政、Fedex（美国联邦快递）等 32 家全国和全球合作伙伴组成菜鸟绿色联盟，开启物流绿色行动计划，承诺到 2020 年替换 50% 的快递包装材料，填充物 100% 为可降解物。这一行动计划还承诺通过使用新能源车辆、建立包材回收体系等举措，争取行业总体碳排放减少 360 万吨。

2016 年年底，中国物流与采购联合会对全国范围内从事供应链相关活动的企业进行绿色供应链指标的问卷调查。调研共回收调查表 167 份，有效率 91.6%。食品类、医药类供应链企业注册资本统计数据如图 17 和图 18 所示。由图 17 和图 18 可知，两类供应链企业的注册资本均有 80% 以上为 0～20000 万元。这说明，大型集约化的供应链企业还较少。

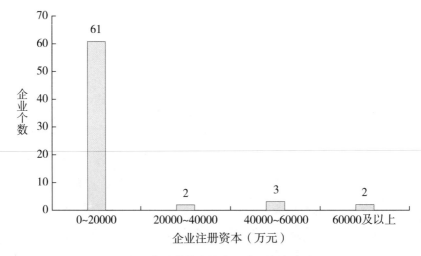

图 17　食品类供应链企业注册资本统计

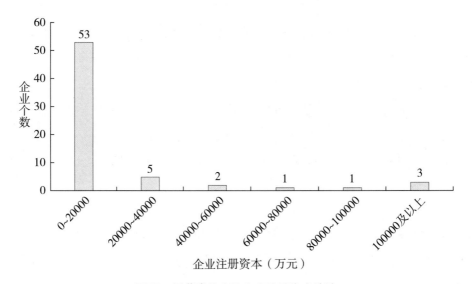

图 18　医药类供应链企业注册资本统计

食品、医药类供应链企业对绿色供应链指标认同率如图 19 所示。由图可得，医药类供应链企业对给出指标的认同率普遍高于食品类供应链企业，说明医药类供应链企业的环保意识更强、对绿色关注度更高。

特别是随着政府绿色采购政策的不断升级，如《工业节能管理办法》等对企业绿

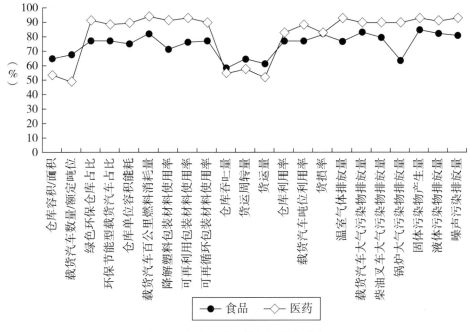

图19　绿色供应链指标认同率对比

色生产有一定的政策补贴，正在促进越来越多的企业调整其环境政策，采取绿色技术，制造节能产品。目前，国内企业实施绿色供应链管理的项目，大多为节能减排等能够带来经济效益的项目，或者是法律法规要求进一步改进或提升的项目。企业实施节能减排技术改造的项目主要为照明改造工程、余热回收、热水器改造工程等。最近几年，企业在加强废水、废气、噪声等环保合规性方面积极改进，进一步降低了对环境的污染。

三是技术环境方面，技术不断升级，新能源发展迅速。随着"互联网＋"战略的实施，现代物流和供应链与"互联网＋"深度融合，推动了产业互联网的大发展。以互联网、物联网、云计算、大数据等先进信息技术为支撑的综合物流与供应链系统发展迅速，越来越多企业开始实现电子化、协同化办公，同时通过一体化供应链解决方案的创新与应用，推动产业一体化协同整合发展。信息平台的建设可以使企业用户合理选择运输工具和运输路线，克服迂回运输和重复运输，可缓解物流活动造成的环境污染，平台思维正改变着物流模式。2012年，交通运输部正式启动国家物流平台建设，经过4年的发展，国家交通运输物流公共信息平台可提供三大类政府基础服务产品——标准服务、交换服务、公共信息服务，并推出了园区通、跨境电子商务等八款"平台＋"应用产品，通过数据互联为行业监管提供参考，为社会提供信息资讯查询。为了加快新能源汽车产业发展，推进节能减排，促进大气污染治理，2013年，财政部、科技部、工业和信息化部、国家发展和改革委员会启动了新能源汽车推广应用工作，并发布了《关于继续开展新能源汽车推广应用工作的通知》等系列政策性文件。在2016年9月，中国邮政在全国13个省、42个城市共投入纯电动汽车900辆，电动汽车零排放，少污染。以纯电动汽车为代表的新能源汽车将成为行业发展的方向。

随着国家对科技的重视，我国的电商物流、信息、新能源、新材料等领域都加大了科研投入，在这些领域中孕育着新的技术突破。很多企业注重创新能力的发展，从管理、技术等多方面进行创新，以实现可持续发展经营。以京东为代表的自营式电商企业，充分发挥技术优势，创新环保，低碳运营，树立"绿色电商"新典范。通过大力推进电子发票、新能源货车、包装材料创新等一系列环保措施，助力节能减排，为城市的环境贡献绿色力量。2011年以来，在中国物流与采购联合会参与推动中央财办关于电子发票课题研究和试点以来，京东作为试点企业大力推动电子发票的应用，于2013年6月开具了我国电子商务领域首张电子发票。截至2016年11月底，京东电子发票累计开具量已经超6亿张，节约成本超过2亿元。全面应用电子发票后，京东节约300多吨优质纸张，相当于2000棵成年树木，减少200多吨的二氧化碳排放量。如果全国企业推广使用电子发票，一年可以节约近2000亿张纸质发票，相当于保护了近3万亩森林和土地，减少近10万吨的二氧化碳排放量。京东引进的首批近百辆新能源货车于2016年6月已在北京、上海、成都三地率先上路运营，这也使国内物流快递行业中大型货运车辆中首次出现了环保纯电动车的身影。通过采用干线甩挂运输的模式，使用雨水调节池，采用雷达式感应LED（发光二极管），京东的仓储在原有基础上再降低75%能耗，为全行业树立了节能减排的标杆。京东推行简约包装、减量化包装，并且开始在全国推行包装物回收，提高了资源利用率，减少了污染。京东自主研发了全降解包装袋，伴随着全降解包装袋的投入使用，意味着每年近百亿个快递塑料袋或将逐步消失。此外，德利得供应链管理股份有限公司成立工业工程部（Industrial Engineering，IE），申请了整托运输防护装置、气囊减震运输装置等多项专利，提高物流效率，实现节能减排。上海中石化工物流股份有限公司采用调度软件，提升了自身的资源整合能力。

三、中国供应链发展展望

2017年，是实施"十三五"规划的重要一年，是供给侧结构性改革的深化之年，也是供应链创新跨越发展的关键之年。我国供应链虽然起步晚，但起点高、发展速度快，随着"一带一路"和"中国制造2025"的实施，以及供给侧结构性改革的不断深入，在"十三五"规划期间国务院办公厅印发《国务院办公厅关于积极推进供应链创新与应用的指导意见》的指导下，供应链创新与应用工作将有序开展，供应链将迎来发展的重要历史机遇期。特别是在经济较发达地区，政府加强引导，企业积极应用，不断促进模式创新、转型升级和融合发展，供应链在各行业、各领域具有良好的应用效果和广阔的发展前景。

（一）农业供应链

"十三五"期间，我国要推进农业现代化建设，提出了增强农产品安全保障能力，构建农业经营体系，提高农业技术装备和信息化水平，以及完善农业支持保护制度的任务。未来几年，大幅提升农业供应链水平，将是促进农业的供给侧改革，推动农业现代化建设的重要任务。

1. 电子商务平台将使农资采购更加便利

由于互联网及电子商务的普及，以及大数据等数字科技的发展，未来优化农业供应链的重要举措将会是重组现在的农业生产链条，其中对农业生产过程影响最大的农资采购方面，将会利用信息技术手段在供应商与农户之间架起一座高速通道，对接各种农资农机的销售租赁渠道，解决农户的生产材料采购困难。目前在阿里巴巴等电商平台上已经可以买到大部分农用物资，但是质量得不到有效保障，未来通过规范电商市场，以及制定行业质量标准，利用电子商务市场的渠道，将会大大降低农户的采购成本和风险。

2. 农业生产科技化、现代化、机械化

随着知识产权越来越受到重视，未来农业发展将会更加重视科研成果的转化和推广。不管是种植业、畜牧业还是林业、渔业，通过加强农业机械化与农机装备供给侧结构性改革，将会推进农业全程机械化、全面机械化，利用农业机械集成技术和推动规模经营达到降本增效的目的。同时，各地乡镇将会继续大力开展新型职业农民教育培训，帮助农户提高农业科技素养和田间管理水平，并鼓励高等教育人才进入第一产业进行农业生产，将高新技术与传统农业经营相结合，发展科学的现代农业，利用互联网、大数据、智能等技术帮助农户，提供种植解决方案，为农民增收。

3. 农业供应链规范化、标准化、可持续化

未来通过建设规范化、标准化的农业供应链体系，并制定相关行业规范，将会提高我国农业供应链的协同水平和效率，使我国多样化的农林牧渔产品进行差异竞争，不仅丰富人民的餐桌，更给农民带来高收入，促进社会均衡发展。通过发展适度规模经营、减少化肥农药不合理使用、开展社会化服务等，未来我国可以大幅度降低农业

生产成本，提高农业效益和竞争力，增加市场紧缺农产品的生产。此外，通过对产业链上游生产方式、生产力、生产关系进行改造，可以在未来实现降低生产成本、提高生产效率和产品品质的目标，这些变化都将促使我国农业更加可持续发展。

4. 农业基础设施更加完善

"十三五"期间，将会是我国农业供应链飞速发展的五年，大量创新和技术进步将会推动农业供应链的重组、完善与优化，我国农业供应链将会出现飞跃式的进步。2017 年 4 月，《国务院办公厅关于加快发展冷链物流保障食品安全促进消费升级的意见》中表示，到 2020 年初步形成布局合理、覆盖广泛、衔接顺畅的冷链基础设施网络，基本建立"全程温控、标准健全、绿色安全、应用广泛"的冷链物流服务体系。我国还在公铁路网、农产品物流园区等方面投入了大量资金，这将充分保障农业发展的硬件基础设施建设。在软件基础设施方面，我国大力推进各地区信息平台的建设，农产品交易平台大量兴起，互联网、智能手机在乡镇普及，信息技术手段越来越多地应用到农业生产中，将会拓宽农户的信息来源。此外，供应链专业人才的培训、引进也会在无形中提高农业发展的效率。

（二）工业供应链

当前全球发展格局的深刻调整，新技术快速发展，全球工业正在从传统的供给驱动型、资源消耗型、机器主导型、批量规模型向需求引导型、资源集约型、人机互联型、个性定制型转变。随着"一带一路"的逐渐推进和供给侧改革的进一步深化，今后几年，我国工业供应链发展的重点在于行业的转型以及价值链的重构，我国工业供应链正朝着"环境友好、精密智能、创新发展、协同整合"的方向前进。

1. 重工业发展将持续关注环境友好

在日益严峻的资源环境形势下，"十三五"期间我国工业供应链将由主要依靠增加物质资源消耗的粗放型传统发展模式，向集约节约的可持续发展模式转变，逐步形成"低投入、低消耗、低排放、高效率"的经济发展方式。相信国家在环境保护方面采取的措施将愈加强力而有效，各种治理污染、鼓励可持续发展的政策将密集发布，大量新能源、新材料等节能环保的产业已经涌现并蓬勃发展。

2. 制造业转型智能化精密制造

在新一代技术革命中，智能作为新兴科技，正在对制造业产生越来越大的影响，使精密制造技术飞速进步。《中国制造 2025》中明确提出了针对工业发展的五大工程，其中智能制造工厂和高端装备创新工程都涉及精密及智能制造技术，此外，我国还出台了大量针对精密仪器制造业和智能新兴产业的补贴、支持政策。目前我国在这两方面的高端人才越来越多，我国的精密制造也正在逐渐成型，"十三五"期间内势必会取得较大突破，弥补长期以来的短板，实现我国工业的全面均衡发展。

3. 各行业更加注重知识产权，创新发展

除绿色和智能外，《中国制造2025》中还重点提到了工业及制造业的创新发展，提出要"形成一批制造业创新中心（工业技术研究基地），重点开展行业基础和共性关键技术研发、成果产业化、人才培训等工作"，知识产权和专业技术的重要性越来越得到认可，创新社会正在加速形成。在"十三五"期间，我国工业将进一步由劳动密集型向依赖劳动力综合素质的创新型发展转化。尤其是在供应链专业人才方面，将会涌现一大批受过专业培训与高等教育的高素质人才，这些劳动力的进入将会给我国工业供应链的发展带来新的活力，开发大量核心技术，加速工业的转型，使我国核心工业成为世界领先甚至世界第一，工业及制造业向价值链高增值部分移动。

4. 不同产业间实现紧密合作，协同整合

协同整合是供应链的根本目标，目前我国已经形成了大量的产业集群，在相关政策的扶持下，供应链标准化及供应链信息平台建设加快，各产业集群间正在逐渐实现互相联动，协同发展。"十三五"期间，我国在工业物流、工业供应链方面能够发布较为完善的国家统一标准，并形成覆盖面较广、功能较齐全的供应链平台，这些进步都将促使我国的工业供应链进一步实现协同整合，实现跨地区、跨产业、跨部门的均衡发展。此外，供应链金融以及服务业（尤其是物流业）的发展也将促进我国工业供应链在供给侧结构性改革下的转型发展。

（三）服务业供应链

"十三五"期间，我国商务部等有关部门明确提出了推动流通大国走向流通强国的目标，为服务业供应链创造了良好的发展机遇。通过实施消费促进、流通现代化和智慧供应链三大行动，将全面打通消费、流通和生产各环节，促进流通升级，提升流通在国民经济中的基础性支撑和先导性引领作用。

1. 物流服务业生态化、链条化、平台化发展

随着数字经济、平台经济和共享经济等新兴经济模式的发展与国家相关扶持政策的发布，"十三五"期间，物流服务供应链在客户需求、服务对象和服务模式等方面发生了很多变化。第一，物流服务供应链生态化。随着客户需求个性化、定制化的转变，要求物流服务提供商要以客户的需求为核心，从需求视角重新认识客户的作用，在完善自身能力的同时，细致了解客户的需要，从提供单独的物流功能转向提供个性化的全套物流解决方案，直至提供一个包含企业客户的物流服务生态系统。第二，物流服

务供应链全链条化。目前的物流服务集成商通过整合功能型物流服务提供商，主要为核心的制造企业提供服务，物流服务提供商未来必须向核心企业的上游和下游发展，以产品或产业为单元，提供全链条化专业物流服务。第三，物流服务供应链平台化。平台经济的发展为物流服务集成商带来更多新的契机，通过搭建平台，可实现客户与客户之间更加频繁的交互，降低交易成本，促进合作。在资本的关注下，物流服务供应商的格局调整将加快，能够继承所有物流功能的平台型物流服务企业才能够在激烈的市场竞争中生存。

2. 商贸流通业供应链多业态融合发展

在"十三五"期间，以国家有关部门开展供应链体系建设为背景，商贸流通业在物流标准化、供应链平台、重要产品追溯方面呈现三个趋势：第一，随着物流标准化普及，供应链上下游相衔接水平更高；第二，以各类供应链平台为基础，供应链协同效率不断提高；第三，通过建设重要产品追溯体系，供应链产品质量保障能力不断提升。

以试点为基础，商贸流通业在企业层面将在四个方面有所发展。第一，业态创新加速多业态供应链融合。传统的百货商店、专业店、杂货店等得到了升级改造，新兴的超级市场、专业店、专卖店、仓储式商店、无店铺零售等蓬勃兴旺，而且这些业态之间还相互渗透、创新组合。第二，商贸流通业先导作用催生供应链逆向整合。表现为两点：专业连锁零售商的反馈性逆向整合，利用专业连锁零售商掌握的消费者需求信息，迅速整合上游企业生产制造，以最快的速度响应市场需求。第三，商贸流通生态化助推绿色供应链实施。随着公众对安全、健康和生态的日益关注，"绿色"成为零售业新趋势，"绿色零售业"理念已从零售产品结构扩大至零售业态、营销等多方面，绿色趋势正推动新零售业态出现。第四，终端需求多样化加快供应链一体化水平提升。随着经济的发展，消费者的需求呈现多样化、个性化、多层次性等特点，零售商、批发商以及供应链上下游企业需要有效地管理越来越多的产品或服务，要求商贸流通业各主体再造商业竞争新体系，实现供应链的一体化。

3. 供应链服务行业将更加注重商业模式创新和新技术运用

随着市场竞争的加剧，越来越多的供应链服务企业将更加注重商业模式的创新，致力于为客户创造价值，围绕核心企业客户及上下游共同协同合作，打造产业供应链平台，形成供应链生态圈。"十三五"期间，传统型物流企业将面临更为严峻的转型升级挑战，依靠增值服务盈利则成为主流趋势，从而实现向供应链方向的转型。以客户需求为中心，通过资源整合，为客户提供物超所值的供应链服务，帮助客户实现价值增值，提高市场竞争力，以此来增强客户忠诚度，达成长期稳定的战略合作。整合营销型供应链服务、解决方案型供应链服务、系统集成型供应链服务等将是供应链服务行业新的发展模式。此外，新技术特别是大数据、人工智能与供应链相结合，打造智慧供应链集群，将成为新的经济增长点，也将成为供应链服务行业价值创新点。

4. 旅游服务业供应链扁平化、网络化融合发展

随着社会经济与科学技术的发展，旅游服务业供应链也发生了一定变化，预计在"十三五"期间，旅游服务供应商与旅游服务集成商之间的身份关系将会有所转变。第一，旅游服务业供应链向扁平化方向发展。目前旅游服务供应商有向旅游服务集成商不断发展演化的趋势，旅游服务业供应链的信息传递路径及旅游服务的沟通渠道越来越便捷，很多时候不需要经过旅游服务中间商或集成商，旅游服务供应商可直接面对旅游者提供服务，旅游服务业供应链的链条日益缩短。第二，旅游业应更加注重产业融合发展。在智慧旅游、乡村旅游、工业旅游、商务旅游、研学旅游、医疗旅游、养老旅游、健康旅游等领域，重点推进"旅游+"融合发展。"旅游+"是指充分发挥旅游业的拉动力、融合能力，及催化、集成作用，为相关产业和领域发展提供旅游平台，插上"旅游"翅膀，形成新业态，提升其发展水平和综合价值。例如携程网为客户提供了很多超越吃住行等传统业务范围的增值服务，如构建自己的金融体系，发行了任我行和任我游的礼品卡，方便客户购物和消费等。第三，旅游服务业供应链的核心企业从旅行社向旅游电子商务网站演变。供应链中的核心企业是整条供应链获得竞争优势和获取最大利润的核心。传统旅游服务供应链的核心企业一般是旅行社，因为它既可以直接与消费者接触，又可以充当旅游服务集成商，整合旅游当中的食、宿、行、购、娱方面的旅游服务供应商。

5. 汽车售后服务供应链向集成服务平台转型

随着整个社会大环境和经济的变化，新的技术手段和新的商业模式不断涌现。现在，平台型企业越来越多，服务提供商开始向服务集成商进行转型，集成商和提供商的关系变得更密切，服务供应链由服务提供转向价值创造。这些现象促使着汽车售后服务供应链在"十三五"期间发生一些变化。第一，整车厂开始布局快修连锁店。以通用之家为代表，整车厂开启了汽车后市场争夺战。第二，养护产品将网上零售，保养服务或可网上预约。第三，各大企业打造高效物流网络。目前，备件供应链成为汽车后市场的兵家必争之地，各大公司开始注重全国范围内的物流网络的建立，以实现高效的需求响应。

（四）供应链金融

1. 供应链金融逐渐融入产业供应链生态

供应链金融的前提是供应链管理，没有健全、良好的供应链作为支撑，供应链金

融就成了无源之水、无本之木。因此，产业供应链建设和发展的程度是供应链金融健康发展的关键。我国供应链模式正在从传统的业务型供应链向协调、整合型供应链转变。供应链金融开展的初期阶段是传统商业银行所推动的以应收账款、动产和预付款为基础的"M+1+N"式融资业务，其业务开展和风险管理的基础是核心企业发生的上下游业务活动，作为融资方的银行并不参与供应链运营。而进入第二个阶段，供应链金融的推动者不再是传统的商业银行，而是产业中的企业或信息化服务公司，它们直接参与供应链运营过程，在把握供应链商流、物流和信息流的基础上，与银行等金融机构合作，为供应链中的企业提供融资等服务。

2. 金融科技成为推动供应链金融的主导力量

供应链金融风险始终是高悬在供应链金融头顶的"达摩克利斯之剑"，通过完善的科技手段能够在一定程度上规避潜在风险。以往互联网的作用只是作为金融活动开展和管理的辅助手段，而今却可能成为推动供应链金融的主导力量。由于供应链的主体具有多样性、活动具有异质性，没有良好的标准化、电子化、可流转、安全签章的电子票据、电子税票和电子仓单，就无法实现业务流程的顺畅管理。同理，没有良好的云平台、云计算，虚拟电子供应链就无法真正实现。而要真实把握供应链的运营规律，有效知晓每个参与主体的行为，就需要具有建立和发展大数据的能力。针对资金和资产对应匹配的唯一性和真实性，就需要运用区块链技术和物联网技术。利用区块链技术实现分布式记账和资金管理，实现智能合约，同时借助于物联网技术做到资金和资产的唯一对应。显然，没有金融科技的支撑，上述这些问题都不可能真正得到有效解决，供应链金融会遭遇巨大瓶颈。

3. 管理垂直化、风险结构化和声誉资产化

管理垂直化意味着为了遵循责任明确、流程可控等目标，而对供应链活动实施有效的专业化管理，并且相互制衡，互不重复。为了实现这一原则，需要在管理体系上做到"四个分离"：第一，业务审批与业务操作相互制约、彼此分离；第二，交易运作和物流监管分离；第三，金融业务开拓、金融业务实施、金融贸易活动的监管分离；第四，经营单位与企业总部审议分离。

风险结构化是指在开展供应链风险金融业务的过程中，能合理地设计业务结构，并且采用各种有效手段化解潜在的风险和不确定性。在此过程中，需要注意两点：第一，针对不同的风险来源，化解和降低风险的手段和途径应当不同；第二，尽管存在着各种化解、降低风险的手段，但应当看到不同手段和要素的重要程度以及风险化解能力不尽相同，对风险要进行优先级划分。

声誉资产化是指将稀有的、有价值的、可持续的和难以模仿的声誉变成具有战略性竞争优势的资产。企业为了实现声誉资产化，提升竞争力，应该从以下六个方面入手：借款企业的基本素质、偿债能力、运营能力、创新能力、成长潜力和信用记录。我国目前拥有数量庞大的中小企业，它们的规模在很大程度上阻碍了企业声誉资产化的进程，未来需要从政府层面推动全社会形成声誉资产意识。

4. 协同化将是智慧供应链金融未来的主题

供应链金融的成功实施需要生态中多种形态组织的充分沟通和协同，这些主体除了供应链上下游企业和相关业务参与方外，还包括至关重要的三类组织机构，即平台服务商、风险管理者和流动性提供者。平台服务商负责搜集、汇总和整合供应链运营中发生的结构性数据以及其他非结构性数据；风险管理者根据平台服务商提供的信息和数据进行分析，定制金融产品，服务于特定的产业主体；流动性提供者是具体提供流动性资金的主体，也是最终的风险承担者。这三类机构各自发挥着不同的作用，共同推动供应链金融的发展。因此，就需要这三类机构充分探索与发展各自的能力，将其提供的差别化服务发挥到极致，只有实现高度的专业化，才能产生协同化。

（五）绿色供应链

党的十八大五中全会提出的"五大发展理念"，明确提出了"绿色发展"，对现代绿色供应链发展指明了方向，提出了新的要求。在我国"十三五"规划纲要中，明确提出了今后五年经济社会发展的主要目标，其中就包括"生态环境质量总体改善。生产方式和生活方式绿色、低碳水平上升。能源资源开发利用效率大幅提高，能源和水资源消耗、建设用地、碳排放总量得到有效控制，主要污染物排放总量大幅减少。主体功能区布局和生态安全屏障基本形成。"因此，在"十三五"期间，随着我国生态文明制度体系不断完善，我国绿色供应链作为生态环境建设的重要组成部分，将会取得更大的发展。在推动经济社会可持续发展的进程中，绿色低碳供应链将成为必然选择，而法制化、智能化和绿色化将是未来重要的发展趋势。

1. 制度升级

法律和制度是生态文明体系建设的重要组成部分，要运用法治思维与法治方式，保障和实现绿色发展。我国"十三五"规划中提出，要健全生态安全保障机制，加强生态文明制度建设，建立健全生态风险防控体系，提升突发生态环境事件应对能力，保障国家生态安全；要加大环境综合治理力度，创新环境治理理念和方式，实行最严格的环境保护制度，强化排污者主体责任，形成政府、企业、公众共治的环境治理体系，实现环境质量总体改善。绿色供应链的发展，与国家政策法规的规范和引导密切相关，将在未来绿色供应链发展中起到关键的作用。生态环境事关近13亿多人民的切身利益，也就决定了供应链在发展过程中，必须将生态环境保护作为不可触碰的红线。预计未来 5 年，有关部门将加快制订绿色供应链相关标准，研究推动绿色供应链的立法，为我国绿色供应链管理提供保障，创造适合绿色供应链发展的政策法规环境。

2. 智能升级

随着人工智能技术的快速迭代，机器在很多方面将替代人工，预计未来 5 年，物流机器人使用密度将达到每万人 5 台左右，"智能革命"改变智慧供应链格局。而绿色、低碳供应链，需要借助先进的物流技术与标准才能够充分实现，绿色供应链的科技智能升级，以及新能源交通工具推广使用，将成为重要发展趋势。我国"十三五"规划中提出，要发展绿色环保产业，培育服务主体，推广节能环保产品，支持技术装备和服务模式创新，完善政策机制，促进节能环保产业发展壮大。预计在未来智慧物流将引领智慧供应链变革，推动节能环保产业的发展。通过智能技术和手段，对现有的物流基础设施加强改造，减少重复性建设以及资源浪费，还可以对新建的物流基础设施进行功能整合以及协同共享。凭借靠近客户的优势，智慧物流带动互联网深入产业链上下游，以客户需求倒逼产业链各环节强化联动和深化融合，助推"协同共享、节能环保"生态体系加快形成。

3. 绿色升级

绿色发展作为"五大发展理念"之一，是指导我国绿色供应链发展的基本原则，绿色物流与供应链的理念将逐步得到普及。我国"十三五"规划中提出，要积极应对全球气候变化，坚持减缓与适应并重，主动控制碳排放，落实减排承诺，增强适应气候变化能力，深度参与全球气候治理，为应对全球气候变化做出贡献；要推进资源节约集约利用，树立节约集约循环利用的资源观，推动资源利用方式根本转变，加强全过程节约管理，大幅提高资源利用综合效益。预计未来 5 年，绿色生产、绿色包装、绿色运输、绿色仓储等全流程绿色供应链标准将加快应用，符合全球绿色与可持续发展的要求。绿色供应链将立足于长远，充分利用社会现有资源，加强基础设施建设与协同共享，积极降低能源耗费与碳排放，以全生命周期的供应链管理为整体生态视角，努力践行绿色发展，推动社会可持续发展。

（中国物流与采购联合会采购委　郑荣良　闫建华　马天琦）

参考文献

[1] 中华人民共和国国家统计局.中国统计年鉴（2016）[M].北京：中国统计出版社，2016.

［2］中华人民共和国国家统计局.中华人民共和国 2016 年国民经济和社会发展统计公报［EB/OL］.（2017 – 03 – 01）［2017 – 10 – 09］.http：//news. xinhuanet. com/fortune/2017 – 03/01c_1120546295. htm.

［3］中华人民共和国国务院.2016 年政府工作报告（全文）［R/OL］.（2016 – 03 – 05）［2017 – 10 – 09］.http：//news. xinhuanet. com/fortune/2016 – 03/05/c_128775704. htm.

［4］中华人民共和国国务院.中国制造 2025［EB/OL］.（2015 – 05 – 19）［2017 – 10 – 09］.http：//www. gov. cn/zhengce/Content/2015 – 05/19/content_9784. htm.

［5］中华人民共和国国务院.中华人民共和国国民经济和社会发展第十三个五年规划纲要［EB/OL］.（2016 – 03 – 17）［2017 – 10 – 09］.http：//www. gov. cn/xinwen/2016 –03/17/content_5054992. html.

［6］中国物流与采购联合会.中国物流发展报告（2016—2017）［R］.北京：中国财富出版社，2017：3 – 87.

［7］中国物流与采购联合会.中国供应链管理最佳实践案例集（2017）［M］.北京：中国财富出版社，2017.

［8］何黎明.在 2016 全球供应链高峰论坛上的讲话：供给侧结构性改革下供应链的创新与发展［EB/OL］.http：//www. chinawuliu. com. cn/lhhkx/201607/25/313850. shtml.

［9］何黎明.在第十二届国际物流与供应链管理系统大会上的讲话：中国绿色物流与供应链发展现状与趋势［EB/OL］.http：//www. chinawuliu. com. cn/lhhkx/201708/22/324119. shtml.

［10］蔡进.在 2017 年全球供应链高峰论坛上的讲话：互联互通推动全球供应链的发展［EB/OL］.http：//www. chinawuliu. com. cn/lhhkx/201705/31/321724. shtml.

［11］丁俊发.中国供应链管理蓝皮书（2011）［M］.北京：中国财富出版社，2011：115 – 120.

［12］丁俊发.中国供应链管理蓝皮书（2015）［M］.北京：中国财富出版社，2015：123 – 194.

［13］丁俊发.中国供应链管理蓝皮书（2017）［M］.北京：中国财富出版社，2017.

［14］许志端，杨杨，顾曼.我国生鲜农产品供应链的发展回顾与展望［Z］.

［15］刘伟华，闫晓宇，窦梦顿，等.我国服务业供应链的发展回顾与展望［Z］.

［16］乐雄平，魏国辰.我国商贸流通业供应链发展回顾与展望［Z］.

［17］杨达卿，郭苏慧，王彦丽.我国生活服务 O2O 供应链发展回顾与展望［Z］.

［18］宋华.中国制造企业的战略转型——供应链创新［EB/OL］.http：//ichainnel. com/zh – cn/news/925262_e6gc8w. html.

［19］万联网供应链金融研究院，华夏邓白氏，中国人民大学中国供应链战略管理研究中心. 2017 中国供应链金融调研报告［R］.

［20］宋华. 互联网供应链金融［M］. 北京：中国人民大学出版社，2017：275 - 283.

［21］王悦. 打通农业供应链［J］. 中国储运，2017（6）：58 - 61.

［22］乐东. 互联网 + 农业，看十万亿市场谁主沉浮［EB/OL］. http：//www. 360doc. com/content/17/0320/16/36988555_638499803. shtml.

［23］于淼. 农产品冷链发展或将进入爆发期［J］. 物流时代周刊，2014（3）：25 - 26.

［24］新疆兵团一〇五团. 农场"互联网 +"平台，构建智慧团场管理新格局［Z］.

［25］张芸. 先进制造业的变革与供应链需求［Z］. 北京：第十四届中国国际物流节，2017.

［26］宋玉玎. 宝钢实施全方位结构调整和转型升级［EB/OL］. http：//www. csteelnews. com/qypd/qyzx/201608/t20160819_313133. html.

［27］杨伟中. 陈德荣：宝钢将深化改革搞好转型发展［EB/OL］.（2016 - 08 - 05）［2017 - 09 - 10］. http：//finance. ifeng. com/a/20160805/14692267_0. shtml.

［28］产业研究智库. 2016 年中国服装行业发展特点及趋势［EB/OL］.［2017 - 09 - 10］. http：//www. irinbank. com/report/102516. shtml.

［29］王永娟. 上海纺织：12 年转型之路让民族品牌焕发新光彩［EB/OL］.（2016 - 12 - 24）［2017 - 09 - 10］. http：//sh. eastday. com/m/20161224/u1ai10189580. html.

产业篇

我国生鲜农产品供应链发展回顾与展望

生鲜农产品供应链是指肉、蛋、奶、蔬菜瓜果等生鲜农产品的供、产、销等环节形成有机的一条供应链，让整个供应链上下游的企业之间协调配合，提高运营效率，创造更多的附加价值。"供"主要是指由农民、农业生产合作社等构成的生鲜农产品提供方，为整条供应链提供原材料，是供应链的上游环节。"销"是指电子商务平台、超市等直接面向消费者的销售商。由于电子商务平台和超市等销售商直接接触消费者，所以能够为上游供应商提供最准确、最直观的消费者需求信息，是供应链的下游环节。"产"是指处于供应链中间环节，连接供应商和销售商的生产者。生产者从供应商那里获取原材料进行进一步加工，然后再结合销售商提供的市场需求信息，把符合条件的产品顺利转移到销售商手中。这就是完整的生鲜农产品供应链构成，但是生鲜农产品受生长周期、生长环境、时间和地域等多种因素的限制，对生鲜农产品供应链的管理也面临了很多挑战。[1]因此，梳理回顾我国生鲜农产品的发展现状和问题，并提出今后的发展趋势，具有重要的意义。

一、生鲜农产品供应链概述

（一）发展现状

1. 生鲜农产品市场发展现状

在国家惠农政策的扶持下，我国农产品交易规模逐年增长。2015年农产品市场交易总额达4.8万亿元，同比增长24.8%，预计未来仍将保持稳步增长，如图1所示。

我国是农业生产大国、农产品消费大国，在全球果蔬、肉禽、水产品产量中分别占60%、30%、40%。从表1和图2中可以看出，从2011—2015年我国主要生鲜农产品的产量多数呈上升趋势，蔬菜和水果产量递增明显。同时，无论是单年还是各年产量总和在总的生鲜农产品产量中，蔬菜和水果产量所占比重较大，两者之和占比超过80%。所以，我国生鲜农产品的产量逐年递增，且蔬菜、水果类所占比重较大。以上

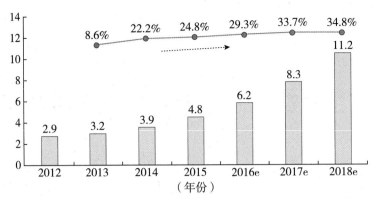

图1 2012—2018 年中国农产品市场交易规模总额及增长率

资料来源：艾瑞咨询。

注：此图为艾瑞咨询 2016 年所作的《2016 年中国生鲜电商行业研究报告简版》中的内容，其中 2016 年、2017 年、2018 年所对应的数值为当时的预测值。

事实表明，生鲜农产品对于流通的需求是巨大的，在这个过程中，需要解决冷链物流问题。美国的果蔬冷链流通率达95%以上，而我国的果蔬冷链流通率仅为5%，我国在生鲜农产品物流方面有着巨大的需求空间。目前，我国果蔬、肉禽、水产品冷链流通率分别达到5%、15%、23%，冷藏运输率分别达到15%、30%、40%，冷链物流的规模呈逐年递增态势。

总体来看，农副食品和食品制造业冷链物流市场存在巨大的需求空间。2015 年，全国新增 390 万吨冷库，冷库保有量达到 3710 万吨，同比增长 12.6%；全国冷藏车和保温车保有量达到 9.34 万辆，同比增长 23.1%；铁路冷链物流实现新突破，开行专用冷藏集装箱班列，铁路冷链运输已经从不定期开行向常态化定期开行转变。虽然近几年我国冷链物流发展快速，但与发达国家相比，仍有很大差距。据统计，我国水果加工比例仅为10%，储藏比例不到20%，每年约有1/4 的水果腐烂变质。果蔬农产品从采收到消费的过程中物流环节的损失为 25%~30%，而发达国家只有1%~2%。[2]

表1 **2011—2015 年我国主要生鲜农产品产量** 单位：万吨

年份	2011	2012	2013	2014	2015
肉类	7965	8387	8535	8706	8625
禽蛋	2811	2861	2876	2894	2999
蔬菜	67929	70883	73511	76005	78526
水果	22768	24057	25093	26142	27375
奶类	3658	3744	3531	3725	3754
水产品	5603	5908	6172	6462	6699

资料来源：国家统计局。

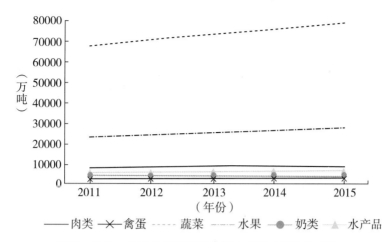

图2 2011—2015 年我国主要生鲜农产品产量变化形势

资料来源：原作者根据现有资料整理得出。

2. 生鲜农产品电商行业现状

为了让生鲜农产品供应链更好地发挥作用，整合资源与市场信息，生鲜农产品电子商务供应链应运而生。生鲜农产品电子商务供应链借助先进的互联网技术和电子商务平台，充分整合供、产、销三方资源，降低了企业库存成本，加快了商品流通速度，也让生鲜农产品在电子商务平台上的跨区域销售更加顺畅。生鲜农产品电子商务供应链具有一定的优势，一方面在互联网技术的支撑下能够及时传递信息，避免了买卖双方之间因信息失真带来的长鞭效应；另一方面对消费者的需求和市场变化反应灵敏，能带动供应链的上下游企业做出相应调整。[1]

我国生鲜农产品电商市场发展迅速，平均每年保持80%以上的增长率，但是占农产品零售总额的比例仅3.4%，因此未来仍有较大的发展空间。艾瑞咨询预计2017年，中国生鲜农产品电商市场交易规模将突破1000亿元。未来几年内，会有越来越多的公司以及资本进入生鲜农产品电商市场，抢占市场开拓期的红利。由于生鲜农产品电商对于仓储冷链配送、商品的品控要求极为严格，市场已经形成了较高的行业壁垒，资金短缺、实力薄弱的初创公司将面临极大压力，而先进入市场并且已经站稳脚跟的企业则拥有了先发优势。

生鲜农产品电商市场看似形势一片大好，但实际盈利却不容乐观。据统计，到2015年年初，我国生鲜农产品电商企业中仅1%是盈利的，4%是持平的，88%是略亏的，7%是巨额亏损的。[3]

拖垮生鲜农产品电商的关键在于高昂的成本，其中很大一部分来自于物流成本。生鲜农产品在仓储和运输环节对冷藏、冷冻、包装要求极高，直接导致生鲜农产品电商的履单成本居高不下。业内分析显示，生鲜农产品的物流成本比普通商品物流成本高出了 40% ~ 60% 。高昂的物流成本既影响生鲜农产品电商的客户体验，也成为生鲜农产品电商的痛点和瓶颈。

资金实力雄厚的个别品牌企业可以通过自建仓储和自营冷链物流的方式来解决这一痛点，但基建投入巨大，不仅为企业发展增加了巨额负担，还成为了拖垮企业的主要因素。对于中小生鲜农产品电商来说，由于缺乏规模效益，成本居高不下，需要通过第三方物流平台降低成本并最终实现盈利。

（二）国家相关政策

1. 冷链物流相关政策

近年来，国家发改委和地方发改委陆续出台了农产品冷链物流发展规划，为农副产品流通发展提供良好的基础设施支持。

2010 年 6 月，国家发改委发布《农产品冷链物流发展规划》，鼓励肉类农产品冷链物流发展；加快培育第三方冷链物流企业；鼓励冷链物流企业加快各类保鲜、冷藏、冷冻、预冷、运输、查验等冷链物流基础设施建设。

2015 年中央一号文件涉及多项冷链物流政策，并指出 2015 年继续实行生鲜农产品流通环节税费减免政策，继续对生鲜农产品实施从生产到消费的全环节低税收政策，将免征蔬菜流通环节增值税政策扩大到部分生鲜肉蛋产品。2015 年 3 月 5 日第十二届全国人民代表大会第三次会议上，李克强总理提出，要深化流通体制改革，加强大型农产品批发、仓储和冷链等现代物流设施建设，努力大幅降低流通成本。2015 年 12 月，国家食品药品监督管理总局通过《食用农产品市场销售质量安全监督管理办法》。

2016 年 1 月中共中央发布第一号文件《关于落实发展新理念加快农业现代化实现全面小康目标的若干意见》，该意见指出要完善跨区域农产品冷链物流体系建设。2016 年 3 月 8 日，国家发改委表示："十三五"期间推动现代物流加快发展。通过创新物流业体制机制，完善相关政策，加强物流重要节点建设，支持第三方物流、多式联运等物流新模式发展，减轻税费负担等，促进物流业降本增效，助力强实体、稳增长。2017 年 4 月，《国务院办公厅关于加快发展冷链物流保障食品安全促进消费升级的意见》表示，到 2020 年初步形成布局合理、覆盖广泛、衔接顺畅的冷链基础设施网络，基本建立"全程温控、标准健全、绿色安全、应用广泛"的冷链物流服务体系，培育一批具有核心竞争力、综合服务能力强的冷链物流企业，使冷链物流信息化、标准化水平大幅提升，普遍实现冷链服务的全程可视、可追溯，确保生鲜农产品和易腐食品冷链流通率、冷藏运输率能够显著提高，腐损率明显降低，食品质量安全得到有效保障。

2. 生鲜农产品电商相关政策

近年来，国家出台多项政策，旨在提高农村宽带普及率，完善食品安全相关法律法规、补充完善冷链物流行业标准，加强冷链基础设施建设，从产品、物流、跨境多方面支持生鲜农产品电商行业发展。通过提高农村宽带普及率，加强农村公路建设，建立专业的电子商务人才培训基地和师资队伍，支持社会各类资本参与，支持模式创新，鼓励工商资本到农村投资，建设涉农电商，试点"基地＋城市社区"的生鲜农产品直配模式等方式，来改善农村电商的发展环境。

（三）生鲜农产品供应链的特点

1. 参与主体的多元性

由生鲜农产品供应链的概念可知，它跨越了第一产业和第三产业，涉及了农业、批发业和零售业、交通运输业、仓储业、信息传输和信息技术服务业，并受到金融业和房地产业的影响。

2. 链体结构的分散性

从生鲜农产品供应链参与主体的结构来看，种子、化肥等农资产品的品种众多，供应商繁杂；生鲜农产品生产者大多是分散的农户；而分散的分销商又将产品扩散至分散的消费者，整个供应链过程表现出强发散性。同时，链上各个主体又不断变化并参与其他供应链当中，形成了纷繁复杂的动态交叉结构，致使供应链结构不稳定，管理复杂，成本过高。

3. 食品安全的严苛性

生鲜农产品是居民生活中不可或缺的食品来源，同时也是食品安全的重要一环，其供应链的流动效率和效果会影响消费者的饮食安全。近年来，我国食品安全突发事件频发，在给广大消费者的健康带来恶劣影响的同时，也催生了人们对生鲜农产品安全的重视。可以说，食品安全是生鲜农产品供应链的首要目标，脱离了这一目标，将会造成消费者对农产品不信任的后果，继而影响链上各行业的发展和社会稳定。

4. 流通成本的敏感性

生鲜农产品的自然属性要求其供应链在运行过程中，必须以食品安全为第一要义，以专业技术手段为依托，这在无形当中提高了产品成本；然而，生鲜农产品大多是低价值的产品，对流通成本的敏感性很高，过高的冷链成本会使农产品的价格上涨，继而影响销售节点的销售额。因此，生鲜农产品供应链被认为是一个成本高、耗损大、利润微薄的领域。[4]

（四）生鲜农产品供应链的类型

1. 按生产组织规模划分

根据生产组织规模的不同可将生鲜农产品供应链划分为小农户对应的农产品供应链和大农场主对应的农产品供应链两大类。关于大农场主对应的农产品供应链的研究在世界上比较有代表性的是美国、巴西、荷兰和加拿大等，而关于小农户对应的农产品供应链的研究比较有代表性的是韩国和日本等。在我国，关于小农户对应的农产品供应链的研究相对比较多，这主要源于我国农民是以小农户为主。虽然关于大农场主对应的农产品供应链的研究在我国相对较少，但具有国家安全特性。我国的大农场主对应的农产品供应链主要集中在新疆和黑龙江农垦地区，并且需要达到一定的规模。

2. 按核心企业划分

（1）以农业产业化龙头企业为核心的供应链。

该种供应链是指由农业产业化公司或集团企业集成物流多种功能（如仓储、包装、运输、装卸、流通加工、配送和信息处理等）的物流模式。该模式通过利用龙头企业的资金优势、技术优势、市场优势、信息优势和管理优势，将分散的农户组织到供应链中。

（2）以商贸连锁企业为核心的供应链。

连锁经营作为当今世界商品流通和服务业中最具活力的经营方式之一，目前在我国已经得到积极推广，并显示出巨大的发展潜力。近年来，这种农业物流发展模式在一些地区已经起步，并取得了初步进展。比如，上海华联超市公司的生鲜配送中心已初步建立了较完整的体系，并正在发挥积极作用。

（3）以农产品批发市场为核心的供应链。

目前这种模式在我国比较普遍，但是也存在一定的问题。需要通过对农资、农产品批发市场进行改造和升级，培育和利用批发市场品牌开展多形式的物流运作。

（4）以第三方农业物流企业为核心的供应链。

这种模式是由第三方农业物流企业独立承包一家或多家农业生产者或农资、农产品经销商的部分或全部物流业务。第三方农业物流企业可以自行承担物流业务，也可以将一部分物流业务委托他人进行操作；可以是综合型物流企业，也可以是功能型物流企业。无论是哪一种方式，第三方农业物流企业都必须具备对农业物流的协调、组织和运作能力。因此，这种模式对第三方农业物流企业在物流服务网络与信息系统、物流资源整合能力、数据处理能力、快速准确的专业服务能力、专业化的物流运作管理人才方面的要求很高。

（5）以物流节点为核心的供应链。

物流节点是指物流园区、货运中心、配送中心、仓库、货运站、港口、运输枢纽等。这一模式的特点是：以节点的农业物流资源优势，依靠政府宏观管理与政策扶持，发挥农业物流企业的市场主体作用，将一定区域范围内数个物流节点有机地连接起来，建立节点间的农业物流合作关系，形成现代农业物流网络，构建区域农业物流系统。

3. 按供应链的优化目标不同划分

（1）低成本型结构。

该类型要求各节点间密切合作，加速农业生产资料和农产品的库存周转，并且要及时补充存货，尤其是对于难储存或者季节性农产品而言，降低库存非常重要。该类型供应链在供应商的选择方面侧重于成本和质量，并采取高效低成本的采购方式，以最低价格满足预订的需求。

（2）高柔性结构。

该类型的目标是高柔性，即尽可能地满足个性化需求，所以重点不在库存等易导致物流成本上升方面，而在于如何确定合理的库存量和适宜的进货量方面。为了避免不确定性需求可能带来的损失，对供应商的选择应集中于供应速度、柔性和质量方面。

4. 按物流的形式划分

物流是生鲜农产品供应链的重要环节，它直接关系生鲜农产品供应链的效率和效益。按照物流的形式进行分类可以大致分为：第一方物流农产品供应链（由农产品生产者自己承担向需求者送货的责任）、第二方物流农产品供应链（由农产品需求者自己负责所需产品的物流问题）、第三方物流农产品供应链（由农产品提供方和需求方之外的第三方完成农产品物流服务）和第四方物流农产品供应链（借助于信息技术和需求与供给的相关信息，开展农产品物流代理业务）。

（五）生鲜农产品供应链运作及管理模式

1. 生鲜农产品供应链运作模式

传统生鲜农产品供应链是指：分散的、没有组织的、小规模农户生产的农产品经由个体的流通业者和小商贩之手，最终到达消费者餐桌的供应链。其特征为：以分散式的方式进行交易，参与者之间相互独立，不能进行长期性合作，在供应链的不同阶段上交易前后没有任何承诺和契约合同。传统生鲜农产品供应链从田间到餐桌的整个流程如图 3 所示。

传统生鲜农产品供应链可以分成五个阶段：第一阶段，农户或小商贩收获农产品

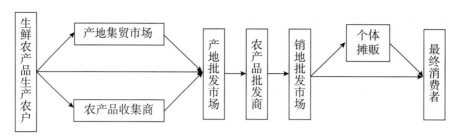

图3　传统生鲜农产品供应链运作模式

资料来源：房丽娜．农产品供应链信息管理［M］．北京：中国农业科学技术出版社，2013.

之后，运送到附近的集贸市场出售；第二阶段，部分规模较大的、从事跨区域经营的农产品收集商，在各产地的集贸市场收购后再运输到产地批发市场进行销售；第三阶段，农产品批发商在产地批发市场集中购买，并长途运输到销地批发市场；第四阶段，在销地批发市场上经过多次转手的农产品被分销给来自于农贸市场和街边的个体摊贩；第五阶段，由销地批发市场或个体摊贩提供给最终消费者。

现代生鲜农产品供应链分成生产、加工、流通、零售和消费五个阶段。一般情况下，在生产阶段有两个主要的参与者，即农产品供应商的合同农户和供应商直属农场；加工和流通阶段的主要参与者是农产品供应商和超市的物流配送中心；零售阶段的主要参与者是连锁超市。现代生鲜农产品供应链运作模式如图4所示。其中，合同农户是指与农产品供应商签订供需合同的，按照供应商或者超市的供应计划和产品标准生产的农户；农产品供应商是指为超市提供农产品的农业企业；供应商直属农场是指在农产品供应商直接管理下从事农产品生产的农场（按照国家、企业标准生产产品）；超市物流配送中心是指为超市的农产品进行清洗、加工、包装和为超市配送农产品的相关部门。

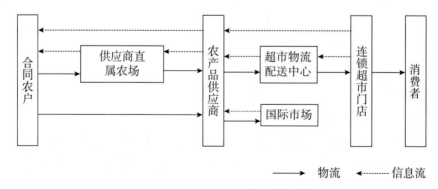

图4　现代生鲜农产品供应链运作模式

资料来源：房丽娜．农产品供应链信息管理［M］．北京：中国农业科学技术出版社，2013.

因此，现代生鲜农产品供应链与传统生鲜农产品供应链相比最大的差异在于：农产品从田间到零售是在农业企业的监督管理下进行的，农产品供应商、供应商直属农场和合同农户在质量和安全等方面的管理工作均由超市负责。[5]

2. 生鲜农产品供应链管理模式

生鲜农产品供应链管理模式如图 5 所示。从上游来看，生鲜农产品主要是由批发市场通过生产基地或者代理商、经纪人和农户建立合同关系。一种模式是通过批发市场和生产基地进行后台整合，从而确保农产品质量安全；另一种模式是批发市场通过培养自己的代理商、经纪人，并利用他们与农户和基地进行长期、稳定的合作，指导并引导农户和基地在产地进行产后初加工，逐步实现商品的质量化、规格化与包装化。从下游来看，批发市场和加工企业通过配送中心和超市紧密相连，形成比较稳定的战略联盟和市场供销关系；同时，利用超市 POS（销售时点）系统与农产品供应链管理平台的信息交换，及时得到市场信息并通过交易平台传递给消费者。[5]

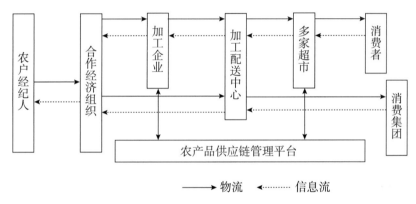

图 5 生鲜农产品供应链管理模式

资料来源：房丽娜. 农产品供应链信息管理［M］. 北京：中国农业科学技术出版社，2013.

（六）生鲜农产品电商商业模式

生鲜农产品电商商业模式具有多种分类维度，生鲜农产品电商模式的选择需与企业资源、目标市场保持契合。生鲜农产品电商商业模式主要包括：网络购物模式/O2O（线上线下）模式、自营模式/平台模式/联营模式、B2C（商对客电子商务模式）/F2C（厂商到消费者）和定制模式 C2B（消费者定制）/C2F（订单农业）、与互联网巨头合作/无巨头资源模式。其中，联营模式属于平台模式。[6]

1. 按运营方式划分

按运营方式可以将生鲜农产品电商商业模式分为网络购物模式和 O2O 模式。

生鲜农产品电商网络购物模式是指客户在线上下单，商家仓库发货，通过自建或第三方物流的方式将货物送达。该模式的特点是规模集聚效应明显，适合非本地品种销售。不但实现了对订单的集中化、统一化处理，可满足跨区域消费，规模集聚效应明显，而且SKU（库存量单位）更丰富，适合购买非本地、甚至进口的生鲜。

在O2O的商业模式中，前端是客户在线下单，服务商收到订单后整合供应链，通过多种终端（快递包裹、自提柜、便利店或商超）将商品交接到客户手中。该模式的特点是擅长响应即时需求，品种本地化。O2O注重本地消费，配对本地客户，能够快速响应消费者的即时化、碎片化和场景化的需求。与此同时，客户体验更完整，可先体验，再做消费决策。

2. 按是否介入经营划分

根据生鲜农产品电商是否介入运营，其商业模式可以分为自营模式、平台模式和联营模式。其中，联营模式也属于平台模式的一种。

自营模式是指生鲜农产品电商自行采购货物进行销售的模式。该模式的特点为：成本较高，电商自担风险高，且资金周转压力大；对供应链控制力强，严格把控产品质量与服务；拥有选品、价格自主权；模式较重，规模扩张较慢；获取客户的速度慢，客户黏性强；客户体验直接与品牌形象挂钩，自营电商能够提供良好的体验。

自营模式又可以分为垂直自营和综合自营。垂直自营生鲜农产品电商的产品均来自企业直采，也有企业渗透到产业链的最上游，即种植环节，典型企业代表有沱沱工社和天天果园。沱沱工社在全国有九家自营农场，所有农场的运作都由沱沱工社直接掌控。而天天果园则是与国外水果协会合作，帮助协会推广当地水果，同时就种植提供建议，使采购两端的信息更加透明化，相比于沱沱工社而言模式较轻。垂直自营生鲜农产品电商具有一定的竞争力。从行业壁垒上看，已有的冷链系统难以快速复制、产品渠道不具垄断性、渠道构建所需的巨额资金构成壁垒，以及与线下实体店的合作关系难以大规模复制。从供应商与产品管理上看，具有直采优势，自营模式＋产地直采可从源头保证产品安全性。直采包括渗透到采购、仓储、配送等多个环节，需承担中间多环节损耗风险，成本较高。从客户体验上看，自营模式下的产品和配送服务能得到有效保障，客户体验较好。

平台模式是指提供线上平台的商家入驻模式。该模式的成本较低，收入有保障，且运营风险集中在商家方面。联营模式是指供应商借用电商平台经营，电商平台按照比例抽取销售提成。因为平台与商家利益绑定，所以电商和供应商共担风险、共享利润。这两种模式容易拓展，但品牌面临风险，主要表现在电商已具备一定的品牌影响力，与商家合作时话语权和主动权较大；平台对商家从上游选品、定价、供货、产品质量到物流、营销、运营等方面的把控较弱，平台品牌面临一定风险；产品质量与服务缺乏保证；轻模式，能快速获得规模。在客户方面，客户量增长快，长期留存与体验挂钩，主要表现在客户量级大，可迅速获得订单并转化为销售额；客户的持久性有待观察，平台上的同质化竞争会导致价格战的产生。综合平台生鲜业务竞争力分析，从行业壁垒来看，平台客户量级大，可为生鲜频道提供流量支持，且平台已有的忠诚客户可有效转化为生鲜客户。从供应商与产品管理上看，电商已具备一定的品牌影响力，与商家合作时话语权和主动权较大；相对于自营模式，平台模式的投入成本小，利于品类迅速扩张；不能直接管控产品，产品质量管控存在挑战。从客户体验上看，平台品牌影响力较大，具有忠诚客户，但是客户的购物体验主要取决于平台上商家的产品品质和服务水平，因此平台的掌控力较弱。[7]

3. 按需求发起方不同划分

按需求发起方不同，可以将生鲜农产品电商商业模式分为从商品到客户的 B2C 和 F2C（厂商到消费者）模式，以及从客户到商品的 C2B 和 C2F 模式。

定制化模式是生鲜农产品电商发展的方向之一，规模化、数据的消化和转化能力是定制化发展的关键。该模式借助于互联网把客户对生鲜农产品的需求定制化，满足消费者个性化需求。同时以销定采，保证仓库内存储的商品比较少，损腐率比较低。

C2F（订单农业）是指消费者通过网络直接向农场定制个性化产品。C2B（消费者定制）是指消费者通过网络向供应商定制个性化产品，定制内容包括产品品类、数量、包装规格等。具体如图 6、图 7 所示。

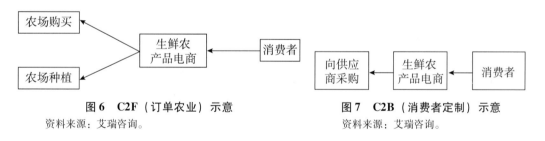

图 6　C2F（订单农业）示意　　　　图 7　C2B（消费者定制）示意
资料来源：艾瑞咨询。　　　　　　　　资料来源：艾瑞咨询。

消费升级和社会化营销为定制化模式创造了发展机会。消费升级表现为消费者对产品品质等提出更多需求。社会化营销体现在模式发展与传播、营销方式有关，微信等社会化媒体的发展为其带来机遇。大数据分析和规模化为定制化模式提出了发展要求。一方面，电商企业需要对大量数据进行消化和有效转化；另一方面，只有规模化才能使成本下降，利益最大化。

4. 按是否与互联网巨头合作划分

按是否与互联网巨头合作可以将生鲜农产品电商商业模式分为与互联网巨头合作和无巨头资源。互联网巨头拥有巨大的资金和流量优势，具有布局生鲜农产品市场的需求，但缺少专业人才和供应链管控；垂直生鲜农产品电商具有高专业性和供应链优势，但缺少资金和流量支持。垂直生鲜农产品电商与互联网巨头合作是优势互补、共赢的选择。互联网巨头在生鲜农产品行业的拓展需借助垂直生鲜农产品电商的行业经验。合作的具体模式，既可以选择生鲜农产品电商入驻互联网巨头电商平台，实现双渠道销售；也可以选择通过互联网巨头的社区入口进行营销、导流。[6]

（七）中外农产品供应链管理的比较及启示

1. 中外农产品供应链管理的比较

中外农产品供应链管理在管理观念、合作机制、物流体系和信息体系上存在着一定的差距，如表2所示。造成这些差距的主要原因是中外农产品生产经营组织和产业链组织的差异。国外主要是以集约化规模生产为主，且拥有供加工的专业化生产基地；我国以家庭分散生产为主，但正在向集约化、专业化转变，可供加工的生产基地发展滞后。国外的市场体系发达，产加销形成完整的产业体系，政府为农业产业提供了政策环境；我国的市场经济体制不完善，产加销的一体化机制没有完全形成，且政府的扶持力度不够。

表2　　　　　　　　　　　　中外农产品供应链管理比较

	我国	国外
管理观念	观念落后，几乎无供应链管理部门	采取供应链管理竞争战略
合作机制	小生产导致市场力量不均，难以建立合作机制	垂直一体化或水平一体化合作机制，合同制
物流体系	重复建设，响应度低，冷链技术水平低	专业物流，技术设备先进，冷链技术水平高
信息体系	应用不足，信息技术水平低，共享度低	完善的信息中心，具有开放性、节点适用性和可扩充性

资料来源：赵英霞. 供应链视角下的农产品物流发展研究［M］. 北京：中国物资出版社，2010.

2. 国外农产品供应链管理对中国的启示

美国、欧盟、日本等发达国家和地区的农产品供应链已经发展到相当完善的程度。国外供应链系统的主要特点是企业通过供应链管理为其产品和服务搭建良好的合作平台，并且把这个平台信息和知识由单向、被动地传递变为多向、主动地交流和深层次地开发；同时，重新拓展企业的边界并注重供应链节点企业之间的协调，使整个供应链体系更具有开拓性和灵活性。

（1）供应链管理思想的运用。

国外农产品供应链中核心企业的企业管理已经从企业内部的成本管理、生产管理等转向了企业外部的供应链管理，竞争也由低层的价格战转向了高层的战略选择和实施的竞争。这种供应链思想的运用是建立在农产品统一化、规模化生产基础上的，农产品的生产者、加工者和销售者在市场力量上是均等的。供应链管理作为一种全新的管理思想，强调通过供应链各节点企业间的合作和协调，建立战略伙伴关系，将企业内部的供应链与企业外部的供应链有机地集成起来进行管理，达到全局动态最优目标，最终实现"双赢"或"多赢"的目的。

（2）供应链节点企业有良好的合作机制。

供应链成员的信任、合作、利益及风险共担，是农产品供应链管理成功的关键。供应链的实质就是合作，供应链合作关系就是供应商—制造商关系或者称为卖主—买主关系，也就是供应商与制造商之间在一定时期内的共享信息、共担风险、共同获利的协议关系。实施农产品供应链管理的主要障碍来自于组织内部和贸易伙伴间的不协调。

国外农产品供应链上的节点企业具有良好的合作机制，比如企农合作。其主要原因是不存在小生产与大市场之间的矛盾，对西方多数国家而言，农户土地规模大有利于发展农业生产，而只有农业生产才适合进行企业化经营；此外，农业生产的标准化水平和机械化水平高。这样的大生产使得农产品生产者和农产品加工者的市场力量均衡，有利于建立合作关系。美国实行的是垂直一体化形式，特点是以合同作为农工商结合体的纽带，将农场生产与农业前部门和农业后部门有机地结合在一起，有利于降低市场风险，提高经营效益，增强专业化生产的稳定性和适应性。日本实行的是水平一体化形式，特点是农协组织实现了从生产到消费无所不包的一体化，农协组织作为农户的合作经济组织，是农产品供应链中的核心企业，供应链的主要收益通过农协组织回到了农户的手中。农协组织统一进行农产品分级、包装、加工，并负责农产品的国内流通，把千家万户分散的小农生产组织起来，带入国内外大市场。

（3）先进的物流管理和专业化的物流服务体系。

物流从表面上看是物的流动，实质上却是企业利润的流动，它可能是企业利润的源泉，也可能是吞噬企业利润的无底黑洞。对农业企业而言，物流也日益成为越来越重要的价值增值源泉。可见，发展农产品供应链物流系统，加强物流管理，具有十分重要的意义。

物流环节是生鲜农产品增值的重要环节，西方发达国家在生鲜农产品的消费方式和特征方面与东方迥然不同。西方消费者对生鲜农产品的采购周期不关注，通常为一周，相反对营养成分等的关注比较集中，受这种消费市场的引导，西方发达国家主要采用的是标准化的生产、加工、存储、销售的冷链系统。日本的生鲜农产品的消费特征与我国相似，强调新鲜和及时，所以日本的生鲜农产品的采购特点是数量少、频率高，使得相应的物流技术特别是保鲜技术先进，而且管理精细化。

在美国，专业的物流服务机构、第三方物流公司以及各种协会等组成了完善的社会化服务体系。无论是物流的哪个环节，只要农民有需要，就会有人提供服务。连接农产品供需的物流主体主要是农场主参加的销售合作社、政府的农产品信贷公司、农商联合体、产地市场或中央市场的批发商、零售商、代理商、加工商、储运商和期货投机商等。这些商家一般规模较大，承担了全美农产品的运输、保管、装卸搬运、加工、包装和信息传递等功能。另外，全美近 1/3 的农场主通过合作社出售谷物。各种行业协会如谷物协会、大豆协会等为农民提供有力支持，代表农民与政府交涉，在农产品产销中发挥着积极作用。美国政府对农民生产不直接干涉，但对公共领域却有严格而有力的规范性措施。美国政府要求转基因产品必须进行申报，定期或不定期地检测土壤、河流中有害物质的含量，严格控制养殖场废料的排放。而且，美国政府还负责提供权威性的信息服务。美国农业部有 10 万人分布于全国各地进行数据收集与统计，农业统计系统对各农场每一块耕地上所种植的作物品种、面积、长势、产量都了如指掌，所获取的信息经过汇总处理，由政府定期发布，指导农户生产经营。美国政府长期以来重视对农业和农村教育项目的投资，1998 年推行旨在提高农民素质的"新农民计划"。政府还通过价格支持措施、关税政策、对发展中国家进行食品援助等方式为国内过剩农产品寻找出路，每年用于出口补贴的预算在 600 亿美元以上。

（4）发达的信息支撑体系。

信息共享是农产品供应链管理成功实施的关键，农产品供应链管理的每个部分或要素间的互动都是通过信息沟通完成的。没有信息沟通，供应链管理的每个部分或要素就会是彼此孤立的、残缺的片断。

国外信息支撑体系最重要的组成部分是供应链管理信息系统中心和信息平台。不仅企业内部实现资源和信息共享，而且实行了对外 Web 站点，客户通过浏览器能与服务器进行通信，并提供动态的信息交互和信息服务。供应链管理信息系统中心和信息平台具有开放性、系统各节点的适用性和平台的可扩充性。

在欧盟也建立有较完善的电子虚拟的农产品供应链，如荷兰，通过网络连接农业生产资料供商、生产商、种植主、批发商、零售商，形成农业供应链，以便对供应链上的各个环节进行实际操作，向市场和消费者提供品牌农产品供应商和零售商的信息，完成客户网上订货所需要的物流活动。由于网络访问者可以共享供应链上的信息，信息透明度、准确度和及时性都得到提高，供应链变得更加活跃，及时改进物流计划、管理、调配、优选等操作也更加现实。[8]

二、典型企业案例分析

（一）选取某一生鲜农产品供应链上的企业分析

根据企业走访调研，我们了解到以厦门绿百合食品有限公司为核心企业的生鲜农产品供应链运作情况，下面进行简要分析。

1. 核心企业简介

厦门绿百合食品有限公司发源于 1983 年个体户水果店，并于 1985 年配送五星级的涉外酒店开始进入生鲜农产品配送行业。厦门绿百合食品有限公司成立于 1998 年，注册资本 1400 万元，年营业额超亿元，在福建省内的分布点还包括福州、泉州、莆田、漳州等相关基地。厦门绿百合食品有限公司营业面积 16000 平方米，拥有 18 座冷藏、冷冻库共计 14000 平方米。福州、厦门各建有一座净菜加工工厂及中央厨房。业务范围涵盖果蔬生鲜配送、农场种植开发、旅游市场开发、市场调拨批发、野菜特色菜推广、中央厨房、餐饮管理、电子商务运营服务。

厦门绿百合食品有限公司始终坚持服务第一、成本第二，诚信第一、生存第二，质量第一、品牌第二的经营理念。对待员工视为家人，追求"同心同德合聚堂，相亲相爱共持家"的团队精神。目前合作伙伴涉及厦门区域星级酒店合作商（例如：厦门佰翔酒店集团有限公司、厦门马可孛罗东方大酒店等）、大型工厂（例如：厦门向阳坊食品有限公司、厦门安德鲁森食品有限公司等）、其他区域供应商（例如：晋江佰翔世纪大酒店有限公司、漳州万达广场有限公司万达嘉华酒店等）、大型超市合作商〔例如：沃尔玛（中国）投资有限公司、厦门市天虹商场有限公司等〕，以及政府单位和学校食堂（厦门市政府食堂、厦门市国家税务局等）。

2. 所处供应链结构

厦门绿百合食品有限公司所处的其中一条供应链结构如图 8 所示。

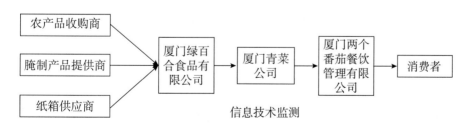

图 8　厦门绿百合食品有限公司所处其中一条供应链结构

资料来源：作者整理。

（1）农产品收购商。

农产品收购商从国家承包土地后划分给农民种植，对接农民并提供种子和农药等，最终收购农产品。农产品收购商与农民进行长期合作，只要农民种出来收购商都必须收购，且提供保底价。同时，农产品收购商与农民还须提前声明，应该按照农产品收购商的规定喷洒农药，若农产品被检测出农药残留量太高而销毁，则全部责任都由农民自己承担。农产品收购商与厦门绿百合食品有限公司之间执行月报价制度，即使某个月有台风对市场菜价造成影响，双方之间的供应还是执行月初价格。有时候厦门绿百合食品有限公司也需要直接与农民沟通，让农民按其要求种植，以保证农民提供给厦门绿百合食品有限公司所需要的产品。

（2）腌制产品提供商。

腌制产品提供商主要给厦门绿百合食品有限公司提供腌制类产品。在腌制品方面，国家有相关的行业标准，但厦门绿百合食品有限公司现在做的净菜缺少国际标准，这也是厦门绿百合食品有限公司面临的一个主要问题。

（3）纸箱供应商。

厦门绿百合食品有限公司的纸箱包装由厦门鑫锐扬工贸有限公司提供。该公司原来是以生产工业纸箱为主，近几年逐渐转战食品行业。

（4）厦门绿百合食品有限公司。

根据供应商提供的菜品材料，厦门绿百合食品有限公司对这些新采摘的蔬菜进行预处理（如去掉不可食部分、切分等）、洗涤、消毒等加工操作，并在无菌环境中真空包装，制成净菜。厦门绿百合食品有限公司于2013年建立了全净菜清洗加工厂，厂房内部购置专业清洗机器设备，并按照相应流程操作。厂内设施齐全，并把控好整洁的现场操作环境，同时配备四个保鲜库，用于产品保鲜和存储。另外，厦门绿百合食品有限公司还投建200平方米的净菜加工车间，主要用于生产航空配餐果盒及餐饮中央厨房净菜、半熟食菜品。力求精细化市场需求，将更新鲜、美味的食材送到客户口中。净菜工艺流程为：新鲜蔬菜→整理（去掉不可食部分，如去叶、去老叶、去皮等）→洗涤→冷却→切分（段、块、片、丁、丝等）→洗涤或浸泡→分拣→装袋→过秤→抽真空→封口→成品→冷藏（2~5℃）。最后，厦门绿百合食品有限公司将净菜产品提供给下游的厦门青菜公司。

（5）厦门青菜公司。

市场上不仅是菜没有标准，包括厨师炒菜也没有标准，而厦门青菜公司就计划制定相关标准，标准就是从溯源开始。厦门青菜公司在厦门绿百合食品有限公司建了一个小型实验厨房，把厦门青菜公司所有东西都量化，一盒一盒地配好主材、辅材和调料。经过一年的时间，不只是生鲜果蔬，还包括调料、肉等都进行标准量化。标准化使得厦门青菜公司的产品可以规模化生产，消费者无论在哪里吃的菜口味都一样，不受人为因素的过多影响。当然，现在中餐还没有实现一个完全的标准，但厦门青菜公司在发展，净菜就是顺着这个标准发展下来的。针对下游，厦门青菜公司与下游客户之间在明确的合同规定下（包括对于食材原料、数据、制作流程的完全保密），会为客户（例如：厦门两个番茄餐饮管理有限公司）每天的对账单进行模拟和计算，并且做生产量预估，保证客户有三天的预备量，并在预估的环节中不断调整。

厦门青菜公司具有极高的标准化，但目前该公司的标准与市场上个性化的要求产生了冲突。既想去满足市场上的所有需求，又想要实现批量生产，这是厦门青菜公司未来要重点攻关的问题。

（6）厦门两个番茄餐饮管理有限公司。

厦门两个番茄餐饮管理有限公司主打川菜，在经营过程中发现最大的问题仍是标准化，厨师通常是以自己为导向，而不以客户为导向。为了解决标准化问题，厦门两个番茄餐饮管理有限公司通过不断对外学习，向厦门青菜公司引进了标准化的净菜产品。在食品安全问题方面，由于采购的是上游的净菜，因此所提供的菜品比菜市场更让人放心。

（7）信息技术监测。

由于厦门绿百合食品有限公司不可能经常到田地里去查看农户种植情况，也不了解外包的物流是否按公司的要求运输，所以厦门绿百合食品有限公司需要一个系统来完成全程监控。这个系统有三个方面的作用。第一个是可以监控源头产品的质量，主要是对农场、自然环境的监测，包括大气、土壤、水等各个方面。第二个是通过监测农产品种植全过程，可以向市场证明该公司提供的是优质的农产品。第三个是对供应链的物流配送监控，实现了全程可视化。

3. 核心企业今后主要发展方向

厦门绿百合食品有限公司在发展过程中积极倡导实施可持续供应链管理。增加员工的工资、实现公司可持续发展、履行社会责任，是公司倡导的三个理念。今后厦门绿百合食品有限公司的主要发展方向有以下几点。

（1）厦门绿百合食品有限公司准备建立一定数量的可溯源的农产品品项，包括建立自有品牌、提供自己加工的产品，即净菜。目前在国内还少有此项目。

（2）厦门绿百合食品有限公司将运用高水平的信息技术作为支撑，注重与网络的整体联系，建立从田间地头到餐桌的可追溯链条。

（3）对于标准化问题，厦门绿百合食品有限公司将进一步促进产品标准化、重量标准化、无公害额度标准化等，同时也希望得到政府相关部门的支持。

（4）内部与外部都迫切地需要继续推行无公害食品。内部就是公司的良心问题，从内心真正重视此问题，对不能卖的食材坚决不卖。而外部市场也有这一需求，消费者不知道哪里能买到安全的产品，市场上鱼龙混杂，那么厦门绿百合食品有限公司就去做自己的品牌，也就是可溯源的食品。

（5）希望建立一个同行之间的生鲜协会，目的是希望实现行业资讯共享、提高话语权、共同抵御风险，并制定一些行业规范标准等，增进沟通、更好地实现资源整合。

（二）选取生鲜农产品电商产业链图谱中的三种类型企业分析

1. 供应商——以蒙牛集团为例[9]

内蒙古蒙牛乳业（集团）股份有限公司（以下简称"蒙牛集团"）是一家成立于1999年的大型乳制品企业。在1999年的营业收入仅为0.37亿元、行业排名第1116名。发展至今，蒙牛集团全年收入达到373.878亿元，液态奶成为全国冠军，消费者满意度第一，品牌辐射力第一，是全国最具影响力的乳制品行业领跑者，市场占有率高达43.7%，创造了"蒙牛速度"和"蒙牛奇迹"。蒙牛集团的成功一直得益于其出色的供应链管理理念。蒙牛集团作为乳制品行业中最早开始建立供应链系统的企业，已经成功建立起自原料奶、生产、仓储到分销商的供应链系统，有效提高了企业效率和市场竞争力。蒙牛集团主要采取以下四种供应链管理方法。

（1）扩张式奶源管理。

乳制品行业中存在着一个"得奶源者得天下"的竞争法则，蒙牛集团作为奶源管理的先行者，在上游奶源的争夺上具有令同行艳羡的优势。目前，蒙牛集团共有三种奶源供应模式。

一是"公司＋农户"传统模式。传统的小规模、散户饲养的生产方式，已经成为制约奶制品行业产业化发展的关键性因素。蒙牛集团采用"分散饲养＋集中挤奶＋统一加工"流程，通过对奶站的间接控制达到了控制奶源的目的，通过与奶农签订契约，使蒙牛集团与奶农结成了"利益共享、风险共担"的经济共同体。

二是"公司＋规模牧场"探索模式。通过这种模式能够实现对奶源的全程监控，从而确保牛奶的品质。随着蒙牛澳亚示范牧场的成功，蒙牛集团已在全国多地建立了现代牧场，成为供应周边蒙牛企业的奶源生产地，避免了牛奶的长途运输。

三是"公司＋OEM（定点生产）供应商"创新模式。蒙牛集团通过并购地方企业，让当地企业贴牌生产，集团进行质量把关和产品营销，迅速打开了市场，使蒙牛集团布局全国。

（2）全程式库存管理。

蒙牛集团的产品既涵盖巴氏消毒奶、酸奶等货架期很短的产品，也包括奶粉、冰激凌等保质期较长的产品。在供应链运作中，为解决不同产品要求不同的库存周转速率这一问题，蒙牛集团于 2002 年就开始建立立体仓库。在立体仓库中，产品信息自动采集系统与生产系统联系起来，将产品信息直接传入仓储系统，由仓储系统控制完成相应的指令。基于立体仓库，蒙牛集团实现了对产品生命周期的精准控制。

（3）多样化配送网络管理。

蒙牛集团身处内蒙古自治区，与奶制品主要消费市场距离遥远，为了解决产品的远距离运输和市场投放问题，蒙牛集团采取了三种营销模式。

一是传统的分销模式。根据市场所处的地理位置和其所在区域的市场特点，蒙牛集团分别采用"公司直营＋经销商配送""公司直营＋社会力量配送""传统经销代理"三种传统营销模式，使蒙牛集团迅速打开了全国市场，建成了庞大的销售体系。

二是电子商务式的直销模式。随着消费者对牛奶新鲜度的要求不断提高，蒙牛集团在一线城市开展了电话订购和网上订购、送货上门的配送方式，建立了独特的销售网络。

三是专卖店式的终端销售模式。通过在发达的大中型城市开展垂直管理的专卖店式终端销售模式，增强了企业对市场和销售渠道的掌控能力，赢得了消费者的满意，有效填补了传统销售渠道中的空白地，进一步提高了市场覆盖率。

（4）有所侧重地投资物流基础设施。

作为一家以市场扩展为主的企业，在物流基础设施方面，蒙牛集团对非核心资源尽可能地采取了外包策略，集中主要资金对核心资源进行投资。通过"跨企业协同管理平台"，蒙牛集团实现了对终端网点业务的动态管理，化解了蒙牛集团销售渠道复杂化之后企业的管理压力。蒙牛集团现建有奶站 3000 多个，员工宿舍 10 万平方米，专业运输车 1000 多辆，合计总价值达 5 亿多元，全部是由社会投资完成。蒙牛集团通过"租赁"取代了硬性"购买"的方式，有效地整合了社会资源，把传统的"体内循环"变为"体外循环"。

极速扩张使得蒙牛集团的供应链系统异常复杂，各事业部分别拥有自己的信息系统，各事业部之间的数据无法进行有效交换与整合。蒙牛集团在意识到这一点后，于 2006 年开始对整个供应链系统进行垂直整合，通过对信息系统的改造，建立了一个敏捷快速的供应链系统。通过上面的分析，我们可以看到蒙牛集团目前已经拥有一个整合统一的供应链系统，这个系统可以有效地贯穿供应链上下游企业，实现对整个供应链网络资源的优化配置，并且蒙牛集团在这个系统中处于核心领导地位。

在奶源方面，蒙牛集团采取科学的挤奶方法，从源头把控，让每滴牛奶更健康。挤奶前后药浴奶头，挤前弃用"三把奶"。蒙牛集团采用了全自动机器人挤奶机，通过"转盘式"挤奶的方式，进行全程无菌操作。并且在挤奶结束的 2 小时内，将原奶通过冷排系统制冷至 4℃ 以下，以保障其新鲜的品质。而原奶通过封闭管道直接进入奶罐贮存，24 小时内运输至工厂，以确保原奶新鲜。

蒙牛集团原奶加工及包装流程如图 9 所示，蒙牛集团采用了 SAP 系统、LIMS（实验室信息管理系统）严格把控，只有拿到"体检合格证"的原奶才能顺利入场。蒙牛集团的原奶首先会过滤、分离，除去原奶杂质，提升纯度。而后进行均质处理，击碎原奶中的脂肪球，让原奶"浓度均匀"。此外，牛奶还会接受国际先进的 UHT（超高温瞬时灭菌）（137℃高温）。并采用先进的脱气工艺，去除原奶异味、防止氧化、锁住新鲜。处理完的原奶会进行无菌包装。每批产品都会进行检验，出厂质检合格率 100%。

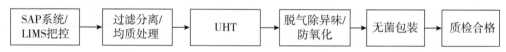

图 9　蒙牛集团原奶加工及包装流程
资料来源：作者依据相关资料自行整理。

2. 生鲜电商——以顺丰优选为例[10]

顺丰优选是由顺丰速运公司衍生出来的电商，其主要品类为食品。网站于 2012 年 5 月 31 日正式上线，于 2013 年 5 月开通生鲜商品配送，开启生鲜电商业务；同年 10 月顺丰优选已开通 20 个常温商品配送城市；截至 2013 年 12 月常温商品配送已覆盖全国，完成常温全网布局。2014 年下半年开始，顺丰优选启动新冷库、冷运，意图"全冷链布局"，2015 年 9 月上线"冷运城配""冷运专运"产品。

顺丰优选定位于中高端市场，与其他生鲜电商最大的差异之处就是顺丰优选专注于"进口食品"和"产地直采"。顺丰优选依托顺丰速运的物流优势着力拓展生鲜品类。顺丰优选的商品已覆盖 9 大品类，其中 70% 为进口商品，并且这一比例还有扩大趋势。生鲜商品的配送范围已覆盖全国 54 个城市。顺丰优选网站的人均消费额已超过 200 元。随着顺丰优选的不断升级，顺丰优选的运营模式引起了业界人士的高度重视。

（1）传统 B2C 模式切入。

顺丰优选刚起步时是独立的 B2C 平台，不仅仅电商是独立的，就连物流也是独立的，未纳入顺丰速运的体系。

产品定位：顺丰优选的起步就定位中高端市场。

品类方面：起初阶段覆盖了食品 9 大品类，但 SKU 仅为 7000。

物流方面：启动的前半年配送覆盖区域仅限于北京。

在 2012 年，顺丰优选是独立的 B2C 运营模式，团队和供应链体系经历了半年的历练，于 2013 年才开始全面渗透全国。值得注意的是，顺丰速运自顺丰优选成立之初，已开始了在冷链领域的布局。

（2）产地直采模式。

产地直采模式是顺丰优选 2013 年启动的全新生鲜电商供应链模式。以荔枝的产地直采模式为例，实现的是从枝头到舌头的闭环供应链模式。

产地直采的闭环供应链模式有着如下特征。

预售模式：客户下单后才开始采摘，完全按需采摘，完全实现零库存售卖，同时实现健康的资金流。

快速物流：在 24 小时内通过顺丰速运的航空运输方式以极快的物流速度直达消费者手中，这是国内其他任何生鲜电商不能实现的。

温度控制方面："全程冷链"但"非冷藏"，对产品实现有效的保障，同时避免冷藏对新鲜度的不良影响。

采购优势：依托全网布局，顺丰速运各地的员工可帮助顺丰优选深入原产地进行选品。据说为了抢到各荔枝品种的"头茬儿"，顺丰优选的采购人员春节刚过就开始深入荔枝原产地做调研、选品、与供应商接洽，地方政府、顺丰速运员工也会帮忙做推荐和协助。

O2O 的营销模式：除了打造"快时尚"的生鲜供应链服务体系外，顺丰优选是最早推动 O2O 营销的生鲜电商，在 2013 年、2014 年的"荔枝大战"中，顺丰优选就提前空运荔枝到北京，并在人口密集的地铁口赠送。"吃货"玩的就是口碑，顺丰的线上线下协同的营销方式让同行刮目相看。

不仅仅是荔枝，嘉兴的粽子、内蒙古的羊肉等各种地方特色商品同样通过这样的快速供应链模式卖到消费者手中。

（3）特色农产品馆模式。

特色农产品馆模式是顺丰优选在 2013 年 12 月启动的新模式，将顺丰优选、顺丰速运、地方政府进行"三位一体"的整合，是新型地方特产电商化运营模式。

采购环节：与地方政府合作（特色农产品馆），由地方政府进行品牌背书，政府负责推荐当地安全优质的食品供应商并提供政策支持，采用产地直供模式，取消中间环节。

运营整合：顺丰速运的地方工作人员帮助进行商品甄选和供应商审核，并通过顺丰的快速物流进行商品配送。

营销方面：顺丰优选提供商品销售和推广平台。

农村战略：2014 年 4 月，顺丰速运已经启动了农村战略，全面布局农村乡镇快递市场，这对特色农产品馆来说，彻底打通了前端的供应链接口。

目前已上线湖南、厦门、新疆、宁波、云南、大连、北京、安徽、吉林地方特色馆，顺丰优选成为继淘宝之后第二家上线特色农产品馆的电商平台。

（4）高端家庭蔬菜宅配卡定制预售模式。

顺丰优选低调地推出有机蔬菜宅配卡模式，主要针对顺丰优选的高端家庭定制服务。

基地整合：顺丰优选已联合北菜园、草鲜禾堂、维真、汇源四大有机蔬菜基地，整合基地产品资源。

定制预售：向北京、天津两地客户推出有机蔬菜宅配卡，长期以及定期将有机蔬菜配送到户。

运营模式：客户可根据家庭人口数选择不同的蔬菜包装。有机蔬菜宅配为每周 1 ~ 2 次，商品种类可在一定范围内任意搭配，客户可随时致电客服调整菜品和配送时间。

顺丰优选业务流程如图 10 所示。

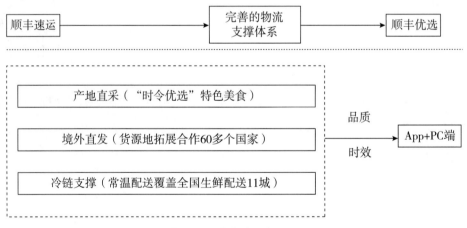

图 10　顺丰优选业务流程

资料来源：作者依据相关资料自行整理。

3. 冷链物流——以黑狗冷链为例[11]

黑狗冷链物流股份有限公司（以下简称"黑狗冷链"）专注服务于中小型垂直生鲜电商和个人客户，于 2015 年 5 月正式上线。黑狗冷链业务覆盖生鲜电商物流托管、冷链快递、第三方物流、物流增值服务、仓库租赁等领域，通过整合内外物流资源，提供"一站式"综合物流服务，满足客户对物流配送的个性化需求。黑狗冷链自成立以来发展迅速，目前自建冷库 25000 平方米，常温库面积 29000 平方米，拥有 2 吨、5

吨、8 吨、10 吨及 12 米冷藏集装箱 40 余台，拥有新能源小型冷藏车 50 多台，可控车源 200 多台。黑狗冷链能提供冷库仓储、货物包装、分拣配送、信息流转、动态仓储等一体化托管服务。公司日处理单量已超万单，服务客户数量接近 2000 家，服务范围已覆盖北京市，并拓展了上海、武汉等城市的冷链仓储服务。

黑狗冷链的业务模式主要包括 B2C、C2C，此外还涉及 B2B、O2O 等。其中，B2C 又分为两种方式。一种方式是上门取件，即到生鲜电商所在地收货，多到上百件，少到一件，黑狗冷链都会上门取件，这种业务模式由生鲜电商将货物包装完毕。黑狗冷链在办理货物交接手续时就开始记录温度，一直到货物进入 DC（总仓）或者 RDC（区域仓）存放、拣选、包装、集货，再送到不同的 FDC（前置仓，也称为站点）分拣，直至配送到终端客户，货品温度始终得到有效控制并处于可视化状态。

另外一种 B2C 方式是处理在库货品，黑狗冷链称之为销售订单，即生鲜电商将货物托管到黑狗冷链的仓库中。黑狗冷链根据客户的订单需求打印订单，并对货品进行拣选、包装、集货，再分发到相应区域的 FDC，由配送员进行派送。

黑狗冷链通过其标准化的物流建设，主要包括专业的冷链物流系统、规范的作业流程两个方面，在为客户提供满意服务的同时打造了自身的核心竞争力。

（1）专业的冷链物流系统。

在冷链基础设施方面，黑狗冷链的冷库从 DC 到 RDC，再到 FDC 均依据存储货品特性设置不同的温区，从干线运输车辆到宅配三轮车的配送车辆均设置冷藏/冷冻双温区。

在信息系统建设方面，黑狗冷链自主研发了仓储管理系统（WMS）、订单管理系统（OMS）、运输管理系统（TMS）及针对客户服务的客户关系管理（CRM），确保从客户在线下单、货物分拣包装到出货配送，以及售后服务全程都依托系统平台操作，并用系统术语规范服务用语，规范作业流程，以高度信息化保证服务标准化。

（2）规范的作业流程。

黑狗冷链的标准化建设还体现为作业的规范性。以在北京市配送托管货品为例，具体流程见图 11。

入库验收：黑狗冷链会对客户托管的货品品质进行严格的入库验收，符合入库标准的货品方可入库。

存储：符合入库标准的货品，按照属性分别存储于冷冻区和冷藏区。

加工分拣：加工分拣区域在北京仓库分成两部分，一层为扫描分拣区，二层为拣货包装区。根据订单需要，黑狗冷链系统生成带有货品信息、订单信息、配送站点信息的面单，根据面单进行人工拣货。检查无误包装后，利用托盘结合货梯运送至一层扫描分拣区。包装确认好的货品放入分拣输送线，按照配送站点所属区域进行人工拣选，然后放置在托盘上，用叉车送至各个标注有配送站点名称的集货区。

RDC 发货出库：晚上发货时，所有的运输车辆必须按照要求，提前 20 分钟开始制冷，货品装车时有非常严格的时间限制。比如冰激凌产品，从出库到装车再到关上仓门，黑狗冷链设定的时间为不超过 3 分钟。

FDC 存储：货品运至 FDC，通过扫描枪确认后分别存放在冷冻区和冷藏区。

配送：配送员在出发之前，会发送短信至客户的手机上，确认配送时间。

逆向物流：黑狗冷链会与 B 端客户达成约定，对于货品损坏、解冻、错漏配、丢件等情况的退货，黑狗冷链可先垫付订单退款，将货品取回并送至 B 端客户仓库或黑狗冷链托管仓库。

通过规范化的作业及管理，黑狗冷链保障了生鲜货品始终处于相应的冷链环境下，货品品质得到可靠保证。此外，通过可视化的货品温度监控，提高了生鲜电商的服务体验和市场竞争力。

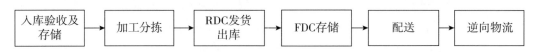

图 11　黑狗冷链的托管物品配送流程

资料来源：作者依据相关资料自行整理。

三、生鲜农产品供应链发展问题分析

（一）生鲜农产品供应链发展存在的问题

1. 品质控制问题

在我国，食品安全问题受到全国人民的关注，尤其是毒牛奶、地沟油、苏丹红等一系列食品安全事件的发生，使得消费者越来越重视产品的质量。因此，生鲜产业要格外重视对于产品的品质控制，一旦出售不合格的产品，商家口碑会随之坍塌，几乎没有反转的机会。产品品质控制的目标是保证客户收货时具有良好的体验和满意度，据此来倒推各个流程中应该做什么事情。

生鲜农产品的特点是产品保质期短，且容易产生耗损。受自然条件限制，生鲜农产品品质差异较大，批次之间的品质差异也较大。因此，要针对流通中的每一环节，严格做好品质控制，并且针对每一单做好不同的品质控制和应对措施。而分环节、分批次品质控制对生鲜农产品品质控制成本提出了较高的要求，需要较为雄厚的资金基础。如果生鲜企业提供的产品不能够满足消费者的需求，在产品质量方面出现问题，致使消费者的需求终结，会直接导致生鲜农产品供应链运营的失败。

2. 供应链建设不完善，缺乏有效沟通

我国生鲜农产品供应链体系缺乏规划，从最初的农业生产者，到最后的产品消费者，中间环节脱节严重，组织协调性较差。我国生鲜农产品大多由农户个体依靠自身经验或某种优势进行生产，生产与交易的盲目性大。供应链上下游之间竞争大、交流少、合作意识低、合作关系松散，供应链合作相当有限。生鲜农产品供应链成员间的合作与信任程度较低，农产品生产者之间、农产品经营者之间及农产品生产者与农产品经营者之间的竞争关系会导致合作意愿低下，组织合作关系松散，交流少、缺乏信任。

另外，生鲜农产品的特殊性使得它难以被规定分类，难以确定统一的价格和质量标准。生鲜农产品供应链缺乏物流信息系统与标准化建设，不利于供应链各环节间的有效沟通和衔接，影响产品的供求平衡，也阻碍了生鲜农产品进入消费市场，给生鲜农产品供应链管理带来一定的困难。[2]

3. 生鲜农产品物流技术落后，流通过程中损耗严重

生鲜农产品生产的集中性和消费的分散性导致了我国生鲜农产品物流量很大，但由于物流技术落后，生鲜农产品在物流环节中损失较大。我国农产品冷链物流起步晚，生鲜农产品在物流环节中的损失率达到了25%～30%，造成物流费用占产品价格比重的20%～60%，每年腐烂果品量近1200万吨，腐烂蔬菜量1.3亿吨。发达国家由于农业生产高度工业化，其生鲜农产品的生产、收购、储存、运输、销售等环节形成统一的有机体，避免了运输损耗，故其生鲜农产品的腐损率普遍低于5%，美国的生鲜农产品腐损率更是在2%以下。[12]数据显示，我国生鲜农产品物流损失每年超过750亿元，物流成本达到总成本的70%以上，而国际上仅为50%左右。相比冷藏运输率已经达到100%的欧美发达国家，我国冷藏运输率低于20%，至今没有形成完整的冷链物流体系。[2]

4. 配送信息化程度低

生鲜农产品与消费者的日常生活息息相关，随着人们生活水平的提高，许多消费者更加关注产品的新鲜程度和质量，这就对生鲜农产品物流信息化建设提出了更高的要求。由于生鲜农产品供给和需求在时间和空间上的不一致，造成供给方和需求方信息不对称。对于农户而言，主要通过批发市场或公司以价格信号方式获取需求信息；对于消费者而言，由于供给信息的不确定性，消费者对产品质量失去信任。在现有条件下，还不具备完善的信息发布渠道，造成信息不完备和信息不对称，容易导致逆向

选择和道德风险。[13] 我国生鲜农产品配送物流信息网络设施不健全，产品流通信息不畅，供求信息共享程度低。[12] 目前我国信息化水平还有待提高，生鲜农产品物流的信息化建设尚在进行中。[2]

5. 生鲜农产品供应链脆弱，抵御市场风险的能力较弱

目前，我国生鲜农产品物流的各个环节之间大多是各自独立的，每个成员都过多地关注自身的利益得失，很少从整体角度考虑共同利益，如加工企业为了追求更多的利润而降低原料采购价，农户为了降低生产成本而忽视生鲜农产品的质量等，使生鲜农产品物流的各个环节相互脱节，物流效率较低，从而加大了物流的成本。另外，我国生鲜农产品市场发育还很不完善，对于生鲜农产品生产的主体——农民来说，由于自身文化素质的限制，很难搜寻和及时掌握足够、准确的市场信息，同时对已有的各种市场信息也缺乏足够的辨别评估能力，反应迟缓。这主要是因为农户作为生产主体或经营主体，大多比较分散，经营规模较小，经济力量薄弱，竞争能力弱，无力抵抗市场风险。同时，生鲜农产品体积大、难储存、存储费用高，其生产又具有很强的周期性，单个农户很难获得准确的市场信息，生鲜农产品的生产具有很大的盲目性，供应链集成度低，农户不能及时掌握客户的真正需求和把握市场的变化，一旦出现供应波动，就会给农户造成较大的经营风险。因此，与其他行业相比，生鲜农产品供应链更具脆弱性，抵御市场风险的能力较弱。[14]

6. 冷链物流专业人才紧缺

物流专业人才已被列为我国十二类紧缺人才之一，未来几年缺口将达 60 万，而新兴的生鲜农产品冷链物流行业人才缺口同样会很大。我国冷链物流人员大多没有经过系统化的培训，对冷链流程的操作和生鲜农产品的特性了解少，这将对冷链物流的发展产生负面影响。同时，传统的冷链物流都是 B2B 模式的，但是当前在互联网模式下的冷链配送解决的是末端宅配的问题，涉及的产品品类多，温层处理复杂，在这方面的人才积累还不够。[2]

（二）生鲜农产品电子商务供应链存在的问题

1. 采购方面

采购是生鲜农产品电子商务供应链中的基础环节，但目前还存在以下问题：（1）采购应当建立在充分分析消费者需求的基础上，但是目前很多生鲜农产品电子商务平台并没有进行消费者需求设计，仍然是依靠人员经验，根据货源、库存的情况决定采购的产品，这样就会导致部分产品销售不出去，而恰恰大多数生鲜农产品的时效性比较短，易造成损坏，这在无形中给企业增加了成本；（2）生鲜农产品电子商务平台的产生是

为了能够把农产品从农民或者农业生产合作社等供应链最上游的企业手中直接销售到消费者手中，但是现实情况却是中间还有很多其他的环节，同时存在库存、运输、人力等成本，导致最终销售价格反而要比农贸市场上的销售价格高出很多。

2. 库存方面

待产库存、在途库存以及销售库存三种不同的库存是生鲜农产品供应链最常采用的库存类型划分方式。但是无论哪一种形式，在库存成本、损耗、消费者体验等方面都各有不同的优势和劣势，很难做到统一标准，所以关于生鲜农产品电子商务供应链的库存模式问题也需要进一步优化。另外，生鲜农产品的主要库存方法应当为冷藏或冷冻，以此来保持生鲜农产品的新鲜度，但现阶段很多电商仍然采用耗时长、效率低的人工管理方法，无法提供库存信息方面的数据。加之生鲜农产品电子商务供应链上的各个成员之间相互闭塞，缺少合作，就会出现库存积压和商品损耗严重等问题，轻则导致某一家企业的经济利益受到损失，重则会影响整条供应链的运行效率和经济效益。可见，库存问题不容小觑。

3. 信息管理方面

生鲜农产品电子商务供应链信息管理最大的特点就是借助互联网进行信息传递，不仅能够提高信息传播速度和质量，而且还能降低因信息不对称造成的牛鞭效应。但是在现实中，由于电商们的交易仍然是以商品为主，如果市场上出现对某种农产品的需求量加大这一情形时，大多数的电商平台就会加大进货量，而不再考虑之前的信息传递是如何的，这样信息传递就失去了意义。另外，生鲜农产品电子商务平台也需要很多的人力和物力，电子商务平台为了节省时间和成本，还是会在供应链中增加其他层级，比如从一级代理或二级代理处采购商品，中间层级的增多有时也不利于电子商务供应链整体的信息传递。另外，对于从电子商务平台销售出来的生鲜农产品的质量安全信息也是消费者关注的重点，而电商们如果想确保这部分信息的真实性和可靠性，也需要投入很多成本。[1]

四、生鲜农产品供应链与电商发展展望

（一）生鲜农产品供应链发展方向

1. 行业标准和法规更加完善

没有关于食品卫生安全法律的规范，以及缺乏行业标准的建立，就不能杜绝不合格生鲜农产品经营者进入市场，也不能有效减少生鲜农产品经营商的机会主义行为。

因此有必要对生鲜农产品冷链进行全程跟踪和约束，通过建立一整套体系，规范冷链物流业市场，使其有序发展。

制定涉及生鲜农产品的生产、加工、销售、包装、运输、储存、标签、品质等级、农药残留物含量等有关标准和规定是必不可少的。有关食品质量标准和安全法律的制定，将有助于实现生鲜农产品经营者操作上的公正、公平和透明，促使生鲜农产品供应链成员相互监督，并采取必要手段保证供应链各级上的生鲜农产品符合食品法律法规的规定。通过制度规范，要求生鲜农产品的供应链成员做到：所供应的生鲜农产品符合卫生检疫标准，生鲜农产品操作环境、设备、操作人员卫生达标，生鲜农产品可追溯。食品卫生安全法律、法规的建立有助于打击商业欺诈等行为，建立市场诚信体系，降低交易成本并提高供应链的稳定性。食品卫生安全法律、法规的建立还有助于消费者培养和加强绿色、无公害、有机的食品安全意识和营养健康消费意识，主动监督零售商，选择信得过的零售场所。[15]

2. 基础设施建设更加完善

基础设施的完善程度与农产品冷链物流发展密切相关。首先，要完善农村公路网络，加强农村道路建设，确保生鲜农产品能及时快速流向市场。其次，推进冷链物流园区规划建设，合理规划冷库布局，提高园区利用率，优先发展重点生鲜农产品生产区域的冷库建设。再次，加大冷库、冷藏车等冷链设备的投入，鼓励企业选择满足冷链要求的冷藏保鲜设备，提高预冷保鲜、冷藏仓储和冷藏运输能力，降低损耗。最后，大力发展铁路冷链运输，实现公铁联运的有机结合，满足不同运输需求，提高生鲜农产品的运输效率。[2]

3. 信息化建设水平不断提高

信息化时代发展迅速，生鲜农产品供应链管理需要强大的物流信息系统促进收购、运输、仓储和销售等各个环节的标准化建设。信息传递的有效性直接关系生鲜农产品供应链整体运行的有效性，互联网的引入让电子商务平台借助信息技术开拓了新的商业模式。为了让新的商业模式的供应链更有效地发挥作用，构建生鲜农产品电子商务供应链信息化平台很有必要，它紧密联系供应链各主体，整合现有农业网络，及时发布、获取相关冷链信息，实现产品信息共享，提高各主体参与度，提升物流运输效率。同时，依靠信息化平台建立生鲜农产品质量安全追溯体系，让消费者通过二维码等先进技术手段能及时了解生鲜农产品的供应链各环节，做到产品产地、生产者、种植方式、质量认证等信息公开，真正建成"从农田到餐桌"的绿色安全通道。[2]

另外，电子商务在其发展过程中，对人们的生产、生活都带来了很大的影响。随着消费需求的个性化、多样化，在保障生鲜农产品质量、无缺货的前提下，生鲜农产品供应链在发展的过程中也应该积极运用电子商务技术构建战略联盟，通过整合优化供应链，有效降低库存或实现零库存，实现快速交货和快速流通，解决生鲜农产品供应链跨地区和跨国界问题。[14]

4. 生鲜农产品物流技术水平不断提高

在整个物流链条上，技术创新是物流业发展的重要支撑和动力，而技术研发又需要庞大的资金投入。因此，对于开展生鲜农产品物流技术研发与创新的物流主体和科研机构，政府要给予一定的政策法规和资金方面的支持，从而促进其进行技术研发和创新。有条件进行技术研发和创新的物流主体，应该主动增加对生鲜农产品物流技术的投入，加大物流技术开发力度，不断提高我国生鲜农产品物流技术水平，减少生鲜农产品在物流过程中的货损，降低生鲜农产品物流成本，从而增加生鲜农产品物流环节的利润，最终利用物流技术推动我国生鲜农产品物流的发展。另外在生产上应大力推进农业的标准化生产，把标准化贯穿于生鲜农产品产前、产中和产后各阶段；在包装、运输和装卸等环节，还要推行和国际接轨的关于物流设施、物流工具的标准，把农业生产的全过程纳入规范化、标准化的轨道，以实现生鲜农产品的优质化。[14]

与此同时，第三方生鲜农产品物流将得到发展，物流服务专业化程度不断提升。生鲜农产品的固有特性导致了其物流过程是一个系统工程，传统的生鲜农产品配送模式已经越来越不能适应现代商业模式的要求。而第三方物流基于其专业化及规模化经济的特征，正在逐步成为该行业的翘楚，第三方物流的大力建设必然成为生鲜农产品优质优量供应的良好契机。[16]

5. 供应链战略合作伙伴关系更加协调

生鲜农产品供应链具有主体多元化和结构发散化的特点，容易出现各级主体的投机行为，继而使得"竞争—合作—协调"机制无法运行，妨碍了供应链的发展。因此，生鲜农产品供应链应该在改革组织模式的基础上，进一步加强合作伙伴关系，通过引入供应链合作机制、决策机制、激励机制和自律机制满足消费者的需求，使得社会目标、经济目标和环境目标得以协调。[4]

在供应链环境下，生鲜农产品物流要求向前延伸至生鲜农产品的生产资料供应、生鲜农产品生产过程等，向后延伸至生鲜农产品的销售环节，使整个流通过程协调起来。这需要各方面的相互合作、协调和信任，因此生鲜农产品供应链环节中的生产资料供应商、农户或生产企业、加工商、配送商和分销商之间的关系应该是战略合作伙伴关系，在经营思想上要统一认识，通过功能整合和优势互补，在共享信息及技术的前提下，实现整体效益最大化。[14]

需要注意的是，建立和维护生鲜农产品合作伙伴关系的难度很大，关键在于如何将原本松散的伙伴关系稳定下来。这就需要借助于生鲜农产品的商业模式进行，变原有的交易营销为战略营销模式，将各个层级的主体合作关系稳固下来，才有可能实现供应链的信息共享、成本分摊和利益协调，继而促进生鲜农产品供应链的发展。[4]

6. 农民组织化程度提高

为了保证生鲜农产品供应的稳定性和持续性，降低单个农户的交易风险和交易成本，农民将会加强合作，提高其组织化程度。根据农村和农业发展的实际情况，提高农民组织化程度的最佳途径是培育农民新型合作经济组织。合作经济组织较好地保护了农民利益，把分散经营的农民组织起来，提高了农民在交易中的谈判地位，减少了中间环节对农民的盘剥，节约了交易费用，增加了农民收入。另外，农民加入合作经济组织后，农资有来源，种植有计划，销售有渠道，发展有目标，较好地保护和提高了农民的生产经营积极性。农民之间相互合作，可以改变单个农户在市场谈判、处理市场纠纷时的弱势地位，降低单个农户进入市场的交易费用，进而缓解小生产与大市场的矛盾。[14]

同时，农民组织化程度提高后，有利于供应链上游成员向其组织提出生鲜农产品的外观、质量、安全等要求，并提供技术、管理、化肥等帮助，使得生鲜农产品生产者自觉地按照预订的生鲜农产品有关指标进行生产，经过统一生产、包装和销售，从源头上保证了生鲜农产品的品质。农业合作经济组织进行规模化生产，不但保证了生鲜农产品的质量，还加快了农业产业化与现代化的步伐，实现了小农户与大市场的平等对接。[15]

7. 消费者需求管理不断加强

在生鲜农产品供应链的发展过程中，要加强对消费者的需求管理。因为，对消费者需求信息的掌控能够协调供应链中各个主体的关系，通过研究消费者需求信息可以创造更多的产品价值。引入消费者需求管理理念，在生鲜农产品的采购、加工、库存、销售和配送等过程中就可以有效利用消费者需求信息，并围绕满足消费者需求这一任务进行优化。生鲜农产品电子商务企业可以从消费者的用户信息、采购信息和反馈信息入手，利用互联网和移动网络并结合市场调查等方法，准确掌握客户需求，建立个性化的客户需求信息档案，从而实现对消费者需求的全程化管理。[17]

同时，消费者是生鲜农产品的需求主体，是供应链的拉动方，要实现生鲜农产品食品质量安全的目标，从消费者的角度入手会取得事半功倍的效果。只有消费者具有充分的食品安全消费意识和知识，并积极展开维权，才能促使链上各个主体以需求为出发点改善个体行为。消费者食品安全意识的不断提高，可以从供应链下游直接拉动上游各个节点积极维护供应链的整体绩效。

8. 更加注重专业人才培养

人才和技术是生鲜农产品冷链物流供应链发展中至关重要的一环。一方面，现行条件下生鲜农产品多是由农民个体种植或养殖，今后应更加注重对这一主体的培训，不断增强他们的市场意识，提升他们的法律知识和市场意识，保障生产者权益。另一方面，基于行业传统，从事农产品冷链相关产业的高级专业人才远远不能与社会需求相匹配，尤其是对生鲜农产品物流发展有全局认识和专业管理知识的人才更是少之又少，这必然对其正常运营及未来发展产生深远的影响。[16]专业人才的培养可依靠高等学校、职业培训机构等来进行，具体包括鼓励职业教育，加大高等院校研究人才的培养力度，推广从业人员职业资格认证，培育大批有农业技术、采购、经营及管理知识的复合型人才。还应利用人才推动技术创新，引进、借鉴国外发达的生鲜农产品冷链物流技术和先进设施设备，鼓励科研机构、企业结合我国国情进行冷链新技术的研发，推动我国生鲜农产品冷链物流技术和设施设备的发展。[2]

（二）生鲜农产品电商发展方向

1. 生鲜农产品电商行业将持续高速发展

随着国家政策的支持推动，以及受到行业内技术、资本、消费观念等利好因素的影响，更多优质企业入局生鲜农产品电商行业催生了更多的模式，推动了电商渗透率的增长，生鲜农产品电商行业将进入加速期。生鲜农产品电商外部环境利好，企业增速高，模式逐渐多元化。

第一，环境利好。政策利好：国家在互联网＋、农业、物流等方面出台利好政策；技术升级：互联网、大数据、物联网、冷链技术等持续发展，基础设施日趋完善；消费观念变化：习惯网络购物的年轻消费者逐渐成为消费主体、网络购买生鲜农产品的消费方式越来越流行；资本青睐：资本收紧期间，生鲜农产品电商行业仍然受到投资者的青睐。

第二，市场潜力大。市场规模巨大：生鲜农产品行业具有万亿级别的市场规模，且目前线上市场渗透率不足5%，潜力巨大；市场逐步成熟：供应链运作与客户培育各方面逐渐成熟，行业将持续高速发展；企业发展增速高：主要企业交易规模呈倍数级增长。

第三，模式多元化。参与主体多元化：电商巨头包括阿里巴巴、腾讯、京东；垂直电商包括易果生鲜、天天果园等；传统线下超市包括飞牛网、e万家等。商业模式多元化：从B2C衍生出O2O、C2B、F2C、C2F等多种模式，各模式相互促进和融合的趋势明显。

2. 标准化、规模化、品牌化、专业化

品质控制是生鲜农产品电商的生存根本。产品在上架销售之前需制定一整套标准流程的审核机制，这些标准早于消费行为建立，存在于消费者不会涉及的领域，即上游生产端和中游仓储物流环节。实行标准化是加强生鲜农产品质量安全过程控制的根本举措。通过标准化生产缩小产品的差异性，扩大产品的相似性，打造一定量级的可复制性产品，才能实现电子商务的货源稳定。通过标准化仓储和冷链运输减小产品的损耗率。规模化对于生鲜农产品的高速流转、成本均摊意义重大。

供给侧改革是时下热点，也非常符合我国生鲜农产品电商行业现状。我国不缺优质的农产品，比起打价格战，如何帮助供给侧打造品牌化产品是生鲜农产品电商共同的使命和价值，品牌化商品也将反向促进生鲜农产品电商行业的发展。目前，由于缺乏优质品牌产品，价格成为影响消费者选择的重要因素，但是低价商品走俏，不利于行业长远发展。在市场上，一方面优质产品滞销，另一方面消费者对优质产品的需求得不到满足。从企业角度来说，以低价争夺消费者，价格战严重，客户黏性不足，难以盈利。未来，将从价格竞争回归到产品竞争，通过建立品牌化产品，开展差异化竞争。竞争回归产品是通过提供差异化产品，靠品牌和品质赢得消费者认同。品牌化商品提高企业的溢价能力，优质产品提升客户黏性和忠诚度。品牌化是实现高溢价和高回购率的重要手段。品牌化产品容易获得消费者认同，消费者更愿意为高溢价埋单。品牌化产品还可以提升客户满意度，培养客户的忠诚性，建立客户黏性。品牌化的发展趋势是必然也是必要的。

专业化则多体现在商业行为方面，包括售前沟通、送货速度、售后及时性等，目的是为了提高客户的消费体验，专业化是品牌建立最重要的一步。

3. 生鲜农产品电商发展倒逼冷链物流进一步发展

尽管生鲜农产品市场容量巨大，但是冷链物流配送这一块短板仍然限制着生鲜农产品电商的发展。目前由于优质冷链物流服务商缺位、物流外包成本高昂、外包服务质量难以保障等原因，不少生鲜农产品电商采用重模式自建物流。随着生鲜农产品电商市场的日益成熟，冷链物流行业将进一步发展，实现质量的上升、成本的下降。

第一，生鲜农产品行业需求倒逼冷链物流发展。自建冷链物流无法覆盖消费者日益增长的生鲜农产品需求。生鲜农产品电商潜在规模大，巨大的市场需求对冷链物流发展具有极大的拉动作用。第二，部分自建冷链物流将逐渐开放化。自建冷链物流成本高昂，使用率有限。对于较为成熟的自建冷链物流，将其开放成为第三方物流服务商是提高效率、降低成本的一种方式。第三，冷链物流服务成本有望降低。冷链物流基础设施将逐渐完善，生鲜农产品电商行业发展带来的订单规模效应将会使冷链物流

服务商的边际成本下降，从而获得更多订单，形成正向循环。第四，冷链物流服务质量将显著改善。政府重点扶持冷链基础设施建设，越来越多的优质冷链物流服务商将会出现，投资增加的同时冷链物流行业标准体系也将逐步完善。

高昂的冷链建设成本成为生鲜农产品电商最头疼的问题。虽然建设成本高昂，但冷链物流配送是生鲜农产品电商平台的核心竞争力，谁做得越快，做得越好，谁就将迅速获得市场份额。

4. 生鲜农产品O2O也是未来生鲜农产品电商的发展方向

线上和线下两个场景互有优势无法替代，生鲜农产品O2O模式更适合消费者购买生鲜农产品的消费习惯，能够提升消费者体验，为传统线下企业参与线上运营提供了新的机会。传统线下超市以及生鲜零售商已经逐渐感受到来自线上的压力，而依托于自身线下店铺优势的O2O模式将会成为这些传统企业的最佳选择。生鲜农产品O2O有以下几个优势。第一，提升客户购物体验。生鲜农产品天生具备较强的体验性质，O2O使客户体验上升。线上注重便捷，线下更注重体验。线上与线下的结合更容易满足客户消费习惯和需求，带来更佳体验。第二，解决末端配送问题。距离用户较近的线下仓储和取货点，有助于解决物流配送中最后一公里的难题。提升即时配送和高频配送的效率，会降低冷链仓储和配送成本。第三，促进传统企业转型。依托于自身线下店优势，与生鲜农产品电商企业合作将成为传统企业线上化的最佳选择。例如，永辉、沃尔玛、华润万家与京东到家合作，物美、果味美、百果园与一米鲜合作。第四，模式丰富满足不同需求。生鲜农产品O2O有多种模式供客户选择，满足客户个性需求。货源装配的形式有线下商超拣货、自采装配到线下店、自营线下店。配送形式包括直配、第三方配送、线下店及自提柜自提等。

5. "大而全"和"小而美"的差异化竞争

这两种模式针对不同的需求，适合不同类型企业。"大而全"的企业能够制定标准、做好品质监控，引领行业发展。"小而美"的企业具有工匠精神，通过专注和极致实现价值最大化。未来生鲜农产品电商市场将是"大而全"和"小而美"两种模式企业共存，行业走上专业化的良性竞争之路。后发企业可以从"小而美"的角度切入。

"大而全"型平台定位全面，为客户打造一站式服务体验，未来将在具有一定发展基础的企业间展开竞争。难点是须承担标准制定、品质监控等责任，对企业的行业经验与能力要求高。由于品类众多，不同品类的质量标准和冷链要求均不同。而且，在流程上，上游的供应商管理、选品、供货、品控，自身的运营、营销以及下游的损腐控制、仓储物流、售后服务等都非常复杂。"小而美"型面对中国庞大的消费群体和万亿的生鲜市场潜力，任何一个具有特色的细分市场企业足以占据一席之地。难点是面向小众市场的企业可专注于服务创新，在专注和极致上下足功夫，以提高客户黏性。

6. 供应链进一步优化，企业运营效率提升

高效运转的供应链建设是生鲜农产品电商的必修课，是核心中的核心。未来能对整个供应链上每个环节准确控制，建立生鲜农产品快速流转机制的生鲜农产品电商将处于竞争优势地位。有效整合供应链与产业链的生鲜农产品电商企业将建立绝对竞争优势。

对上游来说可以整合供应商资源，提升选品议价能力，包括：获取并整合优质货源，控制采摘、品控、包装、集货、质检标准和流程。若是跨境业务还应涉及跨国运输报关、检验检疫等工作。当体量增长比较大时，将获得一定议价能力，建立前端优势。对中游来说可以整合运营资源，提升企业管理水平。企业自身需要整合资本、流量、人才等各种资源，做好网站运营、渠道扩展、营销推广、成本控制以及产品售后服务等工作，提升整体的运营管理水平，建立内部运营优势。对下游来说可以整合物流商资源，提升末端配送体验。制订完整的冷链解决方案，无论是自建冷链还是第三方冷链物流服务商都需要严格遵守合作和服务标准（包括损腐控制和配送速度要求），保持相对稳定和共赢的合作关系，建立末端优势。

7. 企业将根据不同需求混合使用轻重库存

轻库存模式一般是次日送达，主要针对对价格较为敏感、对即时性无需求的客群；重库模式一般能做到当天送达，主要针对对价格不敏感、有即时性需求的客群。轻库存与重库存模式各有所长，未来通过相互结合可达到优势互补。

轻库存（预售）是指消费者下单后，生鲜农产品电商即时向供应商采购新鲜生鲜农产品，然后运送到消费端，中间节省部分存储环节。它可以最大程度保证产品品质，加快产品流转速度，降低成本，让企业与消费者实现双赢。对企业来说，显著降低物流成本和仓储成本，降低损腐率；对消费者来说，随着企业成本下降，消费者获得相应价格实惠。重库存（在售）是指生鲜农产品电商提前采购商品，在仓库中备货，消费者下单后，电商企业直接从自己仓库中发货至消费者手中。它可以提高配送效率，满足紧急需求。缩短了向供应商采购的环节，满足消费者即时配送需求。但是会增加物流仓储及损腐成本，并带来较高的物流、仓储成本，使得损腐率上升，增加损腐成本。

（厦门大学管理学院　许志瑞　杨　杨　顾　曼）

参考文献

[1] 王法.电子商务下生鲜农产品供应链优化研究［J］.商场现代化，2016（8）：33－34.

［2］欧芮.基于供应链视角的生鲜农产品冷链物流研究［J］.江苏商论，2016（33）：12－13.

［3］佚名.生鲜电商破局，有赖"强物流"的进取［N］.南方都市报，2017－05－22.

［4］尚娟，陈志敏，陈素敏.生鲜农产品供应链发展策略研究［J］.现代商贸工业，2014，26（22）：46－47.

［5］房丽娜.农产品供应链信息管理［M］.北京：中国农业科学技术出版社，2013.

［6］艾瑞咨询.2016年中国生鲜电商行业研究报告［R］.北京：艾瑞咨询，2016.

［7］艾瑞咨询.2015年中国生鲜电商行业发展报告［R］.北京：艾瑞咨询，2015.

［8］赵英霞.供应链视角下的农产品物流发展研究［M］.北京：中国物资出版社，2010.

［9］牛琳.供应链应急管理机制建模与应用研究——以蒙牛集团为例［D］.青岛：中国海洋大学，2012.

［10］白璐璐，张美子.顺丰优选冷链物流分析［J］.经营管理者，2015（7）：164－165.

［11］张大伟，江宏.黑狗冷链：提供标准化高品质物流服务［J］.物流技术与应用，2016，21（S1）：22－25.

［12］王冬冬，李丽琴.基于供应链管理视角的生鲜农产品共同配送模式［J］.江苏农业科学，2012，40（12）：400－402.

［13］蒋侃.生鲜农产品供应链的分析及其优化［J］.沿海企业与科技，2006（1）：57－58.

［14］韦道菊.浅析我国生鲜农产品供应链管理［J］.物流工程与管理，2009，31（9）：73－75.

［15］李晓晟，杨黎民，白良义.超市主导的生鲜农产品供应链研究［J］.兰州学刊，2009（9）：76－78.

［16］谢志红，曾庆东，王希宇，等.供应链视角下生鲜农产品物流问题及对策分析［J］.物流工程与管理，2016，38（1）：83－85.

［17］张琳.生鲜产品电子商务供应链的问题和对策研究［J］.电子商务，2015（10）：41－42.

我国服务业供应链发展回顾与展望[①]

一、服务业供应链概述

(一) 服务业供应链运作流程与运作主体

服务业供应链是指在专业服务中，从接受客户需求开始，通过需求分析和协同运作，服务集成商以服务解决方案的形式将自身及服务供应商的服务传递给客户，最终满足客户需求。由客户、服务集成商和服务供应商组成的环式功能结构即服务业供应链。

服务业供应链的运作主体包括服务集成商和服务供应商。图 1 反映了服务业供应链的运作流程。服务集成商首先接收最终客户的服务订单，即服务需求。服务集成商对客户发出的需求进行分析与评估，制订服务解决方案，之后对自身及服务供应商的服务资源和服务能力等要素进行综合管理，借助服务供应商为客户提供全面的、集成的服务解决方案。在此过程中，服务集成商和服务供应商组成一个服务系统，服务供应商是通过服务集成商制订的服务解决方案向客户提供服务产品的，服务供应商是服务集成商服务策略与服务思想的具体实施者，服务集成商作为服务业供应链的枢纽，集成多个服务供应商的服务资源和服务能力。[②]

服务业供应链的概念有三个关键点：第一，服务业供应链不是指产品制造供应链中的服务环节，也不限于服务业，或单纯的服务业供应链，而是取决于供应链是否从供需之间的互动和共同价值形成出发，以资源整合和服务集成为主导而构建的；第二，整合服务集成商是整条服务业供应链构建和管理的主导，通过对客户需求的预测和客户关系管理，能够把握需求的变动和更新，不断开发和寻求新的价值增长点；第三，服务集成商整合间接服务供应商和直接服务供应商的资源和能力，并基于基本的产品

---

① 本报告获得国家自然科学基金项目（71372156 和 71672121）支持。

② 王文博. 服务业供应链协同计划运作模式及决策模型研究［D］. 广州：广东外语外贸大学，2009.

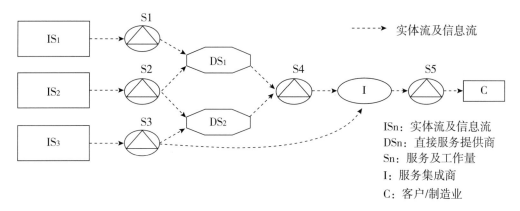

ISn：实体流及信息流
DSn：直接服务提供商
Sn：服务及工作量
I：服务集成商
C：客户/制造业

图1　服务业供应链运作流程

资料来源：宋华. 服务业供应链［M］. 北京：中国人民大学出版社，2012：20.

和服务，创造增值服务，向客户提供完善的服务。[1]

（二）服务业供应链运作特点

服务业供应链是指服务业的供应链，它是以服务产品为核心的一种供应链。而产品供应链是指制造业的供应链，它是以制造业实体产品为核心的一种供应链。

服务业供应链与产品供应链之间有许多相同之处。第一，产生背景相似，都是由于专业化趋势和核心竞争力的发展，使得业务外包成为必然。第二，主要管理内容都是围绕供应、计划、物流、需求等开展的。第三，管理目标都是要满足既定的服务水平，实现系统总成本最小化。第四，集成内容方面都包括业务集成、关系集成、信息集成和激励机制集成。但是由于服务产品与制造产品有着本质区别，服务业供应链与产品供应链也有很大的不同。服务业供应链与产品供应链的区别如表1所示。[2]

表1　　　　　　　　　　　　　　服务业供应链与产品供应链的区别

	服务业供应链	产品供应链
产品类型	服务产品	实体产品
产品特征	不可触摸性，不可分离性，不可贮存性	有形的，生产与消费过程分离，可储存
供应链性质	强调供应链的有效性	强调供应链的反应性
运营模式	拉动型与推动型两者结合	更多采用市场拉动型，具有完全反应的供应链特征

① 宋华. 服务业供应链［M］. 北京：中国人民大学出版社，2012：19.

② 王文博. 服务业供应链协同计划运作模式及决策模型研究［D］. 广州：广东外语外贸大学，2009.

续表

	服务业供应链	产品供应链
对客户的 响应模式	服务供应商可以及时了解客户反馈信息，对其下游客户的响应具有即时性	企业对其下游客户需求的响应具有滞后性
供应链结构	需要采取较短的供应链渠道，典型的结构为功能型服务供应商—服务集成商—客户	原材料供应商—制造商—批发商—销售商—客户等较长的渠道
核心企业	一般只有一个，通常是服务集成商	核心企业可能有多个
稳定性	最终客户不稳定，且异质化的客户需求使服务企业所选择的服务供应商会有较大变化	具有较高的系统稳定性，强调基于信任基础上的全面合作

（三）发展服务业供应链的重要意义

发展服务业供应链，不仅有利于服务企业降低成本、提高效益，实现转型升级，也有利于调整我国经济结构，促进经济增长。

1. 降低服务企业成本，提高经济效益

服务业供应链管理通过缩短流通渠道，加强流程控制等方式降低服务所产生的成本，提升服务业的技术水平、服务水平，推动服务业的国际化进程，从而促进现代服务业的发展。服务业在不断增长，而新旧服务业的更替决定了当前发展阶段需要选择创新型的服务方式来带动经济的发展。因此，发展服务业供应链有利于促进服务企业的转型升级。

2. 建立制造企业核心优势，集中主营业务

服务外包已经成为制造企业核心竞争优势的重要来源。许多企业把相关服务业务外包给服务供应商以获得技术支持、客户服务支持和产品设计。企业将自身的非核心业务外包，能够将企业的资源集中运用在企业自身核心业务上，对企业资源配置进行优化。

3. 调整经济结构，促进经济增长

世界经济结构的变化趋势，要求我国必须把握经济增长、转型与改革的主动权，适应并引领经济新常态，尽快形成以服务业为主体的产业结构。现代服务业与先进制造业、战略性新兴产业一起，已成为我国经济发展迈向中高端的重要标志。通过创新服务业的发展，如大众创业以及养老服务业、现代服务业产业集群等的发展，服务业加快了经济新旧动能的转换，未来将成为稳增长的主要动力来源。①

---

① 环球网．刘志彪：发展服务业对中国经济的重要意义［EB/OL］．［2016-03-08］．http：//news. china. com. cn/live/2016-03/08/content_35466160. html.

二、服务业供应链发展环境

（一）服务业规模持续扩大，成为经济增长的主动力

在经济增长速度下降和制造业受到"双重挤压"的大背景下，依靠服务业维系国民经济中高速增长尤为重要。近年来，服务业作为国民经济的重要产业之一，对国民经济增长的贡献率进一步提高，主动力作用更加显现。2016 年，我国服务业增加值为 384221 亿元，比 2015 年实际增长 7.8%，在三次产业中继续领跑，增速比第二产业高出 1.7 个百分点；服务业占 GDP 比重已上升为 51.6%，比 2015 年继续提高 1.4 个百分点，比第二产业高出 11.8 个百分点；服务业对国民经济增长的贡献率为 58.2%，比 2015 年高出 5.3 个百分点，比第二产业高出 20.8 个百分点。总体上看，我国服务业规模在不断扩大。2016 年前三季度，第三产业新登记企业 325.2 万户，同比增长 27.6%，占全部新登记企业总数的 81.1%，增速比全部新登记企业增速高出 13.9 个百分点。2016 年 1—11 月，规模以上服务业企业营业收入同比增长 11.4%，增速比上年同期加快 4 个百分点。[①]

（二）中央积极推动服务业快速发展，政策环境持续向好

近年来服务业的快速发展得益于各项利好政策的出台。2015 年 7 月 4 日，国务院发布《关于积极推进"互联网＋"行动的指导意见》，提出"互联网＋"普惠金融，"互联网＋"高效物流，"互联网＋"电子商务等重点行动，强调促进社会服务资源配置不断优化，健康医疗、教育、交通等民生领域互联网应用更加丰富，公共服务更加多元，线上线下结合更加紧密。2015 年 11 月 19 日，国务院办公厅发布《国务院办公厅关于加快发展生活性服务业促进消费结构升级的指导意见》，提出加快发展生活性服务业，促进消费结构升级。此外，我国在旅游、金融、物流、外贸服务、汽车售后等各个服务行业也陆续出台了一系列的政策措施，为相关行业的健康、有序、快速发展保驾护航。有关各服务行业发展的政策措施如表 2 所示。

---

① 人民网．许剑毅：2016 年我国服务业持续快速增长［EB/OL］．［2017 – 01 – 22］．http：// www. stats. gov. cn/tjsj/sjjd/201701/t20170122_1456772. html.

表2　　　　　　　　　　　有关各服务行业发展的政策措施

序号	涉及服务	发文时间	发文部门	政策文件名称
1	旅游服务	2014年8月9日	国务院	《国务院关于促进旅游业改革发展的若干意见》
2	旅游服务	2015年8月4日	国务院办公厅	《国务院办公厅关于进一步促进旅游投资和消费的若干意见》
3	旅游服务	2015年11月25日	国土资源部、住房和城乡建设部、国家旅游局	《关于支持旅游业发展用地政策的意见》
4	旅游服务	2016年4月6日	国家旅游局	《全国旅游标准化发展规划（2016—2020）》
5	金融服务	2014年8月10日	国务院	《国务院关于加快发展现代保险服务业的若干意见》
6	金融服务	2015年8月10日	中国银监会、国家发展和改革委员会	《关于银行业支持重点领域重大工程建设的指导意见》
7	金融服务	2016年10月13日	国家发展和改革委员会	《促进民间投资健康发展若干政策措施》
8	物流服务	2015年7月1日	国务院	《国务院关于积极推进"互联网＋"行动的指导意见》
9	物流服务	2015年7月21日	商务部办公厅	《关于智慧物流配送体系建设的实施意见》
10	物流服务	2016年8月26日	交通运输部办公厅	《交通运输部办公厅关于推进改革试点加快无车承运物流创新发展的意见》
11	外贸服务	2016年3月24日	财政部、海关总署、国家税务总局	《关于跨境电子商务零售进口税收政策的通知》
12	外贸服务	2014年5月15日	国务院办公厅	《国务院办公厅关于支持外贸稳定增长的若干意见》
13	汽车售后服务	2016年4月19日	交通运输部	《交通运输部关于修改〈机动车维修管理规定〉的决定》

资料来源：根据国家出台的有关服务业发展的相关政策整理。

（三）新技术和新模式为服务业供应链转型突破提供了新机遇

互联网和信息技术的快速发展不断孵化出新产业、新业态与新模式，促进了人与人、人与物、人与信息之间的连接与传递。特别是移动互联网的快速发展，极大地影响了人们的生产和生活方式，推动了新服务的快速发展，促进了产业创新。在服务业领域，传统的营销方式正在被基于大数据的精准、个性化的服务所取代。2016 年，分享经济进一步全面繁荣，渗透到交通、家政、物流等与人们生产和生活相关的多个领域。如以"货车帮"为代表的物流平台实现了货运车辆的共享，提高了社会物流效率，促进了交通资源的高效节约；以"摩拜单车""ofo""滴滴顺风车"为代表的出行共享平台，为人们的出行带来了更多便利；以"分答""知乎"以及微信公众号为代表的自媒体平台，提供了知识变现和知识分享的新渠道。①

三、服务业供应链发展现状

（一）汽车售后服务业供应链

1. 汽车售后服务业供应链定义及结构

（1）汽车售后服务。汽车售后服务是汽车售出后汽车制造企业或者相关售后服务企业为保证汽车能达到所承诺的价值而提供的一系列服务活动的总称，如汽车运送、维修保养、提供备件、技术咨询、客户投诉处理、问题产品召回以及退换赔偿等内容，还包括对现有客户的关系营销，传播企业文化等。

（2）售后服务业供应链。售后服务业供应链是指将供应商、制造商直到最终客户连成一个整体的功能型网链结构。企业通过对信息流、物流、资金流的控制，从配送产品开始，经过备件管理以及产品维修，最后由售后服务供应商把服务送到消费者手中。②

（3）汽车售后服务业供应链。结合汽车售后服务和售后服务业供应链的定义，我们得出汽车售后服务业供应链的定义：

汽车售后服务业供应链是以为客户提供车辆维修等售后服务为目的的企业，相互结成战略联盟的利益共同体。通过实现对客户车辆的维修等售后服务，来拉动汽车备件在供应链中的流动，包括从原材料供应、半成品加工、零部件生产，到汽车制造厂检验、包装、运输以及备件储运中心的储存，最后通过维修服务厂站对客户车辆的修理和维护，将备件送到客户手中。

汽车售后服务业供应链的结构如图 2 所示。客户作为汽车售后服务业供应链的发起点，对整条供应链起到了拉动作用。供应链上下游的其他企业必须紧密跟踪客户的

---

① 人民网. 许剑毅：2016 年我国服务业持续快速增长 ［EB/OL］.［2017 - 01 - 22］. http：//www. stats. gov. cn/tjsj/sjjd/201701/t20170122_1456772. html.

② 朱希远. S 公司汽车配件售后服务供应链改善 ［D］. 上海：上海交通大学，2012.

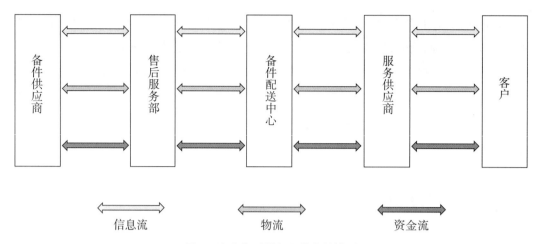

图2　汽车售后服务业供应链模型

资料来源：国家统计局。

需求动向，及时为客户提供完善的售后服务。如果将汽车强制报废期到期后的汽车报废回收服务全部纳入到汽车售后服务业供应链中来，那么汽车售后服务业供应链中的信息流、物流和资金流就可以形成一条闭环。汽车产品生命周期内所有的售后服务全部划归到汽车售后服务业供应链当中。①

2. 汽车售后服务业供应链的运作模式及典型案例

本部分将介绍汽车售后服务业供应链的运作模式及典型案例。汽车售后服务业供应链的运作模式是以备件物流中心作为调度中心，为客户进行配送。而典型案例部分我们选取了上海通用汽车有限公司的汽车售后服务业供应链进行介绍。

（1）基于备件物流中心的汽车售后服务业供应链的运作模式。

现阶段汽车售后服务业供应链的运作模式比较单一，大多以备件物流中心为综合协调中心，由它整合多个备件生产厂家的产品资源，通过区域配送中心向客户（即整车制造厂、4S店、经销商及综合维修店）进行配送业务，这样就形成一个以备件物流中心为核心的供应链。供应链上的各节点企业以信息共享为基础，建立相互协调机制和战略联盟伙伴关系，在满足高效客户响应的前提下，降低物流成本，从而使供应链各方均受益。基于供应链的运作模式下汽车售后备件物流网络示意图如图3所示。

基于备件物流供应链一体化，各主机公司应当发展自己的核心业务，把辅助性的业务交给专业的第三方物流公司来运作，从而降低成本，提高企业竞争力。在主机厂、主机厂的备品管理部门、第三方物流公司、4S店之间形成一个纵向的战略联盟。同时，在开展备件物流服务的第三方物流公司之间形成横向的战略联盟，以降低成本，提高

---

①　王岩. 汽车售后服务业供应链运营问题研究［D］. 秦皇岛：燕山大学，2010.

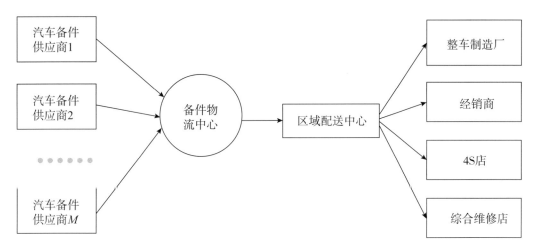

图3　基于供应链的运作模式下汽车售后备件物流网络示意

资源利用率。①

（2）汽车售后服务业供应链的典型案例——上海通用汽车有限公司。

上海通用汽车有限公司成立于1997年6月12日，由上海汽车集团股份有限公司和通用汽车公司共同出资组建而成。目前拥有浦东金桥、烟台东岳、沈阳北盛3大生产基地，共4个整车制造厂、2个动力总成厂，是中国汽车工业的重要领军企业之一。

上海通用汽车售后服务部隶属于市场营销部，旗下有售后技术、新业务开发和售后备件三个主要部门。其中，售后备件是售后服务的关键部门，是售后服务体系发展的基础，同时也是售后服务体系的利润之源。

上海通用汽车有限公司汽车备件售后服务业供应链属于客户推－拉混合型供应链。备件计划根据备件工程释放的配件号，以及历史销量、年限和现有库存，计算出最佳补货点，统一下订单给所有备件供应商（包括国外和国内），之后备件供应商根据订单的交货周期准时将备件运送至上海通用汽车有限公司配送中心，在入库、包装后进入库房管理。当经销商ASC（After－sale service）通过DMS（Design＋Manufacture＋Service）销售系统提出备件需求并下订单时，DMS销售系统会根据目前库存信息，安排配送中心发货，经过陆运或空运等各种配送方式将备件准时送达经销商ASC，从而满足客户的需求。上海通用汽车有限公司汽车备件售后服务业供应链流程，如图4所示。

以上是推动型供应链。但遇到客户紧急需求时，备件计划通过DMS销售系统得到经销商ASC需求信息并匹配库存信息，当不能满足客户需求时，就会向备件供应商下

---

① 宋雷，彭华华．基于供应链的汽车售后服务备件物流运作模式研究［J］．物流工程与管理，2011（9）：64－65.

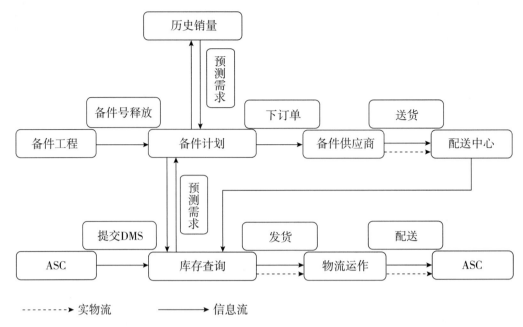

图 4   上海通用汽车有限公司汽车备件售后服务业供应链流程

紧急订单，然后备件供应商以最快的速度相应交货至配送中心，之后通过紧急空运方式运至经销商 ASC 处。这又是拉动型供应链。

该供应链是典型的推 - 拉混合型供应链，不仅缩短了交货提前期，还提高了快速反应能力。运用混合供应链时，要根据市场需求的不断变化实现规模经济，尽可能地降低不确定性，减小企业风险。供应链中虽然引入了第三方物流公司，但第三方物流公司实力比较弱，并没有充分发挥效果，还有待于进一步提高。

3. 新形势下汽车售后服务业供应链的变革

随着整个社会大环境和经济的变化，新的技术手段和新的商业模式不断涌现。现在，平台型企业越来越多，服务供应商开始向服务集成商进行转型，服务集成商和服务供应商的关系变得更密切，服务业供应链由服务提供转向价值创造。这些现象促使汽车售后服务业供应链发生了一些变化。

（1）整车制造厂开始布局快修连锁店。

近年来，各大整车制造厂加速布局售后市场，动作不断，这是由多重因素促成的。首先，新车销售低迷，整车制造厂的危机感与日俱增。其次，《汽车销售管理办法》于 2017 年 7 月 1 日起实施[①]，将打破厂家的部分垄断。最后，新车市场的利润空间被不断

---

①   新浪财经. 商务部令 2017 年第 1 号《汽车销售管理办法》［EB/OL］.（2017 - 04 - 14）［2017 - 06 - 04］. http：//finance. sina. com. cn/money/future/indu/2017 - 04 - 14/doc - ifyeimzx6299374. shtml.

压缩，更多利润已经倒向了售后市场。因此，主机厂把目光投向潜力巨大的售后维修保养，如大众、宝马、北京现代、上海通用等厂家纷纷试水售后市场。2015年下半年，上海通用计划设立独立销售快修连锁品牌"车工坊"，后来又宣布自2016年1月1日起，正式承接通用汽车旗下售后零部件品牌ACDelco，并整合推出全新汽车备件品牌——德科，加速开拓国内独立售后市场。以之为代表，整车制造厂开启了汽车售后市场争夺战。

（2）养护产品将网上零售，保养服务或可网上预约。

以宝马为例，目前宝马正在尝试进行电子商务方面的拓展，主要体现在两个方面。第一，通过互联网销售一些养护产品——机油、燃油添加剂等，采用电子商务的方式实现零售，拓宽企业的盈利渠道。第二，宝马实现售后服务的网络预约，客户要做一个汽车保养或到某个经销商去换轮胎，都可以在网上事先预约。宝马还率先推出基于开放式移动云技术打造的"BMW云端互联"服务，通过手机就能进行更精准的售后维修预约。"BMW云端互联"应用已于2016年12月正式在苹果应用商店上线，通过它，客户不仅可以随时查看车辆保养信息，还可以在线联系经销商进行售后服务预约。

（3）各大企业打造高效物流网络。

目前，备件供应链成为汽车后市场兵家必争之地，各大公司开始注重全国范围内物流网络的建立，以实现高效的需求响应。2016年10月18日，宝马沈阳零件配送中心开业，这是宝马继上海、北京、成都和佛山之后，在我国建立的第五个零件配送中心，标志着宝马集团在我国售后物流体系布局的基本完成。该配送中心将根据经销商需求规划不同的订单和配送路线，实现紧急订单当日送达，补货库存订单夜间配送、隔日送达，同城速递最快能在3.5小时内完成配送，从而充分满足客户的不同需求。新零件配送中心将缩短东北地区经销商的订单响应、零件配送时间，在确保零件质量的同时，也将辐射全国经销商网络，为全面提升客户体验提供了重要保障。

（4）汽车后市场正处于建立汽修连锁品牌的大好机会。

随着汽车后市场业务的迅速崛起和汽车维修业的细分发展，经销商集团开始涉足快修连锁业务，连锁经营将是未来汽车服务行业较好的运营模式之一。快修连锁店相比4S店具有价格和便捷性优势，而相比路边维修店又具有品牌优势。因此，很多经销商集团通过建设快修网点来锁住4S店的流失客户，呈现出多种连锁模式。①打造自身快修品牌、如三和集团、永达汽车、创世纪集团、威佳汽车、金阳光集团。②建立"1个中心店＋N个社区店"的快修模式，如和谐汽车、吉诺集团。③建立"互联网＋实体店"的社区快修连锁，如沈阳大众企业集团。④联合壳牌喜力共同建立快保中心服务连锁店，如润华集团、远通集团。①

4. 制约汽车售后服务业供应链发展的主要问题

售后服务业供应链管理的核心是强调供应链中所有节点企业的合作与共享以及供应链中各环节的有效衔接。当汽车售后服务相关企业互相独立，而分散的生产主体与售后服务所必需的产业链要进行整合时，矛盾必然会出现。汽车售后服务业供应链存在的主要问题分为以下四个方面。

（1）汽车售后服务业供应链管理机制不完善。

首先，汽车售后服务业供应链管理理念不深入。我国汽车售后服务业还没有形成真正意义上的"链"，汽车售后服务企业不注重企业间的协作，行业内资源并没有得到有效配置和充分利用。其次，汽车售后服务信息共享水平较低。缺乏信息共享致使汽车售后服务业供应链企业间协同合作能力有限，制约了我国汽车售后服务行业在供应链管理上的进一步深入。此外，汽车售后服务业供应链成员企业间竞争大于合作。汽车售后服务业供应链各企业之间只是单纯的业务往来，都以自身的利益为出发点，缺乏合作共赢的理念，形成了链上企业各自分散经营、独立竞争的局面。

（2）汽车售后服务业供应链运营管理不善。

首先，汽车备件物流效率较低。一般的服务供应商不敢大量储存备件，只保有少量的常用件，当有客户需求时才向售后服务部订货，这种状况对备件生产企业在备件的储备和供应方面提出了很大挑战。其次，汽车售后服务供应商运营管理不善。一是人员整体素质不高、缺乏专业的技术培训和现代维修设备；二是国内的汽车售后服务多数还停留在简单的维修和保洁等层面，因而服务模式单一；三是由于在建设售后服务网点时缺乏合理调研和预测，导致服务能力闲置与不足并存。最后，缺乏有效的售后服务业供应链绩效评价。一是现行指标的数据来源于财务结果，不能反映供应链动态运营情况；二是现行指标主要是为了评价企业职能部门的工作情况，而不是对企业的业务流程进行整体评价，更不能客观地评价整条供应链的具体运营情况；三是现行指标不能对供应链的业务流程进行实时跟踪，更侧重于事后总结。

（3）汽车售后服务业供应链缺乏稳定性。

首先，汽车售后服务业供应链成员企业实力较弱。国内汽车售后服务市场上的备件供应商大多与配套的整车制造厂相匹配，产量和种类都有相应的限制，难

---

① 佚名.十大集团布局快修　你还不快点？［EB/OL］.（2016－10－29）［2017－06－16］.ht-tp：//shuoke. autohome. com. cn/article/543556. html.

以实现有效的规模。其次，汽车售后服务业供应链收益与风险不一致。因为备件供应商处于附属地位，所以备件供应商与整车制造厂的利益分配明显向后者倾斜，这就造成收益与风险的不一致，严重打击了备件供应商的积极性。最后，汽车售后服务业供应链信任机制不完善。整车制造厂、备件供应商、售后服务商之间都是基于单纯的经济利益关系才在一起，供应链成员企业并不能完全信任合作伙伴，导致了信息不能充分共享，供应链协作无法正常开展，给供应链带来了经营管理上的风险。

（4）汽车售后服务业供应链缺乏专业人才。

一是汽车售后服务业供应链管理人才的缺乏。国内大部分的汽车售后服务企业缺乏专业的供应链管理人才，进而缺乏对供应链的统筹安排，各部门各自为政，导致企业实施供应链管理的步伐受阻。二是汽车售后服务专业技术人才的缺乏。虽然我国汽车售后服务企业日渐增多，但是相应的专业技术人才却非常缺乏。汽车售后服务需求的不断增加与汽车售后服务专业人才的短缺之间的矛盾将在未来几年更加严重，这将对汽车售后服务质量的保障造成严重影响，并严重制约我国汽车售后服务业的发展。[1]

（二）物流服务业供应链

随着服务业的兴起，服务业供应链应该作为供应链领域学术研究的重要分支。在服务业和服务业供应链之中，物流服务和物流服务业供应链对于整个国民经济起到重要的支撑作用。物流服务业供应链是当代物流产业发展的重要趋势，也是物流学术界研究的重要课题之一。

1. 物流服务业供应链定义及结构

物流服务业供应链是以物流服务集成商为核心成员，将物流服务供应方和需求方进行组合的网链型结构。[2]

狭义的物流服务业供应链主要是指为提供一体化的集成物流服务，从上游的功能型物流企业到集成物流服务供应商再到末端的客户所形成的网链供需合作结构。广义的物流服务业供应链则可以延伸至更上游的物流设施设备、信息技术等供应商，并包含中间所有为实现一体化物流服务需求而互相配合的企业或部门，是由它们共同组成的合作结构。

---

① 李帆. 汽车售后服务现存问题及对策分析 [J]. 科技资讯, 2009 (26): 251 - 252.
② 陈虎. 物流服务业供应链构建与绩效评价研究 [D]. 成都: 西南交通大学, 2013.

物流服务业供应链是随着物流服务产业的不断发展而形成的，它是指以物流服务集成商为核心，以功能型物流服务供应商→物流服务集成商→客户为基本结构，通过提供柔性化的物流服务保证产品供应链的物流运作的一种新型供应链。其中，功能型物流服务供应商主要提供单一、标准化的物流服务，它们的业务往往集中在某一区域，如车队、仓储公司等。物流服务集成商是指综合型物流企业，一般规模较大，且拥有较好的商业信誉。它能通过整合各种功能型物流服务供应商，来为客户提供多种物流服务。物流服务业供应链的结构可以细分为以下两类。①

（1）物流服务业供应链的两级结构。

功能型物流服务供应商由于功能单一或者由于地域局限，被物流服务集成商在构建物流网络的时候集成，成为物流服务集成商的提供商，利用自身的能力为其提供专业的物流服务。物流服务集成商和物流服务供应商各自具有优势，双方优势互补，形成稳定的物流服务业供应链两级结构，具体如图5所示。

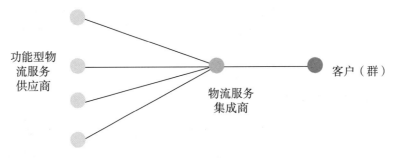

图5　物流服务业供应链的两级结构

（2）物流服务业供应链的多级结构。

将两级物流服务业供应链进行扩展，便可扩大到多级结构，如图6所示。

在物流服务业供应链的多级结构中，与下游客户最接近的物流服务集成商是整个物流服务业供应链的核心，它通过与各级物流服务能力提供的中间商以及上游最终的功能型物流服务供应商的合作，完成为客户提供物流服务的任务。

图7为物流服务业供应链多级结构的企业示例。宝洁公司将全球物流业务交给香港和黄，香港和黄作为全球物流服务集成商，将中国大陆地区的部分物流业务交给天津宝运物流服务有限公司，而天津宝运物流服务有限公司与天津配货站开展能力合作，为宝洁公司提供物流服务，天津配货站集成了诸多的集体和私人车队的运输能力，保证了天津宝运物流服务有限公司运输任务的需要。

---

① 刘伟华. 物流服务业供应链能力合作的协调研究［D］. 上海：上海交通大学，2007.

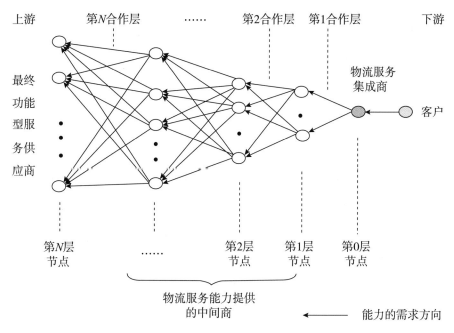

图6 物流服务业供应链的多级结构

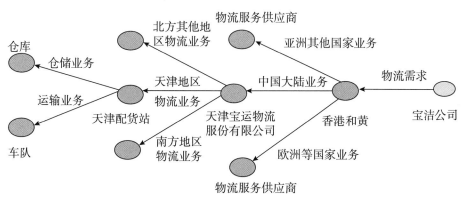

图7 物流服务业供应链多级结构的企业示例

2. 物流服务业供应链的运作模式及典型案例

从供应链的结构分析，物流服务业供应链运作模式是物流服务集成商将为制造业、分销商等提供直接物流服务的多个功能型物流服务供应商整合起来，为客户提供全方位的物流服务，所呈现出 N：1 的模型结构。其产生背景是某一物流服务企业在自身不能够独立完成服务运作的情况下，需要从其他企业中采购相应的服务能力并形成物流服务组合以完成运作。相对于一般的物流服务模式而言，物流服务业供应链运作模式最大的特点在于，物流服务集成商需要匹配多个功能型物流服务供应商之间的能力，协调客户与供应商能力的差异，促进整个供应链满意度最大化。[①]

物流服务业供应链的运作模式是一种集成管理思想和方法，它以某一物流服务单位为核心，集成链中的合作伙伴的优势资源，围绕各种物流资源的快速整合来满足客户需求，根本目的是提高物流服务水平，降低总的服务成本，追求更强竞争力和更大效益。目前市场上常见的物流服务业供应链的运作模式有以下几种。

（1）加盟模式——四通一达（圆通、申通、中通、汇通、韵达）。

四通一达主要采取"加盟模式"，总部按区域设置总加盟商，然后总加盟商下面继续划分给更小的加盟商分包，一直分包到最基层的网点。总部对加盟商在人员培训、组织结构、经营管理等方面予以协助。该模式的特点是总部与加盟商都是独立的企业法人。以圆通为例，其运作模式如图8所示。加盟模式的发展成本低、扩张速度快，配送网络可以迅速布满全国，为四通一达的早期发展奠定了基础。近年来，四通一达加速了整合的步伐，体现出"上市、上线、上网"的趋势，即积极准备上市，利用"互联网+"与O2O等模式提高服务质量，形成网络化的运作模式。

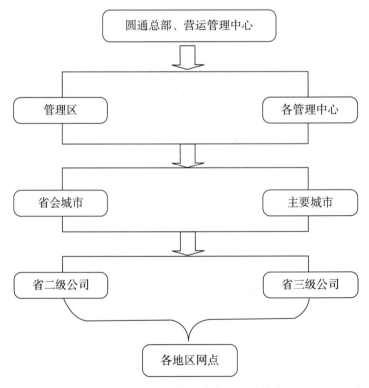

图8　圆通物流服务业供应链运作模式

资料来源：国家统计局。

---

① 魏婉莹．可持续发展及其对物流服务业供应链运营模式的影响［J］．物流技术，2016（5）：151－156.

（2）以自建物流为主的模式——京东。

京东的物流服务运作模式可以概括为：以自建物流模式为主，自建物流与物流外包（第三方物流）配送模式相结合以及其他灵活物流配送模式为辅的纵向一体化物流模式。

自建物流模式。2009年京东商城成立了隶属于旗下的上海圆迈物流快递公司，并陆续在全国300个重点城市建立了城市配送站。最终配送站覆盖全国主要城市，全国的主要市场均是自营配送。2010年在上海成立了"华东物流仓储中心"，这成为了京东目前最大的仓储中心，承担了一半以上销售额的物流配送任务。

自建物流与物流外包配送模式相结合。针对二三线城市，京东采用自建物流和物流外包相结合的模式，主要是由于二三线城市的订单密度低，而自建物流中心的成本过高，利用率不够，故采用物流外包的经营策略。在小型包裹的配送上与当地的快递公司合作，货物到达二三线城市后由合作的第三方完成配送任务。在大型货物方面比如白色家电的配送服务上，则选择与大型的家电厂商合作。

其他灵活的物流配送模式。在2011年，针对一些学校安保政策受限不允许快递人员进入学校，以及学生在上课学习期间无法取包裹等相关问题，京东建立了校园自提点模式。

2015年，京东推出即时购物服务"京东到家"，2016年"京东到家"与国内领先的众包物流服务商达达走向合并，彻底奠定本地O2O零售领域的众包物流霸主地位。随着沃尔玛的战略入股，实现了线上线下全面融合。京东推出的一系列举措，大大提高了服务水平，丰富了服务运作模式。其中，特别是物流品牌化运营向社会的全面开放，为京东带来了利润的增长，标志着整个京东集团向"开放化、智能化"战略迈进。

（3）建立社会化物流平台——菜鸟物流。

菜鸟网络是阿里巴巴集团牵头建立的"中国智能物流骨干网"。在智能物流骨干网中，快递业务在阿里巴巴内部称之为"地网"——一张遍布中国的超大规模物流基础设施网络，具备调动港口、公路、机场的运输潜力，在24小时内可送达的物流网。与之相对应的是"天网"，是阿里巴巴内部用互联网形式对仓储物流服务进行数据化管理的系统。"天网"和"地网"的配合，保证了在菜鸟网络的平台中各方资源、信息和数据可实现共通，而由此产生的聚合效应也是菜鸟网络的真正魅力所在。"天网＋地网"共同打造的菜鸟物流生态圈，如图9所示。

2016年3月28日，菜鸟网络完成首轮百亿级融资后，宣布联合物流合作伙伴组成菜鸟联盟，提升我国电商物流体验。菜鸟联盟把众多成熟的快递公司整合在一起，通过有效整合社会资源，在快递行业形成一套开放、透明、合理的社会化仓储设施网络，

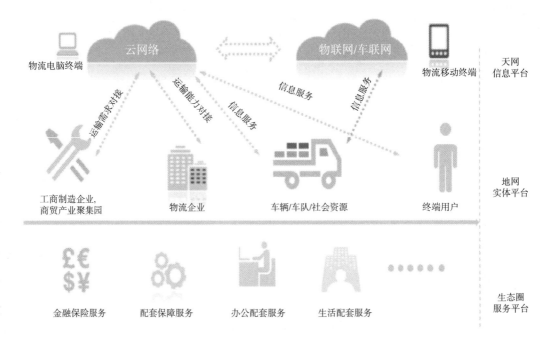

图9 "天网＋地网"共同打造的菜鸟物流生态圈

向更多的制造商、电商、物流快递企业等开放。这样的资源平台是共享的，任何一家独立的快递企业都无法实现，符合未来社会化物流体系的发展趋势。

（4）物流服务企业集成模式——港口服务业供应链。

港口作为多式联运的结合点，具有连接陆运、空运和水运等多种运输方式以及贯通国内、国际两个市场的作用，集中了货主、货代、陆上运输企业、船公司、船代、仓储企业等各种相关参与方的物流信息。港口作为服务链的核心，通过两边的运输商（船公司和陆上运输企业）与世界各地的供应商、消费者相连，形成一条集多种运输方式和物流形态于一体的服务价值型供应链。港口服务业供应链作为口岸物流的主要组成部分，包括信息化、自动化、网络化等层面，各个层面相互协调，使得信息流和物流在港口供应链上不断流通，优化链条结构。港口服务业供应链作为服务价值型供应链，没有产品库存，是由服务内容的提供者、服务方式的设计者、服务形式的管理者和服务内容的响应者组成的工作系统。港口服务业供应链运作模式如图10所示。

3. 新形势下物流服务业供应链的变革

随着数字经济、平台经济和共享经济等新兴经济模式的发展以及国家相关政策的扶持，物流服务业供应链在客户需求、服务对象和服务模式等方面发生了很多变化。

（1）从供应到需求的视角转变。

传统模式下，物流服务集成商较多关注自己能够为客户提供服务的类型，从而更多地注意自身服务能力的扩充与完善。随着客户需求个性化、定制化的转变，物流服

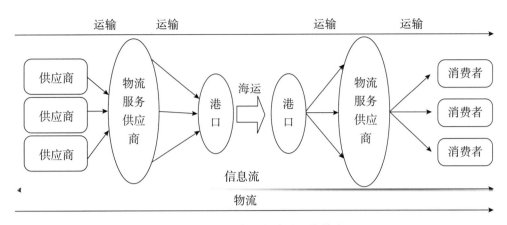

图 10　港口服务业供应链运作模式

务供应商要以客户的需求为核心，从需求视角重新认识客户的作用，在完善自身能力的同时，细致了解客户的需要，并从提供单独的物流功能转向提供个性化的全套物流解决方案。另外，对客户参与程度进行管理和设计，推动了物流服务标准化和物流服务创新。构建一个包含企业客户的物流服务生态系统，可通过合理分享服务价值增值部分和信息共享来推动物流服务生态系统的有序发展。①

（2）服务对象由单一的制造企业转移为整条供应链。

传统模式下，物流服务集成商通过自己整合的功能型物流服务供应商，主要为核心的制造企业提供服务。目前，物流服务集成商通过了解制造商企业内外面临的问题，基于整条供应链，帮助所有的企业解决问题。例如，从制造商处了解到其供应商不能提供稳定的货源时，物流服务集成商通过与上游供应商接触，发现其融资困难导致现金流短缺，不能支持生产稳定进行，因此供货的波动性大。此时，物流服务集成商可向上游供应商提供融资帮助，从而解决制造商的采购问题。因此，利用信息、融资等新型技术，物流服务集成商已经成为整条供应链的润滑剂。

（3）平台经济的发展带来新的服务模式。

平台经济的发展为物流服务集成商带来更多新的契机，通过搭建平台，可实现客户与客户之间更加频繁的交互，不仅降低交易成本，还能促进合作。2016 年 11 月 24日，怡亚通推出"星链计划"，该计划其中一部分业务主要是面向三四线城市搭建服务平台，选择当地 2～3 家龙头的销售企业作为代理商，提供 App 和商业模式流程的培训，从而实现两方面的交易：一是通过怡亚通的平台帮助当地的企业低价采购全世界的商品；二是将当地的特产通过平台销售至全世界。通过"星链计划"，怡亚通已成功

---

① 宋志刚，赵启兰．物流服务业供应链的研究——从供应到需求的视角转变［J］．商业经济与管理，2015（3）：14 - 22.

实现转型，将业务从目前竞争力下降的制造业拓展至零售业。

4. 制约物流服务业供应链发展的主要问题

物流服务业供应链中的合作主体数量较多，各个功能型物流服务供应商与物流服务集成商之间的合作关系与合作模式对整个供应链的合作效果有很大的影响。制约物流服务业供应链发展的主要问题可以分为以下四个方面。[1]

（1）供应链中存在的道德风险降低委托人的利益。

在整个物流服务业供应链管理环境中，由于存在道德风险，委托人往往比代理人处于一个更不利的位置，代理企业往往会通过增加信息的不对称，从委托合作伙伴那里得到最大的收益，使委托人的利益减少。如供应商由于自身生产能力上的局限或是为了追求自身利益的最大化而不择手段，偷工减料、以次充好，所提供的物资达不到采购合同的要求就会给采购带来风险。又如在青岛港骗贷事件中，德政资产将一批矿石货品"一女多嫁"，从不同仓储公司处开具仓单证明，并利用这些仓单去不同银行重复质押融得巨资。

（2）信息传递延迟导致的上下游企业之间沟通不充分。

由于每个企业都是独立经营和管理的经济实体，物流服务业供应链实质上是一种松散的企业联盟，当物流服务业供应链规模日益扩大、结构日趋繁复时，物流服务业供应链上发生信息错误的机会也随之增多。信息传递延迟将导致上下游企业之间沟通不充分，对产品的生产以及客户的需求在理解上出现分歧，不能真正满足市场的需要，同时会产生牛鞭效应，导致过量的库存。

例如，某种啤酒的供应商与其客户之间存在信息传递延迟，它只知道客户买了多少，但不知道客户究竟买了多少，从而在客户订货量有微小增加的时候，供应商错误估计市场需求变化，向上游制造商大量订货，最终造成库存积压。

（3）物流运作困难制约整个供应链的合作。

物流服务活动是物流服务业供应链管理的纽带。物流服务业供应链要想加快资金流转速度，实现即时化生产和柔性化制造，离不开高效运作的物流系统。而高效运作的物流系统需要物流服务业供应链各成员之间采取联合计划，实现信息共享与存货统一管理。但在实际运行中是很难做到这一点的，导致在原料供应、原料运输、原料缓存、产品生产、产品缓存和产品销售等过程中可能出现衔接失误，这些衔接失误都易导致物流服务业供应链不畅通，从而制约整个物流服务业供应链的合作。例如，运输障碍使原材料和产品不能及时供应，造成上游企业在承诺的提前期内无法交货，致使

---

① 郭召海. 物流服务业供应链风险管理研究［D］. 大庆：东北石油大学，2013.

下游企业的生产和销售受到不利影响。

（4）企业文化差异的冲突也会制约物流服务业供应链的发展。

物流服务业供应链一般由多家成员企业构成，这些不同的企业在经营理念、文化制度、员工职业素养和核心价值观等方面必然会存在一定的差异。受此影响，对相同问题会有不同的看法，进而采取不一致的工作方法，以致最后输出不同的结果，造成物流服务业供应链的混乱。例如，2016 年 6 月发生的菜鸟网络与顺丰快递关闭数据接口的冲突事件，在一定程度上是双方出于对数据资源的争夺，同时也反映了两家公司由于企业文化理念的差异而存在分歧，使得当时相关包裹的物流详情无法正常回传，商家无法确定买家是否已经收货，买家也无法跟踪商品的实时信息，从而给双方的物流服务带来了恶劣的影响。

（三）旅游服务业供应链

随着经济的不断发展以及人们生活水平的日益提高，旅游业作为我国服务业中重要的战略性支柱产业之一，成为人们生活中必不可少的组成部分。旅游服务业供应链的研究成为服务业供应链研究中的一个重要分支。旅游服务业供应链以其独特的规模经济效应和集成化思想成为了获取旅游业竞争优势的一个重要方式。[①]

1. 旅游服务业供应链定义及结构

国内外关于旅游服务业供应链的定义和结构等方面的研究很多，以下定义和结构得到了广泛认可。

（1）旅游服务业供应链定义。

旅游服务业供应链是"由向旅游者提供旅游产品和服务的所有供应商所组成"[②]，包括旅游产品供应体系中所有用来满足旅游者需求的商品和服务的供应商以及旅游者在旅游过程中直接向其购买商品或服务的目的地其他供应商；这些供应商所提供的商品或服务包括住宿、交通、酒吧、餐馆、纪念品和手工艺品、食品生产、垃圾处理系统以及对旅游业的发展起支持作用的目的地基础设施等。

（2）旅游服务业供应链结构。

旅游服务业供应链网络结构是指，由供应链成员按照旅游产品和服务的供应方向排列起来并表明各级供应商和旅游者之间关系的网络构成。在旅游服务业供应链网络

---

① 郭海玲，严建援，张丽，等. 旅游服务业供应链形成动因及其模式演进［J］. 物流技术，2011（23）：169 – 173.

② TAPPER R，Font X. Tourism supply chains：Report of a desk research project for the travel foundation［EB/OL］. http：//www. lmu. ac. uk/lsif/the/Tourism – Supply – Chains，2004.

结构中，不同级别的供应商重要程度不同，同样级别的供应商地位也不同，分为核心企业和一般企业。[①]

图11显示的是包括旅游产品与服务的直接供应商和间接供应商的完整的旅游服务业供应链网络结构[②]，虚框内的企业是间接提供旅游产品与服务的供应商，如果考虑虚框内的内容即为广义概念框架下的旅游服务业供应链网络结构，否则是狭义概念框架下的旅游服务业供应链网络结构。在旅游服务业供应链中，服务流由供应商流向旅游者，信息流由目标市场流向上游供应商。

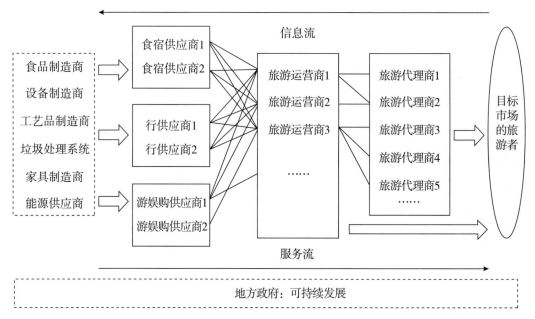

图11　旅游服务业供应链结构模型

按照现代供应链理论，核心企业在供应链的运作和管理中具有信息的交换中心、物流集散的调度中心、资金的结算中心和统筹规划的协调中心的地位，具有一定程度的影响力、吸引力和融合力。

2. 旅游服务业供应链的运作模式及典型案例

目前，尚没有权威文献对旅游服务业供应链的结构和模型进行总结和构建，但学术界普遍认为我国的旅游服务业供应链结构有三种：一是以旅行社为核心的传统旅游服务业供应链运作模式；二是以景区为核心的旅游服务业供应链模式；三是基于B2C

① 舒波. 国内外旅游服务业供应链及复杂网络相关研究综述与启示［J］. 旅游科学，2010（6）：72－83.

② ZHANG XIN YAN, SONG HAI YAN, HUANG GQ. Tourism supply chain management：a new research agenda［J］. Tourism Mangement，2009，30（3）：345－358.

电子商务的旅游服务业供应链运作模式。

（1）以旅行社为核心的旅游服务业供应链模式及典型案例。

①以旅行社为核心的旅游服务业供应链运作模式。

传统的旅游服务业供应链模式是以旅行社为核心，构建的一个包括食、宿、行、游、购、娱等旅游要素服务供应商及供应商的供应商、旅游代理商和最终客户的链条，如图 12 所示。①

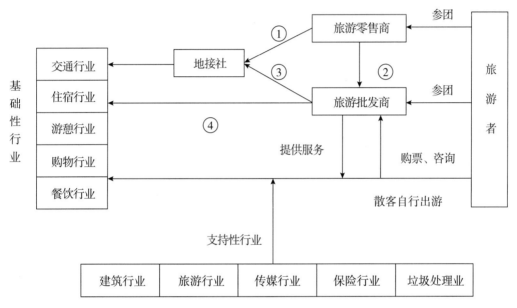

图 12　旅行社服务业供应链模式

旅行社服务业供应链模式大体上可分为旅游者、旅行社、旅游供应商。在旅行社服务业供应链中，只考虑直接或间接接受旅行社服务的那部分旅游者。

②以旅行社为核心的旅游服务业供应链运作的典型案例——康辉旅行社。

以康辉旅行社为例，中国康辉旅行社集团有限责任公司（以下简称中国康辉）创建于 1984 年，是北京"首旅集团"旗下专业化旅行社集团公司，总部设在北京。

在供应链管理方面，中国康辉一方面打造以"省级为基础，三级架构"康辉模式，将原有的扁平式管理模式改为垂直式管理模式，为旅游者提供更便捷有效的服务；另一方面加强旅游产品及交易方式的创新，对旅游供应商进行管理与控制，通过兼并、联盟、战略伙伴、合资等方式与供应链其他节点企业建立合作关系，实现供应链协调运作。中国康辉旅游服务业供应链模式如图 13 所示。

---

① 王迪阳．旅行社服务业供应链模型构建研究［D］．鞍山：辽宁科技大学，2013.

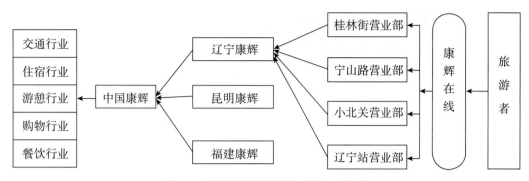

图 13　中国康辉旅游服务业供应链模式

（2）以景区为核心的旅游服务业供应链模式及典型案例。

①以景区为核心的旅游服务业供应链运作模式。

随着旅游市场的逐渐成熟，旅游者越来越倾向于更具灵活性的散客旅游方式，在日益繁荣的散客旅游市场上，旅游景区常处于核心地位。以景区为核心的旅游服务业供应链模式如图 14 所示。①

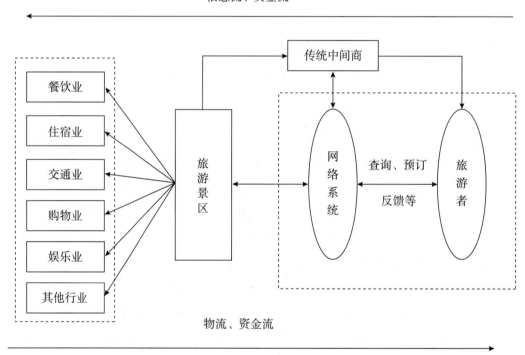

图 14　以景区为核心的旅游服务业供应链模式

---

①　齐齐．网络环境下以景区为核心的旅游供应链构建及景区营销策略研究［D］．青岛：青岛大学，2013.

②以景区为核心的旅游服务业供应链运作的典型案例——青岛崂山景区。

以青岛崂山景区为例，崂山位于青岛市崂山区，西与市区比邻，东南濒临黄海，北与即墨相连。近年来，鉴于原有的旅游服务业供应链未能充分挖掘崂山景区独特的自然和人文旅游资源，青岛崂山景区提出以自然风光旅游为先导，以道教文化旅游为主打，以近郊休闲度假旅游为重要支撑的旅游定位体系，实现景区旅游产业的转型和升级，具体如图15所示。

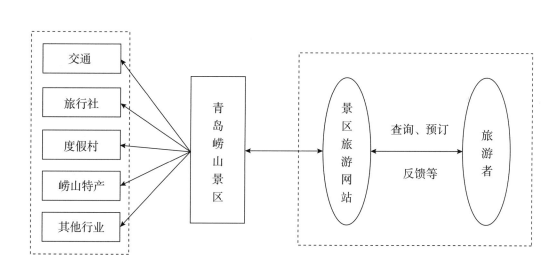

图15　青岛崂山景区新旅游服务业供应链模式

为此，青岛崂山景区改变原有旅游供应链，构建以景区网站为平台的旅游服务业供应链模式。为配合新旅游服务业供应链模式，景区主要采取三方面的举措：其一，在旅游产品方面，以传统观光游览产品为基础，以深度休憩产品为发展重点，以亲海旅游产品为发展方向，以文化旅游和乡村休闲度假产品为重要支撑；其二，在旅游供应商的选择上，以青岛崂山景区周边的度假村、酒店等相关旅游供应商为主，降低景区与旅游供应商之间的利益冲突；其三，在旅游网站建设上，青岛崂山景区建立景区旅游网站，并以此为平台，整合旅游产业要素，实现行、住、食、购等完整的旅游服务业供应链，满足旅游者多方位的旅游需求。

（3）基于 B2C 电子商务的旅游服务业供应链模式及典型案例。

①基于 B2C 电子商务的旅游服务业供应链运作模式。

随着电子商务技术的不断成熟，越来越多的旅游服务企业开始重视现代信息技术在旅游服务上的应用，国内的春秋国旅自行研制开发了一个电脑系统，用以销售春秋国旅的旅游产品。

国内除了大型旅游服务集团开设的电子商务平台，还出现了以"携程网""去哪儿旅行""e 龙""驴妈妈旅游网"等以旅游信息平台为主体的旅游服务企业，发展势头迅猛，并且广受消费者的好评。纵观这些旅游电子商务网站，可将它们的旅游服务业供应链模型归纳起来。基于 B2C 电子商务的旅游服务业供应链模式，如图 16 所示。

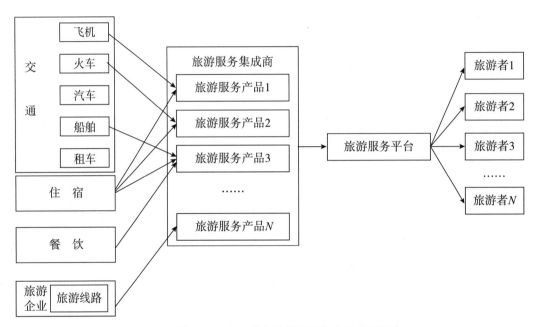

图 16　基于 B2C 电子商务的旅游服务业供应链模式

②基于 B2C 电子商务的旅游服务业供应链运作的典型案例——携程网。

以携程网为例，携程网建立于 1999 年，总部位于上海。从最开始的票务和酒店服务中心，到整合高科技产业与传统旅行业，现已发展成为全国领先的具有广度和深度的综合旅游网站。[①] 携程网业务涉及旅游行业的吃、住、行、游、购五大要素，其中旅游景点包含了景区景点门票；餐饮主要有团购美食和酒店提供的饮食；住宿从星级酒店到主题酒店再到特色民宿青年旅舍等，能满足旅游者多元化的需求；交通方面已经涵盖机票、火车票、汽车票、国内国际租车等业务，提供了全方位的服务；同时还为客户提供全球购、金融等超越吃、住、行、游、购活动的增值服务，其供应链模式如图 17 所示。

---

① 杨海霞．旅游 O2O 商业模式研究［D］．昆明：云南大学，2016.

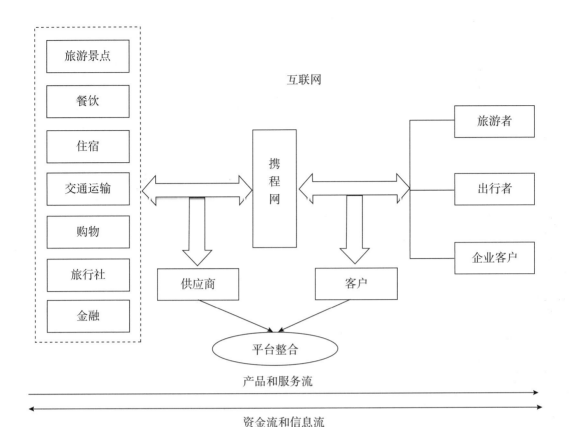

图 17　携程网的旅游服务业供应链模式

3. 新形势下旅游服务业供应链发展变革

随着社会经济与科学技术的发展，旅游服务业供应链也发生了一些变化，服务供应商与服务集成商之间的身份关系有了转变。通过对旅游服务业供应链的分析，结合所查找的文献，本文总结了旅游服务业供应链的发展趋势，具体有以下四个方面。

（1）旅游服务业供应链的核心企业从旅行社向旅游电子商务网站演变。[①]

在供应链概念模型中，供应链中的核心企业是整条供应链获得竞争优势和获取最大利润的核心。传统旅游服务业供应链的核心企业一般是旅行社，因为它既可以直接与消费者接触，又可以充当旅游服务集成商，是整合旅游当中的食、宿、行、购、娱方面的旅游服务供应商。随着世界经济的发展和信息化技术的普及，旅游服务业供应链也发生了改变：一方面，网上旅游预订客户逐年攀升；另一方面，自助游发展成为主流的旅行方式，消费者需求日益个性化。传统的以旅行社为核心的旅游服务业供应

---

① 　张晓明，张辉，毛接炳. 旅游服务业供应链中核心企业演变趋势的探讨［J］. 中国商贸，2010（8）：165－166.

链已经难以适应旅游业的发展，旅游服务业供应链的核心企业从旅行社向旅游电子商务网站演变。《中国旅游发展报告（2016）》显示在"互联网＋"等创新发展中，涌现出一批有竞争潜力的大型旅游企业，以携程网、去哪儿网等为代表的线上旅游服务运营商，它们业绩增长迅速，已成为我国旅游企业的领跑者。携程网更是已经不声不响地夺得了"中国第一大旅行社"的桂冠。在旅行社业务上，携程网这个在线旅游公司已经超过大型传统旅行社。①

（2）旅游业应更加注重产业融合发展。

目前旅游业更加重视产业融合发展。2015年8月，国家旅游局研究部署实施"旅游＋"战略，受到了中国各地和社会各界的积极影响和全力推动。通过智慧旅游、乡村旅游、工业旅游、商务旅游、研学旅游、医疗旅游、养老旅游、健康旅游等领域，重点推进"旅游＋"融合发展。"旅游＋"是指充分发挥旅游业的拉动力、融合能力以及催化、集成作用，为相关产业和领域发展提供旅游平台，通过插上"旅游"翅膀，形成新业态，提升其发展水平和综合价值。例如，携程网为客户提供了很多超越吃住行等传统业务范围的增值服务，包括构建了自己的金融体系，发行了任我行和任我游的礼品卡，方便客户购物和消费等。"旅游＋"具有天然的开放性和动态性，成为了我国旅游业发展的重要战略，也是我国社会全面发展的重要成果和标志。

（3）旅游服务应更加注重深层次的旅游体验。

在散客时代，基于旅游服务业供应链视角的旅游服务不能再局限于过去传统的旅游观光模式，未来散客所追求的旅游服务的体验和购买将更具灵活性、个性化，旅游者可收获自由自在的出游体验，他们不再选择价格最低的服务，而是愿意选择满足自身个性化需求的、能够实现旅游者最大让渡价值的服务。旅游企业要想办法营造更新颖的客户体验，主动为旅游者提供超出预期的服务，"体验为王"是未来旅游服务创新的趋势。找到旅游者的体验需求点，坚持为旅游者提供带来良好的旅游体验的服务，是未来旅游服务企业努力的方向。2016年无论是旅行社还是国内外旅游局都纷纷推出个性化路线与主题化产品，为消费者提供的服务也更加细分，包括家庭游、体育游、科考游等。例如中旅总社在北京市场推出"2017年夏季哈萨克斯坦阿斯塔纳世界博览会官方伙伴中亚丝路5日巡礼"产品，从阿斯塔纳进、阿拉木图出，旅游者将有充足的时间畅游世博会，行程安排不走回头路。旅游者不仅能够体验独特的"丝路"味道，

---

① 佚名．携程夺得"中国第一大旅行社"去年规模达200亿［EB/OL］．［2016－05－26］．ht-tp：//www.sohu.com/a/77325903_405868.

还可品尝当地美食，感受舌尖上的哈萨克斯坦。

（4）旅游服务业供应链向扁平化方向发展。

目前，旅游服务供应商有向旅游服务集成商不断发展演化的趋势，旅游服务业供应链的信息传递路径及旅游服务的沟通渠道越来越便捷，很多时候不需要经过旅游服务中间商或集成商，旅游服务供应商可直接面对旅游者提供服务，旅游服务业供应链的链条日益缩短。例如，2015年9月7日，我国领先的在线旅游平台去哪儿网宣布，再次加速组织架构改组，全面推进扁平化。此次去哪儿网的改组涉及全公司，目标是把公司各个团队都尽可能推到业务一线，面对市场、参与竞争。2017年6月15日，阿里巴巴旗下旅游平台阿里旅行在杭州宣布与总部位于迪拜的阿联酋航空公司达成合作，后者在阿里旅行平台开设的官方旗舰店正式上线，航空公司通过直接在相关平台开设旗舰店的方式，能够最大程度上与自己的直接客户群接触，同时提供更加标准化的服务。

4. 制约旅游服务业供应链发展的主要问题

旅游业已经越来越成为很多地方政府的支柱产业，对经济发展的贡献也越来越大。分析制约旅游业发展的主要问题，便可以对症下药，使得旅游服务业供应链的整体绩效上升，推动经济增长。制约其发展的主要问题有以下几个方面。

（1）旅游服务供给较为乏力。

当前，我国旅游服务资源非常丰富，但供给能力却较为缺乏，难以满足旅游群体尤其是广大散客不断变化和增长的需求。一方面，旅游服务业供应链上各企业间合作的不协调使旅游服务供应商或集成商对旅游者的响应性不高，难以及时满足旅游者的需求。尤其是一些旅游服务集成商提供的旅游服务与游客预期差很多，严重影响了旅游服务行业的形象，导致投诉比较多。在线旅游服务平台2016年全年共收到有效投诉1477条，较2015年增长了0.68%，其中针对在线旅游企业的投诉量达46%，携程网、去哪儿网、途牛旅游网投诉数量居在线旅游企业前三甲。

另一方面，个性化定制旅游服务的供给非常乏力，目前大多数旅游服务集成商虽然开展了一些定制服务但并没有实现真正的定制。比如很多旅行社开展了定制服务，但大多数是换汤不换药。例如超级俱乐部创始人焦一在采访中表示："现在整个旅游市场存在很大的问题，首先是同质化产品严重，比如去泰国玩，在网上一查基本每家旅行社都一样，因为大家的产品都一样，都是去那些景点。"

（2）未重视旅游服务各环节的衔接与协同运作。

旅游业目前普遍存在的问题是缺乏完善的分工合作体系，旅游服务业供应链核心企业尤其是旅行社单体规模小、实力弱，核心作用不明显，不能高效地协调上下游企业，各旅游企业在合作上缺乏协同性及战略合作性，竞争大于合作，整个旅游供应体系缺乏集成性、系统性。例如酒店业对在线旅行社（Online Travel Agent，OTA）的依赖度越来越高，2016年中国酒店市场客房订单量来自OTA的比例已经达到70%。但是高额的OTA佣金让中国酒店业从整体看是亏损的。因为，在过去的发展中过分强调单体旅游要素供给能力的增长，却没有注意各个旅游要素环节之间的衔接和合作，没有重视旅游业整体供给能力的优化组合，所以要解决这些问题必须从旅游服务业供应链视角进行旅游服务的创新，才能不断提高旅游业整体竞争力。

（3）旅游服务的整合服务水平较低。

旅游服务的整合服务水平较低主要体现在两个方面。一是提供"一站式"完整旅游服务的供应商较少。目前，众多旅游服务企业所提供的"机+酒"产品只是满足了消费者在住宿和出行要素上的旅游需求，而这仅是旅游者一次完整旅游需求的一小部分，并不能满足旅游者全方位的旅游需求。二是不重视旅游"全过程"的服务。目前，多数旅游企业关注的仅仅是旅游者购买中的服务，忽视购买前和购买后的服务，而完整的旅游服务是贯穿出游前、出游中、出游后的全过程。例如，2015年全年在线旅游投诉处理机制被架空已成常态，面对投诉回应含糊成为在线旅游平台的通病，携程网、去哪儿网、阿里旅行、同程旅游等平台人士对于投诉案例的追问，皆以特殊情况回应。

（4）旅游服务企业缺少供应链层次的合作。

一方面，由于旅游服务各节点企业同质性发展、行业发展参差不齐，造成了旅游服务业供应链中企业之间的合作不稳定；另一方面，由于信息沟通不畅，各个旅游服务企业各自为政，再加上旅游服务业的淡旺季特点，国内的旅游服务企业如旅行社等在与其旅游服务供应商的合作中，仍然局限在以降低采购交易成本为目的的普通关系或有限关系而已。关系比较好的也一般维持在较低的合作水平，远没有达到从整体供应链管理的视角来提高系统效率的水平。2017年5月9日，携程网关闭了6人游在内的部分定制旅游供应商的后台账号，草率终止合作。6人游旅游供应商认为携程网提高入驻佣金将使得供应商无法保证服务，定制交易平台与品质服务的天然矛盾没有平衡点。

（四）金融服务业供应链

本部分从金融服务业供应链的定义及结构出发，针对新环境背景下金融服务业供应链分析其典型案例，并对目前存在的问题进行阐述。作为服务业供应链中具有代表性的组成部分，金融服务业供应链有很大的发展空间与研究价值。

1. 金融服务业供应链定义及结构

为了能够将有限的资源更好地集中在自身核心业务领域，并且随着客户需求多样性以及个性化需求越来越明显，为了能够更好地获取客户资源，获得较高的市场份额，金融机构不得不将部分业务外包给其他一些专业机构或者与一些有资源优势的企业结成战略伙伴关系。金融机构不再是独立的向客户提供服务，而是将服务流程先进行分解，并将部分外包给服务供应商，其本身起着一定的集成作用并将最终的服务输送给客户，这样就形成了金融服务业供应链。

（1）金融服务业供应链定义。

金融服务业供应链就是通过整合金融服务资源优势以及核心竞争力，形成以金融服务集成商为核心企业，将金融服务供应商以及客户连接，并对链上的信息流、资金流、服务流等进行集成化管理从而实现客户价值增值和服务增值的一条服务业供应链。

具体来说，金融服务业供应链就是以提供金融性服务为主导的集成供应链，在客户向金融服务集成商提出个性化的服务申请后，集成商立即响应客户需求，向客户提供比如融资投资、储蓄、结算、信贷、咨询等相关集成化的金融服务，并且在必要的时候，将服务进行分解，向其他一些服务提供者外包一些服务活动，并最终将满足客户需求的服务提供出来。这样，金融服务集成商通过接收客户的请求，将服务逐级分解，成为众多服务供应商与客户之间联系的纽带，进行相应服务要素以及环节的集成，构成特定的供应链关系。服务业供应链特征比较如表 3 所示。

表3　　　　　　　　　　　　　服务业供应链特征比较

类别	金融服务业供应链	物流服务业供应链	旅游服务业供应链
组织架构	服务供应商—金融机构—客户	集成物流服务供应商的供应商—集成物流服务供应商—制造、零售企业	旅游服务功能提供商—旅行社—旅游者
产品类型	金融服务	物流服务	旅游服务
运作模式	客户需求拉动	制造商需求拉动	旅游者需求拉动
需求方性质	消费者	消费者	中间企业
管理目标	客户金融服务需求	满足客户物流需求	满足精神需求
稳定性	根据客户需求变动供应商	根据制造、零售企业变动供应商	根据旅游者需求变动

（2）金融服务业供应链结构。

金融服务业供应链是通过金融服务集成商将客户以及供应商进行有效结合的服务模式。

金融服务集成商、客户、供应商构成金融服务业供应链的主要组成部分，其中金融服务集成商处于核心地位，是金融服务业供应链的核心枢纽，连接客户与供应商，如图 18 所示。

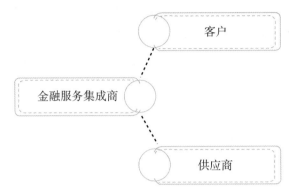

图 18　金融服务业供应链结构

金融服务集成商作为金融服务业供应链的核心，分为前台服务以及后台支持两个部分，主要负责接待客户，接收信息以及服务需求，进行服务能力分析，联系供应商，最终将服务反馈给客户。

在金融服务业供应链中，客户属于链条的最前端，也是服务的发起者，不再像产品供应链中只是被动的接受者。在金融服务中，客户作为发起人，首先向服务集成商的服务前台发送服务需求，并提供相应的资金，也可以说客户也是供应商。

在金融服务业供应链中供应商是指为金融服务集成商提供核心服务支持以及相关必要资源的供应商。任何一个服务集成商不可能拥有服务所需的所有资源，更不可能独自完成所有客户的个性化、多样化的金融服务需求，这就需要借助外部服务供应商的优势及资源，通过供应链的模式为客户提供更全面的服务，如图 19 所示。

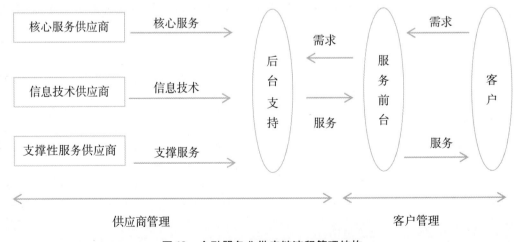

图 19　金融服务业供应链流程管理结构

2. 金融服务业供应链的运作模式及典型案例

金融服务业供应链以合作模式划分可以分为三类，分别是商业银行服务模式、物流企业主导模式、企业集团合作模式。

（1）商业银行服务模式（传统模式）——中国银行供应链金融业务的案例分析（以中国银行"融易达"业务为例）。[①]

针对大型企业上游供应商赊销方式下的资金缺口问题，中国银行推出"融易达"业务，帮助企业解决资金周转难题。融易达是指在以赊销为付款方式的交易中，在买方签署书面文件确认基础交易及应付账款无争议、保证到期履行付款义务的情况下，中国银行伦敦分行在全额占用买方授信额度的前提下，不占用卖方授信额度为卖方提供融资。融易达业务适用于两类客户，第一类是以赊销为付款方式的货物、服务贸易及其他产生应收账款的交易；第二类是买方面临上游客户迫切的融资需求，为降低其内部财务成本，拓展业务，同意占用自身额度由中国银行伦敦分行为其供应商提供融资支持。

融易达办理流程包括八个步骤。第一，卖方向中国银行伦敦分行提交"融易达业务申请书"、贸易合同及其他必要文件，中国银行伦敦分行审核贸易真实性和业务文本。第二，中国银行伦敦分行全额占用买方额度，出具"融易达业务额度核准通知书"，将有关核准结果通知卖方。第三，中国银行伦敦分行与买方签订"融易达业务风险承担协议书"。第四，卖方履行相关贸易合同项下的约定后，将相关应收账款转让给中国银行伦敦分行。第五，在卖方提交单据后，中国银行伦敦分行立即要求买方在贸易合同规定的时间内对发票项下的基础交易内容予以认可，并要求买方签署"应收账款债权转让通知/确认书"。第六，中国银行伦敦分行可以卖方受核准的发票金额为上限，为卖方办理融资；中国银行伦敦分行为卖方办理融资，无须占用卖方授信额度。第七，中国银行伦敦分行定期对已到期的应收账款向买方进行催收。第八，在收到买方付款后，中国银行伦敦分行扣除自身费用、融资本息后，将余额（如有）付卖方。

（2）物流企业主导模式（电商平台）——京东金融的创新实践。[②]

京东金融产品将随着其商业模式的成长而成为完善电商生态链的重要环节，目前主要包括京保贝、京小贷以及动产融资。其中 2013 年年底上线的京保贝主要包括应收账款池融资、订单池融资、单笔融资、销售融资等多种产品；2014 年上线的京小贷系为电商平台卖家提供小额信贷；2015 年 9 月，京东金融联手中国邮政速递物流，首创

---

① 姜超. 商业银行供应链金融业务研究——基于中国银行的案例分析 [D]. 济南：山东大学，2014.

② 佚名. 《2016 中国供应链金融白皮书》案例分享之七：京东金融的创新实践 [EB/OL]. 万联网，2016.

基于大数据的电商企业动产融资模式。2016 年 1 月，京东动产融资单月放贷实现破亿。2015 年 9 月，京东金融联合中国邮政速递物流推出互联网金融领域首个针对 B2C 电商企业的动产融资创新型产品"云仓京融"。

随后短短 5 个月时间，京东动产融资的融资类型、合作伙伴、放贷规模迅速发展，既帮助大量电商企业获得动产质押贷款，还逐步通过 B2B 平台向线下经销商覆盖。

京东动产融资能通过数据和模型化的方式自动评估商品价值。其次，在风险管理方面，京东动产融资与有"互联网＋"特点的仓配企业结合，采用"全程可追溯"的思路。面对业内常见的"电商刷单"问题，京东动产融资将自动配对检验销售数据和仓库数据，只有当两者数据统一，才被视为真实销售，从而有效规避信用风险和诈骗风险。最后，京东动产融资的突出特点在于"不把货压死"。其系统可以智能调整被质押的 SKU，"卖得快的货就少质押点，卖得少的货就多质押点"，一旦质押品即将卖完，系统可以随时提示客户补货。质押商品的动态替换，可以释放高速流转的货物，满足企业正常经营需求。

京东金融服务平台结构，如图 20 所示。

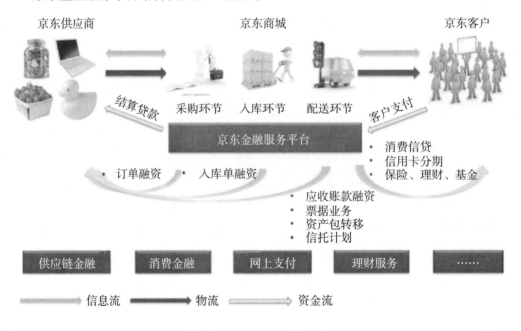

图 20　京东金融服务平台结构

（3）企业集团合作模式——金发科技参与发起信用保险公司，打造供应链金融产业平台。①

金发科技全资子公司广州金发科技创业投资有限公司拟与数名公司共同投资设立

---

① 　兴业证券．金发科技：参与发起信用保险公司，打造供应链金融产业平台［J］．研报，2015.

中合信用保险股份有限公司（以下简称中合信保），注册资本10亿元人民币，其中广州金发科技创业投资有限公司拟出资1亿元，占中合信保股份的10%。中合信保的经营范围包括信用保险、保证保险、责任保险以及上述业务的再保险。

我国信用保险发展市场空间广阔，国内社会信用体系的建立为信用保险的发展创造了良好的发展条件，而政府支持为专业信用保险公司的发展提供了充分的政策保障。金发科技联手专业保险机构发起中合信保，进一步布局金融产业，打造完善的金融产业平台，有望助力金发科技供应链金融服务的发展，提升公司综合竞争力。

3. 新形势下金融服务业供应链变革

（1）互联网金融高速增长成新常态。

互联网金融是传统金融机构与互联网企业利用互联网技术和信息通信技术实现资金融通、支付、投资和信息中介服务的新型金融业务模式。2015年互联网金融高速增长成新常态。2015年11月P2P网贷行业整体成交量达到了1331.24亿元，历史累计成交量已达到12314.73亿元，预计到2020年P2P行业累计规模将在9万亿~10万亿元，成为小微企业资金重要供应商。① 过去信息传递的及时性难以实现，现在进入移动互联网时代，应用理财App等软件可以随时查看资金使用情况和各类投资的风险收益，并且能够进行投资核验以及根据权威测评预知风险等。2016年互联网金融进入沉淀期，对互联网金融企业的要求转变为"修炼好内功"，包括金融资产端严谨化风控、平台规范化运营、客户规范化关怀、平台规范化宣传推广等方面。互联网金融平台更需要注重诚信和品牌体系的建立和维护，诚信和品牌对互联网金融企业的发展来说至关重要。

（2）共享经济的发展引领普惠金融进程。

"十三五"期间，共享经济的发展蕴含着经济社会发展的可持续与收入分配公平问题解决的思路。与此相对应的共享金融与普惠金融理念也更加重要。一方面，新时期金融改革的着力点在有效地支持共享经济的发展。金融与非金融部门在本质上是相互依存的，金融部门的利润来源于实体经济的交易，实体部门的发展依靠金融资源的支持。因此，在共享经济理念的驱动下，金融发展也将"脱虚向实"，逐步回归于实体经济共赢发展的道路，使更多的微观主体与经济主体充分享受金融发展的成果，促进实体部门发展。

另一方面，普惠金融的发展还在于金融体系与金融机构自身发展的均衡与多方共享。新时期普惠金融发展的一个重点内容是通过大数据、互联网支持的技术手段弥补

---

① 佚名. 2016供应链金融走势［EB/OL］.［2015－12－14］. http://www.southmoney.com/P2P/201512/466704.html.

金融服务与金融功能的短板，构建以资源共享、利益共享为核心的新金融，创新更偏向于小微客户的金融产品，实现金融市场效率与公平的统一。截至 2016 年 3 月末，小微企业贷款余额为 24.30 万亿元，占各项贷款余额的 23.69%；小微企业贷款较年初增加 8364 亿元，较 2015 年同期增速 13.46%，比各项贷款平均增速高 0.15 个百分点；小微企业贷款余额户数为 1246.22 万户，较 2015 年同期多 117.14 万户；小微企业申贷获得率为 92.47%，较 2015 年同期高 2.29 个百分点，实现了"三个不低于"目标。

4. 制约金融服务业供应链发展的主要问题

（1）互联网金融发展面临诸多突出风险和挑战。

当前经济金融环境复杂多变，风险专项整治也进入了清理整顿阶段，互联网金融的发展仍面临着诸多突出风险和挑战。据网贷天眼数据显示，截至 2017 年 4 月末，我国累计网贷平台数量达 4863 家。从 2014 年到 2016 年这 3 年间，每年停业及问题平台数量分别为 277 家、1206 家、1850 家，出现的问题包括提现困难、停业、跑路等。在经济压力较大时期，投资者情绪和市场预期波动增大，资金流的不稳定性提高，使得平台的经营压力持续增加，很多平台可能会采用项目拆分等方式完成融资需求，这就面临着投资方向和期限错配的风险。同时，受高回报率的影响，互联网金融平台一旦经营不善或遇到其他突发状况，一定程度上会造成资金链断裂，产生连锁反应，进而引发资金风险。此外，就第三方支付机构的发展而言，互联网金融实名认证环节相对薄弱，大多采用"非面对面"的方式，其支付账户体系的安全性和风险防控能力与传统银行相比还有待加强，在开展跨境支付业务时，也可能为资金安全埋下隐患。①

（2）金融服务业供应链审批环节多、链条长、效率低。

金融服务审批环节多、链条长、效率低。首先是贷款审批的环节多、链条长，支行一级贷款审批权限过窄，多数贷款需要逐级上报、层层审批，手续复杂，不能够及时满足企业的资金需求。其次是信贷服务和产品创新跟不上市场需求。部分银行信贷政策僵硬，产品单一，认可的抵押物偏少，比如对加工制造类企业的机械设备抵押认可度不高。最后是信贷综合成本偏高。据走访了解，部分企业反映银行收取的保证金比例偏高，"抽贷"现象较为普遍，贷款审查及评估环节中介机构收取的相关费用过高，加重了企业的贷款成本。2015 年广发银行发布的《中国小微企业白皮书》显示 55% 的小微企业希望能够在一周内完成放贷，然而银行正常的企业贷款从审核、抵押

---

① 于萍，王华章. 防风险 促发展 构筑互联网金融新常态 ［EB/OL］. ［2017-06-19］. http: //bank. hexun. com/2017-06-19/189695996. html.

到放贷所需时间至少为一个月,遇到额度紧张时可达两三个月,小微企业只能承受民间借贷的高额利息。①

(3)供应链核心企业的缺乏。

中央三令五申推动解决"融资难、融资贵"问题,多个部门也频频出台文件推动降低企业融资成本,但这仍是目前中小企业所面临的难题。金融服务业供应链在一定程度上拓宽了中小微企业金融服务新渠道,例如,道口贷宣布其供应链金融服务企业超过1000家,其中包含31家核心企业及其分公司、子公司242家,以及核心企业供应链上下游的735家中小微合作企业。但是中小企业"融资难、融资贵"的问题并未得到普遍解决。《2017中小企业融资发展白皮书》表明2016年中小企业利税贡献稳步提高,并成为就业的主渠道,但是98%的中小企业所面临的主要问题仍然是"融资难、融资贵"。大型核心企业凭借独有的资金优势,在使用供应链金融工具时往往会产生抵触心理。此外,大型核心企业不愿意为产业链上的中小企业背书,导致了商业银行、保理公司等金融机构无法用合理的成本获得评估风险所需要的数据。同时,传统供应链金融产品的设计忽视了信用价值链的构建,造成了供应链金融产品的创新不足。②

(五)外贸服务业供应链

1. 外贸服务业供应链定义及结构

(1)定义。

外贸服务业供应链是外贸服务集成商利用其信息技术及资源整合的优势,发挥服务业供应链集成商的功能,与功能型外贸服务供应商结合成合作伙伴关系,以满足客户的需求为导向,通过对供应链的物流、信息、资金、服务等的控制来实现服务的传递。③

(2)结构。

在整个外贸服务过程中,服务供应商和外贸服务集成商之间有信息交流和技术管理公司运营。外贸服务集成商作为中间的连接服务供应商和客户之间的环节,主要负责服务设计管理、服务需求管理、服务能力管理和服务采购与交付管理等,从而实现资金在三方之间的流动。外贸服务业供应链结构如图21所示。

---

① 澎湃新闻.人民日报调查双降:银行只顾风险致企业仍难贷款[EB/OL].[2015 – 07 – 13]. http://news.sohu.com/20150713/n416649653.shtml.

② 李诗诗.2017中小企业融资发展白皮书:融资难融资贵问题仍是"老大难"[EB/OL]. [2017 – 04 – 26]. http://www.chinaesm.com/jinrong/2017/0426/20845.html.

③ 张宇.浙江A集团外贸供应链服务平台项目可行性研究[D].杭州:浙江工业大学,2014.

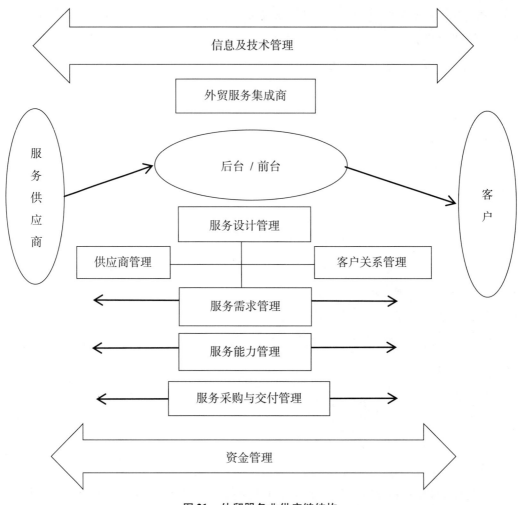

图 21　外贸服务业供应链结构

2. 外贸服务业供应链的运作模式及典型案例

（1）国内建厂运营，国外进货。

以九立公司的商业模式为例，其经营模式主要分为以下三个方面。

物流：九立公司安排国际运输（海运/空运），根据客户需求将货物从海外工厂运至香港、北京、上海机场，在完成海关入境或入区申报后，持相关海关放行单据，接收货物进入公司仓库，进行清点、核对、签收。

资金流：商务部将所需支付的款项信息以核对确认书方式发给客户，客户收货确认无误后返回确认书并先行支付税款或由公司垫付税款，九立公司向海关缴纳进口增值税、关税，并按实际销售价格向客户开具增值税发票。客户收到发票后根据约定账期向九立公司支付货款，九立公司收到货款后支付给八达集团，由八达集团向海外供应商支付，完成资金流环节。

信息流：九立公司通过 EDI（电子数据交换）系统，将海外供应商、客户、海关、物流承运商的信息整合在一起，供应商与客户均可通过电脑和手机端口实时查询货物位置、所处进程。从供应商货物出库直至最终送达客户指定地点，完成信息流环节。

（2）"供应链＋"创新模式。

以朗华公司的供应链系统为例，该公司创新点中的一条是供应链＋外贸：为 B2B、B2C 等电商平台提供线下支持。

朗华外贸综合服务平台通过整合资源渠道，搭建中小企业外贸服务平台。主要为中小企业提供物流、通关、退税、金融等外贸交易所需的一站式基础服务，同时致力于为全球各大电商平台提供专业的线下支持与服务；为工厂、医院、学校等目标客户人群提供跨境进口设备、IC 半成品以及高端消费品等进口资源；为国内生产型企业生产侧所需要的供应链和生产型服务以及下游衍生产品提供国内展示、交易、推广与对接等综合服务。朗华供应链模式如图 22 所示。

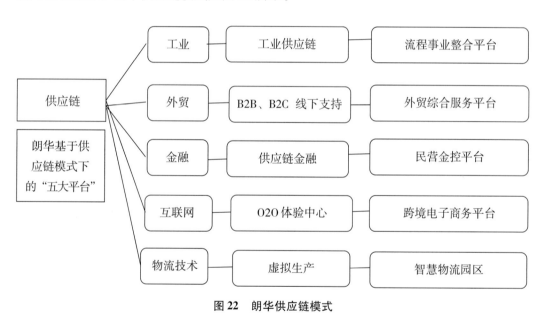

图 22　朗华供应链模式

（3）智慧供应链生态圈创新商业模式。

以信利康公司"平台＋基地"模式为例，该公司建立了以互联网技术平台为服务核心，以供应链基地管理为服务基础，以供应链金融为盈利点，在行业内率先打造了"平台＋基地"的智慧供应链综合服务生态圈服务模式。

（4）原发性商业创新模式。

一达通公司借助互联网/IT 技术，使商品贸易与流通服务分离，让买卖商家专注于贸易本身，而把交付服务外包给外贸综合服务平台完成。外贸综合服务平台对所承载的服务负责，类似一个外贸企业的在线服务"超市"。

3. 制约外贸服务业供应链发展的主要问题

（1）外贸综合服务行业相关的配套扶持政策有所欠缺。

2016 年政府出台的外贸政策收到积极成效，但有些政策在落实的过程中还存在配套不够完善、落实不够协同、执行效果不够明显等情况。首先，不合理收费现象仍然存在。部分港口、航运等公司收费仍居高不下，有些商业性服务企业甚至增加收费项目、提高收费标准。① 2015 年 8 月 26 日，国务院常务会议首次将清理规范进出口环节收费作为单独议题，专家认为虽然屡次提及降费，但进出口环节收费高的问题仍未得到解决，进出口减费改革已步入深水区。其次，企业"融资难、融资贵"没有得到根本缓解，企业综合融资成本较高。2015 年年末，批发零售行业的不良资产率为 4.96%，远高于商业银行的平均不良资产率，使得外贸行业在银行难以获得融资。② 最后，新业态政策创新力度有待加强，亟须出台国家单一窗口总体规划，高标准、全面地推进单一窗口建设。

（2）外贸综合服务平台管理政策不完善。

随着 2016 年外贸行业的持续低迷，外贸综合服务平台受到越来越多的关注。一达通公司作为全球最大的外贸综合服务平台，在 2016 年全年出口额突破 150 亿美元，预计 2017 年将达到 500 亿美元，但是仍然面临发展困境。监管部门缺乏专门针对平台的管理政策，通过平台进行的外贸活动中，一旦有企业存在不合规行为，风险都由平台承担。2016 年一达通平台已申报 157 万笔业务，即使出现问题的概率为万分之一，平台都将面临各种补税、罚款乃至降级的风险。根据我国目前现有外贸制度，外贸综合服务企业作为服务主体，在通关过程中如果出现申报不实等异常案件时，海关会把外贸综合服务企业当作唯一责任主体对待，服务主体承担了实际贸易主体的责任，由此就会产生责任主体错位。2016 年中电投、信利康等平台纷纷缩小业务规模，甚至像怡亚通这样的老牌外贸企业也已经暂停综合服务业务。

（3）跨境电商外贸服务亟待服务模式创新。

近年来，传统外贸行业发展缓慢，跨境电商行业却迅速发展。2016 年上半年我国跨境电商交易规模达到了 2.6 万亿元，同比增长 30%。但随着 2016 年新政频频推出，跨境电商外贸服务也应逐渐进行服务模式创新。由于小批量、多批次、周期短的外贸订单的

---

① 证券时报. 外贸政策落实存在配套不够完善等问题 [EB/OL]. [2016 - 08 - 20]. http://news. hexun. com/2016 - 08 - 20/185614687. html.

② 崔启斌，刘双霞. 外贸企业借银行融资难度犹存 [EB/OL]. [2016 - 06 - 02]. http://finance. ce. cn/rolling/201606/02/t20160602_12422899. shtml.

存在，使得 B2C 市场份额逐年上涨，2016 年上半年达到 9.3%，但目前跨境电商外贸服务几乎仅针对订单量级大且稳定的 B2B 跨境电商。"四八新政"后，税率上涨，保税仓模式逐步失去原有优势，中小企业在供应链资源整合上能力不足。此外，近年来海关监管难度逐步加大，报关报检日益困难，商检、结汇及退税问题日益突出。

四、服务业供应链未来趋势

在良好的经济环境、政治环境和新兴技术的推动下，服务业供应链正在涌现出一些新的思维、新的模式和新的市场。服务企业应把握未来服务业供应链发展的新趋势，才能实现战略转型与突破。

（一）服务集成商多元化经营趋势明显

互联网通过横向整合业务催生了一批全业务运营商。当前，在互联网迅速改造传统行业的推动下，互联网企业掀起新一轮的并购潮，通过并购实现对尽可能多的服务业资源的掌控，多元化经营的趋势十分明显。仅在 2014 年上半年，阿里就频频出手，陆续并购了中信 21 世纪、高德软件、文化中国、银泰百货、魅族科技、优酷土豆、21 世纪经济报道等企业，其业务范围已涉及电商、社交网络、物流、金融、旅游、导航、视频娱乐、医疗、教育、文化、体育等众多领域，服务集成商已经将触角伸至服务业的各个角落。

（二）服务集成商向"平台经济"发展模式转型

"平台经济"作为一种新兴的商业模式，其本身并不生产商品，但通过提供收费性的实体或虚拟交易场所来促成双方或多方供求之间的交易。未来将有越来越多的平台扮演服务集成商的角色。例如，交通运输部决定在全国开展道路货运无车承运人试点工作，依托移动互联网等技术搭建物流信息平台，通过管理和组织模式的创新，集约整合和科学调度车辆、站场、货源等零散物流资源，能够有效提升运输组织效率，优化物流市场格局，规范市场主体经营行为，推动货运物流行业转型升级。在旅游行业，随着游客群体逐渐呈现年轻化、散客化和个性化的特征，在线旅游平台为客户提供了更方便、更有价值的服务；随着"互联网＋"信息技术的进一步发展，预计 2017 年在线旅游渗透率将超过 15%。[①]

---

① 向琬.我国在线旅游现状及发展趋势分析［J］.经营者（理论版），2017（1）：10.

（三）服务供应商向打造完整供应链服务体系转型

传统的服务供应商大多只是在供应链单个或多个环节上提供专业服务，如运输服务商、采购服务商、酒店服务供应商等。目前，顺应互联网经济的发展，打造完整供应链服务体系，为客户提供配套的相关服务和个性化服务，并致力于成为客户的商业合作伙伴已经成为服务供应商发展的趋势。例如，顺丰从单一的快递业务转向提供综合物流服务，依托顺丰速运成熟的物流体系，提供优质的标准化产品组合，并结合外部资源补充能力版图，综合各项资源为企业提供个性化的物流服务，以此形成长期稳定的合作伙伴，并在后期协助客户从供应链策略、方案设计、落地实施及运营管理等方面提供端到端的集成供应链解决方案和服务，实现客户供应链运作转型升级和优化提升。此外，在已有的综合物流服务的基础上，顺丰还能为客户提供配套的金融及信息化服务，以支撑客户的商业发展，并致力于成为客户的商业合作伙伴。[1]

（四）服务由满足客户需求转变为推动价值创造

在过去的服务业态中，客户往往被动接受服务，通过服务供应商单方面提供的服务解决需求。在"互联网 + 服务"的时代下，由于信息鸿沟的缩短，客户可以开始主动寻求自己想要的服务，而服务供应商也可以通过更加直接、更加互动的方式，主动挖掘客户的需求痛点，进行及时改进，使服务的质量和便捷性都得到提升。同时，大数据分析使企业有机会把价值链上更多的环节转化为新的战略优势。例如，百度拥有全国最大的消费者行为数据库，基于这些客户行为数据和多维分析工具，百度可以帮助企业准确定位消费者的地域分布、消费偏好等，从而开辟出全新的收入增长点。通过互联网传输和存储的大数据已成为重要的战略资产，将带来巨大的商业价值，驱动众多服务企业不断加大资源投入。[2]

（天津大学管理与经济学部　刘伟华　闫晓宇　窦梦頔

张晓彤　肖可欣　邓明朗　王璐莹）

———————

[1]　中国物流产业网. 顺丰是如何打造生态化供应链服务体系的？［EB/OL］.［2016 - 06 - 29］. http：//www. xd56b. com/zhuzhan/zhishi/20160629/44649. html.

[2]　电信研究院. 互联网对服务业带来的十大影响［EB/OL］.［2015 - 01 - 26］. http：//www. miit. gov. cn/n1146312/n1146991/n1648534/c3489466/content. html.

我国商贸流通业供应链发展回顾与展望

一、商贸流通业供应链发展现状

（一）商贸流通业供应链市场规模不断扩大

随着市场化程度的不断提升，商品贸易更趋多元化，流通渠道更加广阔，消费者的购物习惯日渐多元化，商贸流通业供应链市场规模不断扩大，主要表现在以下几个方面。第一，我国跨区域和跨国经营的商贸流通企业不断增加，截至2016年，批发零售业法人企业单位数达183077个，限额以上批发业法人企业单位数达91819个，住宿和餐饮业法人企业单位数达44884个，批发零售业营业额达8512.23亿元，批发零售业营业额比2015年增长4.4%。第二，消费者需求量日渐增强，社会消费品零售总额从2015年的30.09万亿元，增加到2016年的33.23万亿元，同比增长10.4%，增长速度较快。按消费类型统计，2016年商品零售额296518亿元，同比增长10.4%；餐饮收入额35799亿元，同比增长10.8%。第三，国内生产总值（GDP）增速较快，2016年我国国内生产总值为744127.0亿元，较之2015年的676708.0亿元，增长9.96%，比2015年GDP增速6.38%提高3.58个百分点。作为扩大消费的重要支柱，商贸流通业在我国GDP增速的过程中功不可没，其中，2016年商贸流通业产值为117749.5亿元，占GDP比重为15.82%。第四，电子商务的兴起扩大了商贸流通业的市场规模，2016年我国电子商务交易额为22.97万亿元，同比增长25.5%。其中，B2B（企业对企业电子商务模式）市场交易规模为16.7万亿元，网络零售市场交易规模为5.3万亿元，生活服务电商交易规模为9700亿元。第五，货物进出口贸易量较大，2016年货物进出口总额为243386亿元，比2015年下降0.9%。其中，2016年出口138455亿元，下降1.9%；进口104932亿元，增长0.6%。2016年货物进出口差额为33523亿元，比2015年减少3308亿元。第六，快递业的发展十分迅猛，2016年我国快递业务量突破300亿件，达到312.8亿件，同比增长51.4%。第七，人均消费支出逐渐增长，2016年全国居民人均消费支出17111元，比2015年增长8.9%，扣除价格因素，实际增长6.8%。

（二）商贸流通业供应链模式趋于多元化

随着信息技术和互联网的深度发展，大数据、云计算等新兴技术在各行各业广泛运用，商贸流通业基础设施不断完善，逐渐形成了采购、分销、物流等功能于一体的现代商贸流通业新格局。首先，商贸流通业供应链模式逐渐由传统的以生产企业为主导的供应链模式向以中间商、零售商为主导的供应链模式发展。中国烟草系统、香港利丰集团是典型的以中间商为主导的供应链模式，而沃尔玛、上海联华超市是典型的以零售商为主导的供应链模式。其次，商贸流通业供应链模式逐渐由传统的以生产企业为主导的供应链模式向以第四方物流为主导的供应链模式转变。菜鸟网依靠阿里、天猫和淘宝等电子商务平台资源，整合大型物流企业如百世汇通的物流优势建立起以第四方物流为主导的供应链模式。最后，商贸流通业供应链模式逐渐由传统的以生产企业为主导的供应链模式向以大型电商平台为主导的供应链模式转变。京东等大型电商企业依靠平台优势自建物流系统打造新型供应链模式，重庆直供生活平台建立起消费端集中订单、直接向厂家下订单的"C2F（终端消费者对工厂）＋O2O（线上线下）＋消费者联盟"逆向供应链模式，"线下体验＋线上交易＋线下配送"模式使得商贸流通业供应链模式更趋向多元化。

（三）商贸流通业供应链主体集聚性增强

供应网络的出现拓展了集群供应链网络的竞合范围，使得不同行业乃至相同行业、不同业态的商贸流通企业集聚，这不仅引发出供应链之间的竞争，而且引发出供应网络之间的竞争，进而在竞争环境下推动了相关供应网络的重构。商贸流通龙头企业以系统集成商的身份实现对全网络的协同管理，主要表现在以下几个方面。首先，大型零售商、大型电商、大型专业市场、第四方物流商等商贸流通系统集成商迅速崛起，带来显著的商圈集聚效应。如"天河路商圈"作为华南第一商圈，全长约2.8千米，商圈商业零售总面积近120万平方米，聚集了天河城、正佳广场、天环广场、太古汇、万菱汇、广州维多利广场（VT101）、时尚天河、广百百货等购物中心和百货商场，以及天河电脑城、太平洋数码广场等6家电子产品集贸综合体。其次，供应链主体对信息、技术以及消费者的集聚性显著增强。比较有代表性的如国内最大的自营电商平台京东商城，依靠线上电子商务平台获得流量，并自建物流系统，现已形成了中小件物流网、大件物流网和冷链物流网的三张网布局，拥有7个智能物流中心、263个大型仓库、550万平方米的仓储设施、6780个配送站和自提点，完成了对全国2672个区县的覆盖。其中，中小件物流网已覆盖全国93%的区县（除中国台湾外），211服务订单及次日达订单占比已经达到了85%；大件物流网已全面覆盖我国的所有省级行政区（除中国台湾外）；冷链物流网则通过七地生鲜仓覆盖全国；自营配送覆盖了全国98%的人口，将商品流通成本降低了70%，京东物流目前仍然在快速扩张。2016年度城市便利店发展指数显示，全国便利店总体规模高速增长、中西部城市发展势头迅猛，大型电商及物流企业大规模布局便利店，在空间上汇聚了众多需求各异的消费者，更为显著地增强了供应链核心企业的集聚效应。

（四）商贸流通业供应链竞争力日益提升

当今世界正迎来以物联网开发、互联网创新应用以及信息智能处理等为主要特征的新一波信息革命浪潮，商贸流通业供应链进入信息技术和供应链管理应用的加速发展期，主要表现在以下几个方面。首先，互联网技术的应用和商贸流通成本的降低促使商贸流通业供应链整体竞争力日益增强，提升了商贸流通业供应链中各主体的市场竞争实力。如北汽集团2016年启动了"互联网＋"项目，建设基于互联网的集研发、采购、营销、服务、金融于一体的社会化、网络化平台来提高运营效率。通过建立全流程连接，开展商业模式创新，并倒逼体制变革，北汽集团正全面融入互联网时代，最终提升了以北汽集团为核心企业的供应链实力。其次，互联网技术加强了商贸流通业国际供应链的竞争力，促使跨境电商日益繁荣。2016年跨境电子商务交易规模占进出口贸易总规模的比重从2013年的12.02%增加到2016年的25.89%，达到6.3万亿元，超过进出口贸易总额的1/4。截至2016年，中国海淘用户达到0.41亿，预计2018年将达到0.74亿。最后，商贸流通业供应链核心企业依托技术和管理革新，整合供应链上下游企业资源，形成了新业态、新形式，供应链整体更加完善稳固，功能更加健全。

二、商贸流通业供应链特点、类型和运作模式

（一）商贸流通业供应链特点

1. 客户导向性

商贸流通业供应链的形成、存在和发展都是以客户需求作为出发点，在商贸流通业供应链的运作中消费者的需求带动了供应链中商流、物流、信息流、资金流在节点企业之间的有效流动。随着消费者收入不断增加，个性化需求特征日益凸显。不同年龄段的消费者有自己特定的消费偏好和品位。因此，企业需要先准确收集到客户需求，

把握市场需求、客户爱好，再进行采、供、销，并且注重客户体验，这样才能在库存和成本方面取得理想效果。以客户需求作为商贸流通业供应链发展的始端，对于后端的生产制造具有较强的先导作用。

2. 复杂性

商贸流通业供应链的节点企业在跨度和层次方面存在差异，同时，商贸流通业供应链往往由多个节点企业构成，相比单个企业而言更具复杂性。如蚁安居通过搭建开放的第三方物流平台整合社会化资源（上游对接品牌的电商、家居厂商、互联网家装等货主，下游对接终端的消费者，中间是蚁安居核心的运营产品），用互联网技术把干线、仓储、配送、上楼安装，甚至后期的维护、维修服务全部连接起来，整体上大大推动了家居物流服务的产业升级，帮助商家持续为消费者提供良好的产品交付体验。

3. 动态性

商贸流通业供应链中的节点企业为了满足多变的市场需求和企业战略，需要不断地动态更新，使得供应链具有较强的动态性。如盒马生鲜会根据不同城市地区消费者的需求，调整店内商品结构，现有的商品结构也是动态调整的，可根据客户的消费数据和商品供应随时更换。

4. 时效性

商贸流通业供应链需要以最短的时间满足消费者的多样化、多层次需求，这就决定了其具有较强的时效性特点。如西班牙知名服装品牌飒拉（ZARA）以快速反应著称于流行服饰业界，其成功与创新的模式成为业界的标杆。ZARA 每年提供 12000 种不同的产品项目供顾客选择，从设计理念到成品上架仅需十几天，而国内服装企业至少需要 1~3 个月，ZARA 的制胜秘诀离不开"极速供应链"。

（二）商贸流通业供应链类型

依据供应链容量与客户需求的关系能够将商贸流通业供应链划分为平衡型供应链和倾斜型供应链。

1. 平衡型供应链

一个供应链具有一定的、相对稳定的设备容量和生产能力（所有节点企业能力的综合，包括供应商、制造商、运输商、分销商、零售商等），但客户需求处于不断变化的过程中，当供应链的容量能满足客户需求时，供应链处于平衡状态，此时为平衡型供应链。据有关报道显示，美国市场快消品库存量单位（SKU）数量有 100 万个（中国市场还要远远大于这个数据），一个大卖场需要组合的 SKU 大约是 4 万个，而一个家庭一般日常消费需求大约是 150 个。面对如此多的市场商品，要想引发消费动机、触动消费需求，场景就显得十分重要。一方面是海量的商品，另一方面是海量的消费需求，如何将消费者的需求与商贸流通企业的供给能力相匹配已成为商贸流通企业亟待解决的重要问题。

2. 倾斜型供应链

当市场变化加剧，导致供应链成本增加、库存增加、浪费增加时，商贸流通企业不是在最优状态下运作，则商贸流通业供应链为倾斜型供应链。例如，广东省佛山市十万余斤的火龙果因滞销被倒入鱼塘喂鱼；甘肃省榆中县千亩成熟的杏子积压腐烂。近年来，农产品滞销的现象屡见不鲜。一边是农民守着大量的农产品低价难销，一边是城市民众抱怨吃不上廉价果蔬。农产品"滞销、卖难、买贵"的怪圈时常出现。农产品的种植和生产周期较长，在面对不断变化的市场需求时，会产生供给与需求难以匹配的现象，从而造成了严重浪费。

（三）商贸流通业供应链运作模式

1. 产品服务化

产品服务化供应链是产品供应链和服务供应链高度融合的结果，从本质上讲是产品流和服务流高度融合的结果。服务可以提高产品的获利空间，更好的服务促进更多产品的销售，服务可以使产品在更好地为客户创造价值的同时，创造出新的价值。相对于产品而言，服务更具有灵活性。如餐饮界的"优步（UBER）"系统——优厨，给每个桌上添加了计时沙漏；制订了三包服务政策——对菜品不满意，优厨包退换；等待菜品超过 30 分钟，小馋院包赠；点错、上错菜品，小馋院包送。通过这两件事，优厨让不好处理的餐饮灰色地带有例可循，进一步为解决客户的不满意提供了可实现的解决办法。优厨通过将产品与服务相结合，让传统的餐饮业转变了经营方式，使原有的餐饮更具服务化。

2. 渠道整合

商贸流通业供应链通过整合渠道资源，为各个渠道成员提供更高的价值，并获取更高的渠道效率。对于商贸流通业供应链而言，既包含供应链内部的整合，也包含供应链外部的整合两个方面。以艾葵斯为例，在前厅体验过小型的虚拟现实（VR）游戏或影片内容之后，客流将通过购票系统等渠道被沉淀下来，最终导入艾葵斯着重开发的影院后厅。艾葵斯通过在人流密集的影院前厅设置 VR 体验厅培育市场，最终将人群导流至影院后厅专门改造升级的 VR 影厅中去。艾葵斯正是运用渠道建设的方式成为产业上下游的整合者。

3. 非线性协同

在商贸流通业供应链中，各参与主体之间能够通过合作与信息共享进行协同创新、协同生产、协同仓储、协同运输等活动，不仅提高了商贸流通业供应链的竞争力，还使整个供应链产生"1+1>2"的非线性协同增值效应。如麦德龙与可口可乐通过双方的协同合作，面向整个供应链体系开发并推广信息技术、建立相关支持平台，为业务衔接和数据交换提供了支撑，促进了物流、信息流和资金流的高效流转。项目实施后，麦德龙与可口可乐的服务水平与效率均得到大幅提升，不仅达成双方互赢互利的预期，更可以看到通过预期发货报告（Advanced Shipping Note，ASN）和系列货运包装箱代码（Serial Shipping Container Code，SSCC）的信息化推进供应链发展的创新价值。

4. 电商服务平台

电子商务平台是建立在互联网上进行商务活动的虚拟网络空间和保障商务顺利运营的管理环境；是协调与整合信息流、物质流、资金流有序、关联、高效流动的重要场所。如淘宝、天猫、京东等电商平台的出现改变了传统商贸流通业供应链的运作模式，现阶段发展商贸流通业需要打通线上和线下的通道，实现电商与实体的有机结合。

三、商贸流通业供应链发展存在的问题

（一）供应链质量控制较弱，有效监管不足

首先，商贸流通业供应链层数较多，供应链成员企业越来越多，供应链结构日趋复杂，导致了对供应链质量监管和控制难度的增加。如丰田汽车召回门事件、真功夫排骨面以及问题疫苗流向市场等质量事件频频发生，质量风暴一再提醒我们只有将质量管理延伸至整个供应链才能维持企业生存。其次，企业对供应商关系管理不重视。多数企业对供应商的管理还停留在进入和淘汰的阶段上，对供应商的质量保证未能进行有效监督，很容易出现供应链质量管理问题，影响供应链的整体运转效率。再次，商贸流通企业采购招投标仍以价格为导向，未将质量因素放在应有的位置。在商贸流通企业评标和定标的过程中，主要是对投标企业的价格进行对比分析，寻找价格最低的供应商作为中标者，并没有充分考虑产品和服务的质量因素。最后，未建立完善和有效的可追溯机制，难以有效保障商贸流通业供应链的质量安全。截至2016年，我国鸡蛋销售市场的产值近3000亿元，其中90%是通过农贸市场进行销售，只有不到10%是在超市里销售的。从生产端来看，50万只存栏以上养殖规模的蛋企只占2%左右，90%的养殖规模在1万只以下，致使大多数鸡蛋实际上属于三无产品（无生产日期、

无质量合格证、无生产厂家），难以保证鸡蛋的质量安全。

（二）信息技术利用率较低，现代化水平不高

首先，我国目前仍处于信息技术快速发展的进程中，部分商贸流通企业还没有建立起现代化的信息技术平台，很多采购信息依然由人工处理，企业没有认识到电子采购的优势。据不完全统计，我国已经实施或部分实施信息化的企业只占了21%，全面实施信息化的企业只有10%。已经实施或者部分实施信息化的物流企业仅占目前国内所有物流企业的39%。以批发业为例，虽然已经产生了电子商务等现代化的交易平台，但是多数批发企业由于规模小、资金有限等原因不能很好地采用这些现代化的交易方式，更谈不上信息化和标准化。其次，我国的信息技术水平与发达国家相比存在较大差距。如沃尔玛在全球有4000多家店面，通过全球网络可在一小时之内对每种商品的库存、上架、销售量全部盘点一遍，而我国的连锁零售企业则未能实现这一点。最后，农村商品流通信息化刚刚起步，电子商务利用率较低。有关数据显示，农村日用消费品中90%以上是通过现场交易销售的，仅有9.23%的市场全部或部分采用了电子商务交易技术，可见电子采购技术利用率更低。

（三）供应链主体缺乏信任，信息共享程度低

在实践中人们发现，商贸流通业供应链主体间信息的高度共享是很难实现的，造成这种情况的原因往往除了信息技术以外，还包括企业获利所依靠信息的不对称，以及并不是所有参与信息共享的成员企业都能得到相同的利益等。当前，我国商贸流通业供应链核心主体在完善自身经营的过程中，虽然不断加强企业间信息共享以及信任机制的构建，但是力度与效果都差强人意。首先，企业间信息共享程度较低，因信息不对称造成的牛鞭效应、道德风险、逆向选择等问题依旧普遍存在，企业及供应链整体损失依旧严重。其次，我国信用体系不健全，共享经济热潮面临着信用体系建设不完善、失信成本低等不利因素的侵害，因为不了解、不信任以及不放心所带来的高押金门槛，在给经营企业带来巨大经营成本压力的同时，也无形中大幅抬升了消费者的准入门槛。据波士顿咨询的数据显示，我国的信用体系建设情况并不乐观：在信用体系发展最为成熟的美国，92%的群体有自己的信用数据；但在中国，信用体系的覆盖度大约是35%。穆迪将中国主权信用评级从A3下调为A1，虽然对我国影响不大，但是由此凸显的信任问题在全国范围内都亟待解决。

（四）供应链风险较大，缺乏必要的柔性机制

商贸流通业供应链是一个涉及多环节、多主体、多层次的复杂系统，其中存在着

各种形式的风险和不确定性。首先，供应商供货的不确定性、客户需求的不确定性、外界环境的不确定性、气候的限制、机器故障、运输延误等许多因素都可能导致商贸流通业供应商被迫延迟供货。其次，商贸流通业供应链信息安全问题随着互联网的发展也日渐凸显。360安全专家裴智勇博士表示，2016年仅360监测到的企业信息安全事件就超过1万起，并且每一起给企业造成的直接经济损失都超过了100万元。由于针对企业的攻击多数具有隐蔽性，在给企业造成直接经济损失的同时，还会在一定程度上给企业造成其他意想不到的伤害。最后，商贸流通企业未从供应链角度把控风险。一汽与宝钢通过先期介入、协同产品更新等"供应商参与技术创新"的方式开展的供应链协同合作为减小供应链风险提供了较好的范式，然而其合作范围相对狭窄，仅局限于技术领域，并未从源头增强供应链柔性以提高其抗风险能力。

（五）供应链主体利益分配不合理，整体协同性较差

构成商贸流通业供应链的每一个节点企业都是独立的经济实体，都有自己独立的经济利益，而供应链管理追求的是供应链整体利益最大化。在追求整体利益最大化的过程中，可能部分企业就需要做出一些自身利益牺牲来顾全大局。当前我国商贸流通业供应链主体利益分配不均问题尤为突出。首先，商贸流通巨头利用供应链中的优势地位主导利益分配，挤占中小合作企业的权益，缺乏供应链发展的长远眼光。顺丰与菜鸟因数据共享而引发的利益博弈在业内引起争议，业界商业巨头纷纷站队的背后是利益的驱动，苹果公司以微信为切口增收"过路费"的背后是无数小企业无奈地将利益拱手让出。其次，中小企业在利益驱动下，违背供应链合作或退出供应链的现象常有发生。商贸流通业借力S2B（供应链平台到企业商务模式）实现C2B（消费者到企业商务模式），让万级、十万级甚至更高万级的小企业在一个大的供应链平台上有针对性地完成客户服务，其关键在于利益合理分配。无论是"新零售"还是"智慧零售"，实现O2O的关键问题都在于如何合理分配这个供应链所创造的利益。

四、商贸流通业供应链发展趋势

（一）业态创新加速多业态供应链融合

近年来，传统的百货商店、专业店、杂货店等得到了升级改造，新兴的超级市场、专业店、专卖店、仓储式商店、无店铺零售等得到了蓬勃发展，而且这些业态之间还相互渗透、创新组合。首先，产业融合造就新型零售业态。零售业的创新业态大多是

通过与其他产业融合而产生的，近年来零售业与餐饮业、旅游业的相互渗透尤为迅速，零售业与制造业的融合既促进了自有品牌的发展，也提高了品牌附加值。如购物中心融合了零售业、餐饮业、娱乐业等多种业态。更多的业态形式如：沃尔玛的"超市健康诊所"、家乐福的金融保险服务等，早已超出传统零售业范围。其次，网络零售逐渐兴起。网络和数据库技术的应用，既促进了零售技术革新，也降低了零售业准入门槛。B2C 平台使制造商开始借助网络拓展直销渠道，C2C 则使更多商业个体进入零售业。消费者通过手机浏览器进行搜索、浏览和购物，提高了零售业的便捷性、实时性和精准性。网络、数据库和移动技术等新技术的不断引进，形成了新一代信息系统与服务平台，使零售业向着更便利、自助、实时和绿色的方向发展，促进了新业态"智能商店"的形成。最后，商品销售与消费体验深度融合。苹果（iPhone）手机的应用商店、家用电器、家装家具量身定制型的生产和销售，以及私人轿车后续消费服务的全程购买等，都改变了传统的销售方式。

（二）商贸流通业的先导作用催生供应链逆向整合

随着总体上买方市场环境的形成与发展，商贸流通业对整个产业发展的支撑带动作用凸显，呈现出商贸流通业决定制造业的发展态势。商贸流通业催生供应链逆向整合主要表现在以下几个方面。首先，专业连锁零售的反馈型逆向整合，可以利用连锁零售掌握的消费者需求信息，迅速整合上游企业生产制造，以最快的速度响应市场需求。例如，从产品设计到商家销售，ZARA 可以七天完成、两周更新，保证了到店的就是最快的、在售的就是最新的、消费者"中意就必须立即购得"。其次，表现为少数重要客户综合零售的效率型逆向整合。少数重要客户综合零售的逆向整合集中于快速消费品、食品杂货、大众服饰和普通家具等功能性产品领域。由于消费者要价低、制造商要规模，零售商可以在卖场大数据的技术上，开发符合低价需求和规模经济的自供应产品系列。最后，表现为 C2B 网络零售主导的定制型逆向整合。如商品宅配家具用品有限公司的"云设计"家居定制、苏宁云商集团的"苏宁私享家"电器定制。

（三）商贸流通生态化助推绿色供应链的实施

随着公众对安全、健康和生态的日益关注，"绿色"成为零售业新趋势，"绿色零售业"理念已从零售产品结构扩大至零售业态、营销等多方面，绿色趋势正推动新零售业态的出现。首先，批发和零售店提倡绿色、无公害食品生产和销售。例如：罗森"自然超市"、沃尔玛"绿色实验超市"、乐购"节能店"等模式，提倡购买并使用健康环保产品，创造可以节省能源、保存天然食品、减少污染的商店。沃尔玛和乐购超市计划全面向绿色零售商转变，不仅加大对有机产品的销售和绿色包装的使用，还在建筑、节能、减污等方面推行绿色技术。其次，国家大力发展绿色物流和循环物流，集约各种分散的物流活动，提高经济增长质量与效益。苏宁推出的"快递漂流箱"、京东实行的"青流计划"都为降低电商企业快递包装物对生态环境的破坏起到了很好的示范作用。特别是京东预计在接下来的二十年内所用的运输车辆中有 50% 为清洁能源车，为降低车辆废气排放做出了较大努力。

（四）终端需求多样化加快供应链一体化水平提升

随着经济的发展，消费者的需求呈现多样化、个性化、多层次性等特点，零售商、批发商以及供应链上下游企业需要有效地管理越来越多的产品或服务，这就要求商贸流通业各主体再造商业竞争新体系，实现供应链的一体化。首先，电子商务的发展拓宽了产品和服务的流通渠道，使消费者能以更快速、更便捷的方式满足需求。2016 年中国电子商务交易额为 22.97 万亿元，同比增长 25.5%。其中，B2B 市场交易规模为 16.7 万亿元，网络零售市场交易规模为 5.3 万亿元，生活服务电商交易规模为 9700 亿元。其次，商贸流通业与制造业相融合提升了供应链一体化水平。大型批发零售企业通过实行供应链管理创新，采用销售时点系统、订单管理系统等信息手段，全面掌控供应链上的各个价值环节，并协调供应链上各主体的利益关系，通过建立多边结算机制，促进供应链中制造商、批发商、零售商、消费者各方的合作，并形成公平、公正、稳定的合作关系。

（五）全球化贸易推动国际供应链兴起

随着经济全球化的发展，国家间贸易往来频繁，物流作为承接国际货物贸易往来的载体，为货物创造了时间和空间价值。跨国贸易的发展催生了物流和供应链的国际化发展。首先，企业间兼并重组加快了全球商贸流通，跨国企业兼并重组使各国物流活动的范围和影响从一国向多国乃至全球扩张，顺应了跨国投资、异地采购、异地生产和异地销售的全球化浪潮，物流全球化趋势显著。例如，2016 年，蒙牛集团全年实现销售收入 537.8 亿元，同比增长 9.7%。其中，海外销售实现连续三年年均增长突破 30%。蒙牛集团发言人称要打造世界级的乳品公司，必须坚守品质核心，着眼全球布局。其次，信息革命、经济全球化和全球经济可持续发展推动了供应链全球化向前发展。再次，"一带一路"倡议加快了国际间的贸易往来，促进了国际供应链的发展。我国 2016 年对"一带一路"沿线国家的进出口总额为 62517 亿元，比 2015 年增长 0.5%。其中，出口 38319 亿元，增长 0.5%；进口 24198 亿元，增长 0.4%。最后，第三方物流企业综合服务能力的提升为国际供应链的发展提供了动力。面对激烈的国际市场竞争环境和变化的市场需求，第三方物流企业更注重满足客户所追求的物流运作全过程的效率和效益，为跨国企业提供了"一站式"综合物流服务。

五、商贸流通业供应链发展对策

（一）优化商贸流通渠道，严格控制供应链质量

为了使供应链质量管理得到有效控制，优化商贸流通企业渠道发展环境势在必行。首先，建立健全完整有效的产品质量监控和质量管理保障体系。通过构建合理的采购销售制度，建立畅通的流通渠道，完善监管机制，扩大群众监督网、监管责任网的覆盖面，对产品质量实施有效监管。加强供应链全程管理，能够确保供应链具有持续稳定的质量控制力，并对客户和市场的需求做出快速响应，提供优质的产品和服务。如海底捞曾因为食品安全问题受到了巨大损失，但是海底捞及时对供应链质量进行了严格管理和控制。转型后的海底捞在食品卫生方面进行了大刀阔斧地改变，包括：企业建立了自有供应链，可以对菜品进行层层把关；后厨机械化设备的投入改善了食品操作卫生；颐海上市推进了底料的全自动流水线制作进程。其次，加强员工的质量管理理念，促使他们做好采购、运输、库存等各项工作。通过建立完善的进销记录档案，对有关人员进行教育培训，可以提高员工的质量管理意识和能力。

（二）提升科技创新能力，加速信息技术应用

现代意义上的商贸流通业已经不再是传统的劳动密集型行业，在当前的商贸流通领域中已经大量应用了先进的科学技术。依靠科技来提高商贸流通企业的竞争优势，要不断提高商贸流通业在商品销售自动化、信息流通标准化、商品选配自动化、商品流通自动化和标准化等方面的开发利用水平，并且促进商贸流通领域新技术、新设备的应用和推广。例如，重庆沙师弟网络科技有限公司 2016 年自主研发的"沙师弟货车专用导航""沙师弟运力管家""沙师弟同城配送"三款 App（应用程序）产品已形成了完整的货运云商产业生态圈，真正实现了干线物流与同城配送的无缝对接，打通了"动脉"到"毛细血管"的通路；运用云计算、大数据技术把传统物流带入移动互联世界，实现了智能车货匹配、优化运输线路，为货车司机及时推送返程货源信息。新技术的应用，不仅有效提高了运力效率、降低空驶率，还能支撑并完善绿色健康的干线货运大动脉。其次，技术进步的关键在于技术创新，技术创新是商贸流通业发展的

基础，它改变了商贸流通企业的业务流程，拓展了商贸流通业的业务空间。如第一次科技革命使产品能够低成本、快捷地运往各地，商品流通范围迅速扩大；电报、电话和电视的发明使商品信息的传递畅通无阻，各市场之间的经济联系更加紧密；计算机、互联网的应用使商品市场由地区走向全球，由现实空间走向虚拟空间。最后，运用技术创新推动批发零售业态创新。可以说，每一次批发零售业的飞跃都是借助技术创新实现的，如条码技术的出现和应用，使精细管理大规模商品成为可能，并对现代零售业的产生和发展起到重要作用；无线射频识别技术（RFID）所构建的"物联网"有望引发批发零售业的新一轮变革。

（三）加强供应链主体间沟通，建立贸易伙伴关系

随着商贸流通市场竞争的愈加激烈，企业要想提高效率、降低成本，就要缩短各个环节的响应时间，这就需要加强供应链成员企业的沟通与交流合作，通过提高信息共享能力，确保服务质量和水准。首先，在商贸流通领域要建立有效的信任关系保障机制。包括引导流通企业诚信经营，建立完善商业信用档案制度，并对失信者实行警示和惩戒。建立供应链成员信任机制，有助于加强企业内部与企业之间的紧密合作，以及供应商内部、制造商内部的不同部门合作，进而保证了按时按需供应。其次，建立利益分配机制。在企业的运行过程中，利益和风险是共同存在的，每一个供应链成员企业在获得收益的同时也要承担一定的风险。因此，在合作的过程中，供应链成员企业只有利益共享、风险共担才能实现真正的信任、真正的合作。例如，家乐福实施了供应商管理库存（Vendor Managing Inventory，VMI），在与雀巢公司合作的过程中有十足的决定权，有效地保障了供应链的持续性和稳定性。长期以来，我国许多企业追求的是一种"大而全""小而美"的封闭经济管理模式，而在市场环境多变的情况下这种纵向一体化的模式会使企业变得迟钝，无法对市场机遇做出有效反应。最后，选择合适的合作伙伴，与之建立长期的战略合作关系，从而达到资源的优势互补，是我国企业增强竞争实力的一条捷径。

（四）增强供应链柔性，降低中断风险和损失

为了提高商贸流通业供应链柔性，首先要建立最终客户需求牵引的"牵引式"供应链系统。该系统不仅要求供应链上的不同企业就这一整体目标形成共识，还要求最终客户需求及其变化的信息能在整个供应链中传递和共享。当然，要想实现供应链上的信息共享，一方面需要有效的信息系统，另一方面需要供应链企业之间存在信任关系和信息沟通机制。其次，利用模块化的产品设计来推动供应链的柔性化。在供应链

中引入模块化的产品设计，可以尽可能地延迟产品差异化，并在最接近最终客户的环节形成产品差异化，这样就可以实现大规模定制化在定制化、低成本和低库存方面的要求。最后，建立柔性的供应网络。柔性的供应网络不仅意味着企业在选择供应商方面具有柔性，也意味着从供应商处获得新产品要具有柔性。前者要求企业在选择供应商时，不仅要有意识地保留一定的余地，还要对企业与每个供应商的合作情况进行系统研究和动态评价。当供应链上的每个节点都具备柔性的供应网络时，整个供应链就能很好地应对最终客户需求的不确定性，从而具备较高的柔性水平。例如，2016年广东女装零售企业歌莉娅增强了供应链的柔性，实现了库存共享且灵活可控。该企业借助IBM（国际商用机器公司）技术，进一步打通了线上线下库存和销售模式，使得商品信息得到了自动化管理。而对于全国600多家门店，该企业则实行了全国"一盘货"，这就改变了单一门店只售单一库存货品的弊端，并保证每个型号、每个款式都能在每一家店铺进行展示，最终提升了单品销售概率。

（五）确立利益分配机制，提高供应链协同性

利益是供应链合作的基础，正是出于获得更多利益的愿望，各个企业才愿意合作。商贸流通业供应链各主体间确立利益分配机制需要遵循一定的原则。首先是平等性。如果供应链企业相互间不平等，那么就不可能形成长期的合作关系，也不能使整个供应链保持高效运营，也就不能实现供应链利益最大化。其次是公平兼顾效率。商贸流通业供应链各主体是作为一个整体开展活动的，企业间存在着复杂并且相互关联的工作内容，需要各成员企业的相互协同工作。公平有助于促进企业间的团结合作，避免企业间的过度竞争，从而有效提升整个供应链的绩效。再次是互惠互利。要保证每个成员企业都能从成功后的供应链中获取相应的利益，否则将会损害成员企业的积极性。只有互惠互利才能谋求长久、稳定的共同发展，无原则地侵占其他企业应得的利益，会损坏融洽的合作关系，最终会使合作关系破裂。最后是协商让利。在利益分配过程中，最容易产生分歧并引起纠纷的，是在实践中出现的但协议中又无规定或规定不明确的新利益。这时，应本着实事求是、充分协商的原则解决。

（北京物资学院　乐雄平　魏国辰）

参考文献

[1] 郭莹.发展商贸流通业，畅通实体经济"血脉"[J].人民论坛，2017（4）：84－85.

［2］詹浩勇.商贸流通业集聚对制造业转型升级的作用机理——基于集群供应链网络竞合的视角［J］.中国流通经济，2014（9）：59－65.

［3］陈晓.国际供应链提升企业竞争力［J］.市场周刊：新物流，2007（11）：19.

［4］陈晓春.商贸流通企业采购与供应链管理现状与对策研究［J］.中国市场，2015（46）：184－186.

［5］李刚，李翔飞.大数据背景下我国商贸流通行业发展趋势研究［J］.商业经济研究，2015（33）：7－9.

［6］安徽省商业经济学会课题组.商贸流通业发展趋势及政策建议——基于安徽省商贸流通业发展的研究［A］//中国商业经济学会，湖北省商业经济学会.第六届中国中部地区商业经济论坛论文集［C］.中国商业经济学会，湖北省商业经济学会，2012：9.

［7］中国社会科学财经战略研究院课题组，宋则.新发现：我国商贸流通服务业发展新趋势［J］.中国商贸，2012（32）：4－15.

［8］徐健.供应链柔性的增强途径研究［J］.物流技术，2006（2）：52－54.

［9］谢莉娟.互联网时代的流通组织重构——供应链逆向整合视角［J］.中国工业经济，2015（4）：44－56.

我国 O2O 生活物流服务供应链发展回顾与展望

长期以来，在外贸发展和制造崛起的大环境下，我国供应链服务主要围绕生产资料和进出口贸易开展。近年来，随着我国消费升级及互联网＋各类生活服务业的发展，服务于百姓民生的物流与供应链市场得以迅猛发展。自 2015 年消费首次位居拉动我国经济增长"三驾马车"之首后，2016—2017 年消费经济势头依然迅猛，O2O（线上线下协同互融）生活物流服务顺势崛起。

目前，O2O 在我国市场发展已经广义化，本文仅总结 O2O 生活物流服务的供应链发展情况。O2O 生活物流服务是以个人生活消费需求为核心，以社区为服务高地，以同城为辐射范围。在供应链上重视"高时效、短链条，智能化、个性化"的线上线下协同，实现人店直接互动，是集快送、仓储或定时配、消费金融等相关服务的跨行业、复合型的新兴服务，并以即时快送（跑腿、外卖、配送）、同城快递为主。

随着大数据、人工智能等科技的应用以及众包物流模式的普及，O2O 生活物流服务也成为阿里、腾讯等互联网巨头及怡亚通、中邮集团等传统供应链及物流企业争投的风口。传统的"到店消费"服务更多地转向"到家消费"或"人店互动"及多元场景化的消费，餐饮外卖、跑腿快送、生鲜快递、商超快配等生活物流与供应链服务不断向专业化、智能化、个性化发展。

"我的判断是下一波中国互联网如果想回暖的话，一个非常重要的方向是供应链和 to B 行业的创新，是它们驱动的。"2017 年 3 月，中国最大 O2O 生活物流服务企业美团 - 大众点评 CEO 王兴讲话时如是说。而 O2O 生活物流服务供应链建设在中国才刚开始。

一、O2O 生活物流服务供应链市场发展

2016—2017 年本地生活物流与供应链市场，受益于政策扶持和资本支持的实现了快速发展，但与此同时，随着行业洗牌加剧，各个领域的 O2O 企业梯队分化开始日渐明朗。

（一）政策力推支持 O2O 生活物流服务发展

高频刚需的本地生活服务成为近年来政府扶持的重点。2015 年 9 月 28 日，国务院办公厅印发《关于推进线上线下互动加快商贸流通创新发展转型升级的意见》提出："鼓励第三方电子商务平台与制造企业合作，利用电子商务优化供应链和服务链体系……"还提出："鼓励传统批发企业应用互联网技术建设供应链协同平台，向生产、零售环节延伸，实现由商品批发向供应链管理服务的转变。"

商贸流通领域的 O2O 发展得到明确支持。而 O2O 生活物流服务随后更是被国务院及商务部明确支持，在 2015 年 11 月 19 日，国务院办公厅印发《关于加快发展生活性服务业促进消费结构升级的指导意见》。而此前的 2015 年 10 月 19 日，商务部发布了《关于加快居民生活服务业线上线下融合创新发展的实施意见》，这也推动了包括餐饮外卖和即时快送等 O2O 生活物流服务平台的发展。到 2016 年 3 月，商务部等六大部委在《全国电子商务物流发展专项规划（2016—2020 年）》中，提出了打造电商物流标准化工程，扶持最后一公里社区物流工程，推动电商冷链物流工程等，对本地生活物流领域做出了规划；2016 年 4 月，国务院办公厅印发《关于深入实施"互联网 + 流通"行动计划的意见》，对社会及生活物流服务营造了较好的政策环境。

对于生活服务业的政策引导支持不只局限在城镇。2016 年 10 月 8 日，商务部在《关于促进农村生活服务业发展扩大农村服务消费的指导意见》中提出，"增加农村电子商务企业综合服务功能，引导农村地区餐饮企业、流通企业等生活服务主体与电子商务平台加强合作，探索'线上推广、交易 + 线下体验、服务'的新模式"。随着国家对生活服务业、互联网 + 流通领域的政策支持日益显著，各地也相继出台适应本区域的相关政策及标准。

（二）平台型企业主导优化终端服务

平台型电商企业和领先的供应链服务企业，要不断丰富和完善自有生态圈，以优势服务为突破口，延伸终端领域，营造 C 端的闭环生态圈，用本地生活物流让本地服务鲜活起来。

平台型企业拥有较完善的电商零售网络和配送体系，并在 2016 年不断向社区延伸，日益覆盖终端消费者的全部生活场景。马云在 2016 年首提"新零售"概念："未来的十年、二十年，没有电子商务这一说，只有'新零售'这一说，线上线下和物流必须结合在一起。"阿里商业 O2O 的供应链协同布局也在不断深化。2016 年，阿里先后投资了饿了么、点我达、盒马鲜生、生活半径等 O2O 生活物流服务企业。

阿里也在构筑生态型平台。2016 年阿里集团和蚂蚁金服合资 60 亿元，打造了本地生活平台公司——口碑网，阿里集团董事会副主席蔡崇信出任口碑网董事长。口碑网与入驻的海底捞、肯德基等企业在供应链中开展协同合作。而阿里巴巴旗下的菜鸟网络及其裹裹平台已覆盖了本地生活服务的同城快递、菜鸟驿站、智能快递柜、跑腿快送等。阿里投资的盒马鲜生此前已在上海开设了多家线下店进行试验，号称要打造一个融合"生鲜食品超市＋电商＋餐饮＋物流配送"的新零售综合体，并实现商品、价格、营销、会员的四个统一。2017 年 6 月 9 日，盒马鲜生在全国的第 10 家门店正式落地于北京的朝阳区十里堡。

京东集团在 O2O 生活物流服务市场中也不断发展。2015 年 4 月，京东集团升级 O2O 业务，成立 O2O 全资子公司京东到家，推出众包物流平台"京东众包"，主要向客户提供 3 公里以内的生鲜、鲜花、送餐、超市商品等的同城物流。但成立一年后，京东到家与达达配送合并为新达达，并把生鲜 O2O 业务依然保留在京东到家。在 O2O 多元发展方面，京东到家发展得并不顺利，在 2017 年 2 月关闭了家政、保洁、推拿等"服务到家"产品，保留了"货物到家"（物流业务）。

国内最大的 O2O 生活物流服务平台新美大从 2015 年 5 月开始自建美团专送（自营＋加盟），10 月推出生鲜 O2O"美团菜市场"（饿了么在同年 8 月推出生鲜 O2O 有菜），但美团生鲜 O2O 发展得并不顺利，2017 年 6 月，美团再次推出 APP"掌鱼生鲜"，将线上 APP 与线下超市门店联动，提供生鲜食品配送等服务。在 O2O 发展上也探索纵深业务，2016 年 2 月成立美团点评家装事业部，寻求与其收录的 25 万个装修商户合作，打通家装全产业链，建立线上线下结合的一站式购物闭环；2016 年 11 月，O2O 社区电商爱鲜蜂获得美团点评新一轮融资。爱鲜蜂创始人张赢表示，未来资金将主要应用在市场推广和供应链＋物流方面，不断优化货源选品和配送体系。百度外卖也在 2016 年年底向平台化转变，不断对接包括大润发、顺丰等服务资源，向多场景商业 O2O 拓展。

（三）科技驱动 O2O 智能物流与供应链

O2O 生活物流服务对于时效和品控都有较高要求，因此，在运作模式和设施设备之外，生活物流服务的提升对相互协同和情景预判提出了更高要求。

大数据驱动的智能 O2O 供应链协调已被应用。2017 年 1 月，百度外卖推出"质享生活"，强化场景化购物，与实体零售和物流协同形成 O2O 平台。背后支撑的百度外卖在 2016 年年底推出有 30 项专利的"智能物流调度系统 4.0 版本"（"时光机系统""调度跟实时监控系统""仿真系统"与"寻宝系统"），通过大数据挖掘对用户分级和商户分级，形成了单点对多点、多点对多点的差异化智能物流；并借助百度地图定位技术，实现多品类、多工具、多模式的智能化派单，使得百度外卖平均配送准时率达到98.78%。百度外卖"调度跟实时监控系统"能实时检测每个城市、每个商圈各个维度的实时状况，准确感知配送员与订单相关的实时数据，以及为有可能出现的"爆单"做好预案。

智能调度在O2O外卖及快送平台的发展中被提到了重要地位。2017年1月，饿了么联手阿里云打造全球最大实时调度系统。而美团外卖在2016年对外展示了美团外卖"O2O实时物流配送智能调度系统"。该系统能够综合运用大数据、人工智能和机器学习技术，创造性地使用多种算法应对不同配送场景，能在50ms内提供最优化的配送路径，并且能够准确模拟实际配送，让用户通过手机一目了然地查看配送进展。美团外卖智能调度系统还具有超强的机器学习能力，通过运用各种算法调整策略，应对突发事件，实现毫秒级的订单高效改派。

随着智能技术的深入应用，在大数据积累和系统不断学习的基础上，使得O2O零售及物流等各环节的供应链协调更加高效。谋求搭建万亿级O2O生态圈的怡亚通在2016年11月推出APP"星链生活"，能提供多种生活场景，包括企业生活、邻里生活、实时周边生活。它可以打破不同场景下的社交壁垒，让邻里居民、企业同事有更多的生活交集；它可以在线下单，让所需商品及时配送到家。作为怡亚通O2O供应链另一部分的"星链云店"，帮助线下门店转型为线上门店，打造自定义综合商超，让消费者自助消费。

（四）消费供应链金融提速生活服务

2016年，中国人民银行、银监会联合印发《关于加大对新消费领域金融支持的指导意见》，进一步推动消费金融的发展。随着政策环境的不断优化，市场准入逐渐放开，2016年成为消费供应链金融的爆发年。

消费供应链金融更加场景化，通过探索信用消费＋场景布局，使得本地生活消费和物流具有更强的黏性。2016年3月27日，京东金融发布了消费金融品牌战略，宣布其消费金融业务将围绕着"白条"品牌进一步走出京东，其独立域名baitiao官网正式启用；2016年9月，美团点评完成对第三方支付公司钱袋宝的全资收购，获得了第三方支付牌照。

百度外卖也在努力推广百度钱包，百度钱包是继支付宝、微信支付之后的又一移动支付工具。百度钱包有四大功能，分别是充值功能、转账功能、理财功能和拍照付功能。为了获得支付手段，百度在百度钱包的推广上一直不遗余力。

怡亚通在 2016 年 11 月发布基于 O2O 供应链战略的星链钱包支付平台，星链钱包与怡亚通的星链云商、星链云店、星链生活三大采购及销售平台建立了供应链协同。而星链钱包背后是怡亚通 O2O 金融平台，一方面为怡亚通 380 消费供应链平台上的小微门店提供经营性小额贷款服务，与怡亚通的星链云商、星链云店协同；另一方面，服务于星链生活的场景化消费供应链金融。基于个人客户解决消费贷款，协助银行对借款人进行贷前审核，公司将达标的贷款人推荐给银行并为其提供担保，银行审核后直接给贷款人放贷。

（五）资本逐猎 O2O 生活物流服务龙头企业

资本对于本地生活服务的态度，经历了从怀疑到相信再到大力支持的过程。2016 年虽然很多创业公司遭遇资本寒冬，但资本对本地生活服务市场的投入却始终没有停止过。Trustdata 发布的《2016 年本地生活服务 O2O 白皮书》显示，2016 年全年国内 O2O 生活物流服务交易额约为 7291 亿元，同比增长 64%。

在 2016—2017 年间的 O2O 生活物流服务市场中，各个领域的领军企业纷纷成功拿到融资。外卖 O2O 领域中，饿了么获得阿里巴巴和蚂蚁金服联合注资的 81.25 亿元投资；生鲜电商领域中，天天果园完成 1 亿元 D + 轮融资，易果集团完成了超过 32.5 亿元的 C + 轮融资；在即时物流领域，达达在与京东到家合并后又拿到沃尔玛 3.25 亿元投资，点我达则获得阿里近 10 亿元的融资，专注 C 端的即时物流平台闪送获得 3.25 亿元 C 轮融资……资本永远都是涌向有希望获得最大收益的地方，生活 O2O 领域的小巨头还在角逐阶段，2017 年的竞争势必愈加激烈。2016—2017 年 O2O 生活物流服务领域投融资汇总，如下表所示。

2016 年—2017 年 O2O 生活物流服务领域投融资汇总

时间		企业名称	商业模式	投资方/并购方	交易模式	交易规模
2016 年	1 月	云鸟	同城供应链平台	华平、红杉中国、经纬中国、金沙江	C 轮	6.5 亿元
	1 月	送货神器	安居智慧物流	中以高投、硅谷天使圈	种子轮	—
	4 月	人人快递	众包物流	某基金	B 轮	3.25 亿元
	4 月	趣活美食	社区物流	锴明投资、软银中国资本	C 轮	6500 万元
	5 月	快狗速运	同城货运	新天域资本、阿里巴巴香港创业者基金、新加坡报业集团、和通资本	C 轮	—
	6 月	丰巢	社区智能柜	顺丰、申通、韵达、中通、普洛斯	增资	5 亿元

时间		企业名称	商业模式	投资方/并购方	交易模式	交易规模
2016年	7月	呼呼快递	一站式配送平台	茶马古道资本	Pre－A轮	500万元
	7月	点我达	即时众包物流	阿里巴巴及其他VC机构	不明确	近10亿元
	7月	日日顺乐家	社区生活服务平台	未披露	A＋轮	—
	9月	大牛配送	家具配送安装	成都织梦信息技术、汇象达科技	不详	数百万元
	10月	飞狐配送	同城配送提供方	旺瓜食品	天使轮	200万元
	10月	达达	物流众包平台	沃尔玛	战略投资	3.36亿元
	11月	爱鲜蜂	O2O社区电商	新美大	D轮	—
	11月	易果生鲜	生鲜电商	苏宁领投，高盛、睿恒投资、中银国际基建基金、瑞信、富达、晟道投资、三行资本等跟投	C＋轮	—
	12月	一米鲜	生鲜电商	百果园	并购	—
2017年	1月	口碑网	本地O2O生活物流服务平台	银湖资本、鼎晖投资、云锋基金、春华资本	不详	71.5亿元
	1月	丰巢	社区智能柜	鼎晖、国开行、钟鼎等	A轮	25亿元
	2月	闪送	跑腿物流平台	海纳亚洲创投基金和执一资本领投，普思资本等跟投	C轮	3.25亿元
	2月	爱鲜蜂	生鲜百货社区O2O	中商惠民	投资控股	不详
	5月	到家美食会	外卖物流	百胜中国	收购	不详
	5月	乐鲜派	社区生鲜O2O	个人投资	天使轮融资	700万元
	6月	UU跑腿	跑腿物流平台	启赋资本、天明资本等	A＋轮融资	1亿元
	7月	速递易	社区智能柜	中邮集团、复星资本、菜鸟网络	收购控股	受让股权估值26亿元

资料来源：根据2016年公开报道整理。

（六）O2O脱虚向实，线上线下供应链加速融合

2016年O2O生活物流服务中一个颇为引人注目的亮点就是对于新零售的探索初具模型。马云提出新零售就是线上线下加强融合，线下的企业走到线上去，线上的企业走到线下来，线上线下再加上现代物流，就是新零售。而本质上，线上与线下融合，也将加速O2O供应链脱虚向实，建立敏捷供应链。

2016 年为整合餐饮 O2O 供应链，美团－大众点评新设立的"餐饮平台"，整合原到店餐饮事业群、外卖配送事业群和餐饮生态平台，取消原组织层级，将各所属相关事业部和部门汇入餐饮平台。新的餐饮平台也是一个基于电商的"到店消费"和"到家消费"的 O2O 供应链协同平台，其中"到店餐饮事业群"负责的是餐饮团购、闪惠埋单，预订、选菜、点单，餐饮商户广告等业务，而"外卖配送事业群主要负责外卖、配送等业务"。

在新零售的探索方面，阿里投资的盒马鲜生和物美投资的多点网上商超等探索很具代表意义。盒马鲜生于 2016 年 1 月正式上线，盒马鲜生的 O2O 供应链模式探索了以下几方面。其一，支付方式完全在线化，盒马鲜生只接受支付宝付款；其二，店内生鲜标准化程度较高，与传统商超散称生鲜相比，盒马鲜生的标品更受年轻人喜欢；其三，高效配送，盒马鲜生可以做到店内用户即买即送，网上下单用户半小时送达的高效物流配送服务，用户体验更加极致。整个生鲜 O2O 供应链高效协同。

"多点＋物美"的 O2O 模式就是在传统商超基础上的一次改良。多点在 2016 年感受到了新零售的大潮，于是"多点＋物美"迅速在新零售方面进行探索，凭借双十一、双十二的优异表现在新零售的浪潮中成功站稳脚跟，建立起属于自己独特的新零售模式。多点首先是促进传统商超进行生鲜产品的标准化，目前物美超市会针对多点平台的需求专门生产一批包装菜；其次是倒逼传统商超进行仓储货架的改革，每个物美超市门店都要设立多点前置仓，在物美超市的仓库里设置包装菜加工中心，此外，多点还在积极推动物美超市改换电子货架等。

线上线下整合也成为一个大趋势，具有代表性的就是 2016 年 12 月水果零售连锁品牌"百果园"与生鲜电商互联网品牌"一米鲜"的合并，这是生鲜领域内线上线下融合的第一桩合并案。在新零售的大潮下，线上平台在供应链、渠道等方面优势不足，线下实体店又缺乏电商基因，只有线上和线下真正联合起来优势互补，才能应对当前消费升级的大潮。2017 年 4 月 10 日，京东集团宣布了"百万便利店计划"，未来京东将开设超过 100 万家的便利店，其中一半在农村，而定位智慧供应链平台的京东物流子集团在随后的 4 月 25 日正式成立。

（七）行业洗牌加剧弱势企业的快速淘汰

对生活物流服务企业来说，与其说是 2016 年资本遇冷，不如说是行业洗牌加剧，一些烧完钱后仍没有留下核心竞争力的企业注定要被市场淘汰。

生鲜电商的惨烈情况足以说明。2016 年年初，亚马逊投资的生鲜电商平台美味七七发布公告，宣布正在申请破产，美味七七成为 2016 年生鲜电商倒闭第一案。随后，本来生活关闭本来便利，爱鲜蜂大面积裁员，天天果园关闭线下门店，青年菜君深陷倒闭传闻，果食帮宣布停止业务，食行生鲜撤离北京市场……优胜劣汰，能够存活下来的就是这个领域的佼佼者。

经过 2016 年一整年的激烈竞争，O2O 生活物流服务各领域的领头羊已经浮出水面。2016 年三大外卖平台的交易份额就占到整个市场的 90.8%。在外卖 O2O 领域，2016 年格局已经相当清晰，主要是美团外卖、饿了么和百度外卖三分天下，该领域的其他竞争对手基本已经没有生存空间。

在生鲜电商领域发展势头较好的主要是易果集团和天天果园，虽然生鲜电商领域的竞争态势还不是很明朗，但这两家公司已经占据领先优势；即时物流领域则有新达达、点我达和闪送备受资本追捧；同城货运市场方面，58 速运、云鸟等企业也开始日益崭露头角；生活物流装备领域中，丰巢、速递易和递易智能领跑行业。

（八）传统快递进军 O2O 商业及同城快递

在"互联网 + N"的大环境下，传统快递企业也纷纷寻求转型和创新，在本地 1 小时生态圈里聚集了越来越多的参与者，生活服务物流更加多样化、个性化，这也是 O2O 生活物流服务供应链体系走向敏捷化、个性化的基础。

涉及 C 端服务的企业尽力向社区下沉。2016 年 5 月，圆通速递悄然推出基于社区服务的"妈妈驿站"，并向实体零售转变，在随后的 8 月底，圆通宣布启动"闪电行动"布局同城配送。到 2017 年 4 月，圆通正式推出妈妈商城，圆通在 O2O 生活物流服务的供应链主体也悄然浮现。

2016 年 7 月，全峰快递推出"O2O 闪送"品牌，打造 1 小时生活服务圈，意在融合商家、平台，搭建 O2O 供应链服务生态圈，打造社区化 O2O 服务新模式；2016 年 8 月 12 日，宅急送启动"即时配"业务；2016 年 8 月 14 日，顺丰推出新产品"即刻送"及商家系统，而此前 2016 年 7 月顺丰与百度外卖在北京国贸商圈开启了"快递 + 外卖"的 O2O 供应链服务协同。与百度的合作成为顺丰的一次练兵，到 2017 年 3 月，顺丰悄然进入同城快递服务市场。

二、目前存在的问题

（一）安全和效率的调和

根据第 39 次《中国互联网络发展状况统计报告》显示，2016 年我国网上外卖用户规模达到 2.09 亿人次，年增长率为 83.7％，占网民比例的 28.5％。支撑这个庞大市场的物流服务，在安全和效率方面总会出现难以调和之处。例如，企业对外卖骑士考核的重要标准是"准时"，而在拥挤的就餐时间，要及时送达只有速度更快。于是，该时段也成了送餐员交通事故频发时段。

2016 年 4 月，在北京市海淀区志新西路学院路 20 号院附近，一名外卖送餐员骑电动车从后方撞到赵某，造成赵某十级伤残，事故经交通管理部门认定由电动自行车的司机负全部责任；2016 年 8 月，福州金洲南路金港路路口，一名外卖送餐员骑电动车在斑马线上被一辆小车撞出一二十米远，造成重伤不治身亡。

同类事件并不罕见，O2O 平台众包模式下的物流人员安全意识淡薄。从企业角度讲，企业需要一套行之有效的考核机制，以保障服务质量，一系列关于时间、流程、标准的规范要求是必要的；从外卖骑士、跑腿人员角度讲，在繁忙的用餐高峰期，为保障一个订单的辛劳不致由于差评或者未达到考核标准而白费，难免急中有失。要协调管理和效率还需要从双方甚至三方去寻找平衡。一是企业在制订标准的时候，可通过大数据的分析，更好地协调高峰时期的派单；二是帮助送餐员提高安全意识，并配备必要的防护用具；三是给消费者提供更科学的时效预判，以降低消费者的心理预期。

（二）行业监管的磨合期

对于 O2O 生活物流服务的供应链支撑，更多靠电三轮、摩托车等城市物流微车，然而也因此遭遇城市"上路难"，甚至身份不合法等问题。2016 年 3 月，深圳市交警部门在全市范围开展禁摩限电源头治理专项集中整治行动，与此同时，《广州市非机动车和摩托车管理条例》（草案）提交广州市人大常委会进行审议，"条例"明确广州拟对非机动车、摩托车实施"五禁"的管理制度，即"禁售""禁油""禁行""禁停""禁营运"。此后，多个城市展开了禁摩、限摩等专项整治行动。这给同城快递、外卖、社区配送等生活服务物流企业带来一些影响。

简单的管理方式必然难以适应社会需求的不断发展和壮大。居民生活需求的变化客观上要求 O2O 物流更加深入社区，这就需要更加便捷、轻型的物流工具。不仅要适应市场需求，进行有效监督和引导，还要借助行业协会等多种措施，提高企业和行业自律，才能在兼顾各方利益的同时，促进经济发展。

幸而部分城市已经开始尝试破题。2016 年，北京市公安交管局联合行业协会对全市 5.7 万辆正规快递三轮车统一了车身标志，实现一车一码、一车一人对应管理。另外，北京市针对外卖骑士的培训也在同步展开。

（三）市场磨合的阵痛期

随着居民生活需求的多元化，新兴 O2O 市场不断填补这些需求。然而，在新兴市场成长的过程中，依然产生了许多磨合期的阵痛。尤其是面向 C 端的 O2O 生鲜行业，全流程的标准化生鲜供应链难以建立，品质安全也难获得公众信赖，就导致其陷入价格竞争和烧钱补贴而难以持续的状态。

生鲜是低单价高频次的快消品，却对温控仓储和运输有较高要求，而且易损耗；加之，生鲜的季节性销售和储运的差异，对冷链物流造成了冲击。目前，物流市场普遍存在设备设施落后、分布不均匀的情况，同时，夏季冷运、冬季普运的现象也给冷链运输企业的运营造成困难。物流需要市场，市场仍在成长，却需要一段时间的阵痛，才能选定更适合的规模、分布和物流方式。

三、O2O 生活物流服务供应链展望

（一）行业生态融合加速

生活物流体现出更多的个性化、零散性、区域性，而所涉及的服务和销售却往往是网络化和规模化的。2017 年，各种形态的 O2O 生活物流服务企业在竞争的同时，将更多体现出基于生态圈的融合、联盟、共享、合并等形式的合作，会使 O2O 生活物流服务供应链更加高效。原有本地生活圈的企业发力线上线下一体化服务。2017 年 1 月 1 日，多点宣布同物美的会员体系正式打通，此外，多点还将继续打通双方商品、营销、仓储物流等 O2O 供应链各个环节。"多点 + 物美"即"快送 + 商超"合作模式，给本地生活领域的新零售提供了一种场景展示。同时，顺丰探索的顺丰优选 + 顺丰速运，即"电商平台 + 便利店 + 冷链快递"的 O2O 供应链协同模式也成为一个标杆。

（二）企业运行更加规范

随着国家针对市场行为的规范和标准出台，O2O 生活物流服务将进入一个新时代。一方面，依照相关政策，规范企业经营行为；另一方面，为在行业中树立企业品牌，大型企业也将出台企业操作流程及标准，打造企业形象。2016 年 12 月，O2O 企业 58 到家旗下的 58 速运推出了培训考核挂钩体系，从客户服务流程、违禁货物类别、七大行业装配技能等方面落地实施。2017 年 1 月，美团外卖在全国范围内启动"统一号牌"行动。

（三）技术装备不断升级

2016 年常被称为是"资本寒冬期"，但依然有不少 O2O 生活物流服务企业获得了融资。2017 年，这些企业在加大市场拓展力度的同时，对于技术装备上的投入，将大大提高企业的硬件实力。随着盒马鲜生、京东到家、每日优鲜等即时生鲜 O2O 快送企业的发展，对于专业化温控快送设备方面强化了投入。而在社区智能柜方面，国内最大智能柜企业速递易在 2017 年 7 月被中邮集团、菜鸟网络等收购，速递易也宣布推出智能寄递产品"小黄筒"，并将在 2017 年年底前铺设 10 万套，速递易也将对接中邮、菜鸟布局社区 O2O 服务市场。

（四）消费金融链条延伸

目前，我国金融体系逐渐完善，多样化的社会融资渠道、不断刷新的金融创新速度，为 O2O 供应链下的消费金融产业发展奠定了基础。同时，国内的银行、消费金融公司、小额贷款公司、互联网企业等为主体参与构建的互联网消费金融产业链也正在不断地壮大。2016 年各方巨头纷纷入场，例如海尔金融、TCL 金融、国美金控等布局消费供应链金融市场。2017 年，消费供应链金融在一些垂直 O2O 生活物流服务领域将展现出较好的成绩，例如家电、电子产品、生鲜等。

（现代物流报研究中心　杨达卿　郭苏慧　王彦丽）

专题篇

大数据在供应链中的应用

一、大数据融入供应链管理

（一）供应链管理与大数据简介

20 世纪 80 年代左右，供应链的概念开始出现。美国学者迈克尔·波特在其所著《竞争优势》一书中提出了"价值链"的概念，供应链的概念在此基础上出现。《竞争优势》一书，把"价值链"的思想融合到供应链的概念中，形成了供应链思想。

随着时代的进步、信息技术的不断发展和普及，每时每刻都有大量的数据产生，数据信息量呈现指数式爆炸增长。收集、交换、分析和整合数据，成为各个领域必不可少的一项工作，人们早已步入了大数据时代。大数据的概念在 20 世纪 60 年代就已经出现，IBM（国际商用机器公司）将其特点概括为规模大、处理速度快、数据类型多、价值密度低。

"大数据时代"已经成为 21 世纪的标签，各行各业都在进行数据挖掘，以达到诸如满足客户服务需求、优化业务流程、改善生活条件等目的。供应链管理中也毫不例外地融入了大数据，使预测与采购、生产与运营、库存与物流方面得到优化，基于大数据的供应链管理模式正在为供应链管理带来颠覆性改变。我国政府对此也给予大力支持。2015 年 9 月国务院印发《促进大数据发展行动纲要》，系统部署大数据发展工作；2016 年 1 月，国家发改委印发《关于组织实施促进大数据发展重大工程的通知》，提出重点支持大数据共享开放；2016 年 10 月，国家发改委、工业和信息化部、中央网信办发函批复，在上海市等七个区域内推进国家大数据综合实验区建设，此举将在大数据创新应用、大数据产业聚焦等方面进行试验探索，推动大数据创新在我国的发展。政府出台政策指导并规范了我国大数据产业的发展，使其有了科学依据，促进大数据产业的持续发展。

大数据促使供应链的四大部分——采购、制造、物流、销售得到了优化。通过使用大数据进行采销预测，能够降低企业的库存量，进而降低库存成本。一些电商甚至可以利用大数据做到在消费者未下单之前完成商品采购，并将货物调拨到离消费者相对近的仓库，从而提高物流效率，这也是当代电商的一大技术热点。许多处于领先地位的企业，都是靠大数据驱动供应链，利用大数据分析结果进行预测，以达到供需平衡。通过掌控自己的供应链，这些企业在库存管理、订单履行率、产品交付上具有更大的优势。现在，越来越多的企业把大数据供应链放在重要的位置，尝试这种新的供应链管理方式。大数据在供应链管理中不仅能够进行准确地采购和销售预测，还能够促进供应链金融的发展，通过上下游企业的消费行为，对目标客户进行资信评估、风险分析、警示和控制。大数据促进服务业供应链的发展成为当代热点之一，将供应链大数据管理的模式引入服务业，比如旅游业，可以对游客的经济活动进行预测控制，提高经济效益。

（二）大数据供应链与传统供应链对比

1. 传统供应链

传统供应链的物流网络是由供应商、制造商、仓库、配送中心和渠道商等构成。供应链管理的目的是使供应链运作最优化，花费最少的成本。供应链管理通过协调企业内和企业外的资源来满足消费者的不同需求，并且实现提供可预测收入、缩短现金周转时间、实现盈利增长、降低企业面临的风险这四项目标。但是传统供应链只有供应链采购、供应链制造、供应链物流等。

在信息技术不发达的时代，采购对企业来说只是一种单纯的购买行为。仓库比较少的小企业对于采购的数量、时间要求还没有那么苛刻，但是对于很多拥有十几个仓库的库存量单位（SKU）采购，一旦出现问题，影响的将是整个供应链，运营和库存管理等职能都会受到影响。采购作为供应链的最初环节、业务流程的起点，在整条供应链中发挥至关重要的作用，一个良好的采购开端才能为整条供应链打下好的基础。但是在传统供应链中，由于对市场分析并不准确，不能很好地进行采销预测，往往给企业造成损失。

在传统的供应链思想中，企业提供的物流服务必须与生产商、仓库配货方、运输公司等部门协调一致，协同管理供应链。物流与库存协调，能够降低供应链库存量，进而增加库存周转率。这个观点毋庸置疑。物流不仅仅是消费者和零售商之间的事情，与采购部门、生产部门、销售部门也密切相关。采购、生产和销售紧密联系在一起才能保证产品从原材料到成品的这一个价值增值过程在整个物流网络顺利运转。在传统供应链物流中，从根本上说，整个过程的大多数企业没有达到上述要求。

2. 大数据供应链

大数据概念的出现为各行各业带来了一场革命，供应链管理也不例外。在大数据时代，供应链管理必须紧密联系信息资源的新特点与需求的新特征，有效地获取、整合、分析数据，才能降低供应链成本，快速响应客户要求。通过对商品的采购信息、产品的生产制造信息以及产品的销售信息等数据的挖掘与分析整合，建立相关的算法，对产品的未来销量，以及消费者的消费行为进行预测，能够达到预知市场和缩短响应时间的目的。另外，在收集筛选数据后，还能构建符合市场需求变化的模型，通过分析模型，得出企业的核心任务，可以为企业的发展计划提供有力依据，帮助企业找到自己的发展重心，实现新的利润增长。

生产与运营是大数据时代供应链管理的另一新兴职能。为了达到快速检验、可视化制造的目的，企业将无线传感器安装在工厂的各个角落，监控产品的整个生产流程。传感器和射频识别装置能够获取产品的实时数据，对数据进行统计和处理，可以实现大数据驱动下的数字化工厂。在大数据环境下，产品的设计和生产不再依靠人为猜测消费者的需求或者进行传统的市场调查，企业只需要对消费者的消费数据、产品的订单数据来判断产品占有市场的特征，并将其融入产品设计和生产中去。

大数据可对物流和库存量进行优化。大数据供应链能够提前调整库存，不需要等待客户的需求反馈。通过先进的处理手段和技术模型对大数据分析，可使供应链的上游（供应商）和下游（经销商）得到监控和管理，并盘点企业的物流水平和库存量状态。大数据还能将交通情况的数据、天气情况的数据与物流状态的数据、库存状态的数据联系起来，提高供应链管理柔性，对产品的位置进行定位，不仅优化了库存水平，还提高了企业的竞争力。

"云服务"的概念随着大数据的兴起而产生，物流云服务也成为依托于大数据环境下的一大热点。在互联网技术支持下，人们更容易获取在线数据。在线数据相比于离线的数据时效性强，能反映产品的动态变化。通过大数据在云平台上进行物流资源的需求调配，分析物流的最佳路线，还能帮助企业进行仓库选址。[①]

大数据供应链管理在预测与采购、库存与物流、生产与经营方面都颠覆了传统供应链的竞争与获利方式。当下的企业应该充分利用大数据，推动供应链发展，而不要成为大数据时代下的孤岛。

（三）在供应链中融入大数据的必要性

大数据为供应链提供了新的职能，在供应链中融入大数据已经成为当下的必然趋势。政府的支持以及许多企业在大数据供应链管理方面的成功案例让我们看到大数据

---

① 王红春，刘帅，赵亚星. 大数据供应链与传统供应链的对比分析［J］. 价值工程，2017，36（26）：112－113.

供应链的广阔发展空间。西麦斯成功应用大数据分析优化了供应链与交货时间；沃尔玛建立数据的生态系统，整合数据，追踪客户，提高销量；亚马逊通过大数据供应链，用高级分析法提前预知消费者的行为，在其购买之前就将商品配送到附近的仓库；万豪国际酒店集团（Marriott）通过收益管理程序，考虑了从客户到天气等因素，为贵宾房进行最优定价并实时调整。

越来越多的学者认识到了大数据在供应链中的重要作用，关于大数据供应链的文献增长迅速，2013年能查阅的只有27篇相关文章，2016年已经达到了260篇。学者的理论研究能够加深对大数据与供应链之间的交互作用的理解，给企业的实际应用提供理论支持。通过理论与实践相结合，大数据供应链将得到更长久广阔的发展。

大数据能够融入供应链管理中，并且发挥重要的作用，不仅是因为它能增强决策的预见性，提高供应链的运营效率、运营绩效和竞争力，还在于它能够帮助企业进行供应链风险规避。大数据的真实性为企业提供了决断依据，提高了企业的需求计划能力与决策制订能力。在物流决策中，竞争环境的分析与决策、物流资源优化与配置、物流供给与需求匹配等都可以借助于大数据技术。在提高供应链效率方面，大数据技术能够促进供应链高效合理地分配资源，提高整个供应链的协调能力，最大化地缩短配送时间。在增强需求计划能力方面，大数据技术能将不同数据进行整合，结合客户的事实需求，合理安排企业的业务活动，从而进行业务创新，及时应对客户需求的变化。比如旅游业通过运用大数据技术可以提前预测客户的需求变化并综合天气、时间等因素，提供相应的合理服务，使利益最大化。管理者利用大数据技术能够通过预测性分析技术在事前、事中以及事后对供应链的风险进行规避和管理；大数据通过获取企业以及互联网、移动平台的不同数据进行研究和综合分析，使结果更加可靠；大数据通过定时动态控制，实现事中的风险动态管理，识别异常情况；大数据能够深度挖掘事后风险，从而帮助决策，找出企业背后的必然风险。

大数据是当下全球最受关注的信息技术之一，已成为和资本、劳动力一样重要的生产要素。大数据时代是一个新的生活时代，给人们提供了一种新的生活方式、一种新的获取资源的渠道，并且带来了一种新思想、一种创新的思维方式。大数据促进了传统产业的转变，促进了新产业的涌现，促进了创新创业的兴起，还促进了我国新经济的深化发展。

由此可见，在供应链管理中融入大数据技术，是企业供应链发展的必然要求。如果企业不能合理利用大数据来优化供应链，各个环节之间缺乏协作性，那么只能获得孤立的利益，在大数据时代下缺乏竞争力，从而导致供应链成本超支，产生企业危机。

二、大数据在供应链管理中的应用

（一）大数据的应用可准确预测采购和销售

随着"大数据"一词在人们的生活中越来越多地被提及，众多企业先后意识到了数据的爆炸性增长所带来的巨大隐患。不过存在隐患的同时，也就有了机遇，谁能率先解决隐患，就将在同类型企业的竞争中占据优势。利用大量的数据来进行预测，成为竞争制胜的关键，未来的决策将不仅仅依靠经验和直觉来进行，而会更多的基于对大数据的收集与分析。

早在20世纪的六七十年代，零库存的概念就已经被人们提出。当时的日本丰田汽车公司推出了准时制生产的方案，在管理手段上采用看板管理、单元化生产等技术实行拉式生产，将生产过程中的半成品和材料控制在一个较低的值，想要实现库存和资金的低积压，就要对采购和销售进行准确预测。采购和销售作为供应链管理系统中的重要内容，对于企业获得的最终效益有着很大影响。

采购作为企业业务流程的起点，是连接供应链各节点企业的桥梁。对采购的准确预测，既能降低供应链的总成本，也能有效保证企业产品的质量和良好的库存水平。在过去，企业一般会采用传统采购的模式，每个月末由企业各部门上报下个月的需求，再由采购部门进行计划汇总，在得到一个统一的计划后向供应商提出供货申请，然后进行验货入库并存放以满足下个月各部门的需求。这种采购主要以填充库存为目的，市场响应慢、库存量大、资金积压多，且库存的风险大。另外，这种采购策略对数据的分析很少，仅计划满足了一段时间的需求。在那之后，准时制生产模式在企业生产系统中开始实施，JIT采购（准时化采购）成为企业提高市场响应力的有效手段。但是，JIT采购模式要求供应方和需求方的信息能够高度共享，同时要保证信息的准确性和实时性，这就需要一系列的保障措施。随着供应链管理概念的提出，更为先进的基于信息技术的协同采购理念正在成为现代企业采购流程的核心，我们也称之为基于供应链环境的电子采购流程。企业能够通过对历史客户数据、销售数据等建立相关计算方法，对未来的产品销量和客户的消费行为进行预测，并在消费者下单之前完成商品的采购。作为供应链上游的供应商也能根据计划提前做出反应，提高交货速度，大大缩短了整个供应链的响应时间。与以前依靠市场调研人员的个人经验判断市场情况不同，我们能够通过收集供应链上各节点的大量数据，构建出真实的市场需求变化模型，从而对产品的需求进行准确预测并制订合理的采购计划。

在一个完整的供应链管理过程中，产品从销售到送达客户再到经过售后服务才算一个完整环节。一个企业的销售物流主要应该包括包装、成品储存、订单以及信息处理、货物运输配送、装卸搬运和流通加工等主要环节。企业将大数据思想运用到产品的包装上，基于大数据分析的产品包装设计不用再依靠传统的市场调研来确定消费者喜欢的类型以及需求。企业通过分析消费者以往的购买历史数据，能够很精准地判断什么样的产品包装更受消费者的欢迎。迎合了消费者的爱好，就是提高了产品对比同行业的竞争力，抢占了市场的先机。在库存的储存方面，大数据分析能够通过先进的处理手段和模型对供应链上游的供应商以及下游的分销商统一进行实时监控，动态提供商品的库存水平，实现信息的充分共享，以及实行合理的库存控制模型，从而为降低库存提供了可靠保障。在订单的信息处理方面，大数据分析能够及时对订单的信息进行记录，反馈消费者的需求，及时做出反应，能够为分析采购提供重要信息。对于货物的运输配送环节，大数据分析在交通领域中也起到了重要作用。大数据分析能够基于GPS（全球定位系统）和GIS（地理信息系统）的数据确定最佳路线，建立运输线路优化模型，并帮助物流企业选择快捷便宜的路线。与以往相比，这不仅大大减少了意外情况的发生，也提高了企业的信用。通过大数据分析，企业在销售时无论是在产品方面还是在运输方面，都能够做出准确判断。

预测作为供应链管理的源头，需要为企业后续的运作环节提供足够的保障。而基于大数据思想的预测分析，是以数据平台作为支撑，可以进行精确地采购，并优化销售策划方案，从而为企业规避了许多风险，加强了市场竞争力，与传统的调研相比抢占了先机，让企业获得了更多的利润。

（二）大数据改善制造和物流环节

传统的供应链运作职能分为供应链采购、供应链制造和供应链物流。供应链制造环节应该包含生产、测试、打包和准备送货等环节，是供应链中需要计算数据最多的部分，还要对产品的质量水平、工人的生产水平、生产效率等进行测量计算。供应链物流环节主要包括：调整用户的订单收据、建立仓库网络、派递送人员提货并送货到客户手中、建立货品计价系统、接受付款。

供应链制造环节是统一规划所生产的产品或提供生产服务所需要的一系列资源，这一环节决定了参与在供应链中的企业是否能够获得利润。供应链制造环节的过程管理较为复杂，包括生产流程的设计规划、企业员工的调配分工等一系列子环节。大部分企业在做出生产决策的时候能够保障自身生产环节的协调合作运营，但是单独企业的协调运营并不能够实现快速反应。要想降低成本，统筹整个供应网络进行协同生产，敏捷制造才是关键所在。而要实现自身的协调合作运营，就需要对大量的历史数据有一个充分地了解，并且能够根据对以往的数据分析制订出合理的制造方案。

一个国家的制造业水平直接体现了生产力的发展水平，制造业发展水平的高低直接关系到国家的经济水平和人民的生活水平。一个企业的制造水平也直接体现了其生产力的水平，反映了企业的设施先进程度、员工的素质以及管理水平的高低，并且直接关系到企业的获利和受重视程度。以家电制造这一行业来说，经过这么多年的发展，进行了激烈的市场竞争、并购，整体行业结构从以往的企业数量庞大、规模小、企业质量参差不齐，发展到了现在的数量少、范围大、产品品质提高。想要从小企业发展到大企业，就要能够对大数据进行合理利用，否则只能是一盘散沙，没有真正处理问题的能力。在制造环节，大数据思维有助于打破组织边界，促进企业的跨界融合，提高制造水平。同时，也能够根据足够多的数据对市场进行分析，从而进行合理地制造安排。

随着互联网时代的到来，各大企业的产业结构开始结合互联网进行一系列的重大改革。以大数据思想、物联网技术等为代表的新型网络信息技术正展现其强大的活力，推动着变革的进行。互联网在人们的生活中扮演着越来越重要的角色，构建合理的物流网络对产业的未来发展有着难以估量的作用。

供应链的物流职能在供应链的运作过程中起着至关重要的作用，负责整个供应链的货物运输。传统思想认为企业在提供物流服务时必须要注意将生产商、仓库管理方、运输方等各个部门协调一致，这样才能够达到供应链协同管理的标准。物流与库存协调，从而降低供应链库存量，向零库存努力，提高库存周转效率等，这些都需要对大数据进行全面分析，并且逐步对方案进行优化。当然，这种思想有利于降低供应链成本，但是，物流不仅仅是客户与销售商之间的简单联系，还要与采购部门、生产部门和市场销售部门等产生密切的合作关系，保证产品从原材料到最终成品的供应链价值增值过程顺利进行。目前，大多数企业没有达到这个要求，仅仅停留在表面的简单交易关系，远未达到上述要求。

现代种类繁多的商业环境给企业带来了巨大的压力，无论是大企业还是中小型企业都要面临客户满意度的问题。企业要做的不仅仅是向客户销售产品，还要提高客户满意度，提供高品质的服务，让消费者能够获得幸福感。要想在国内和国际市场上赢得客户，供应链中的企业能快速、敏捷、灵活和协作地响应消费者的需求是重中之重。要想快速做出响应，就要用大数据分析进行支撑，甚至是提前做出预测。大数据作为新一代物流商业的基础设施，在未来任何一个领域都将是企业竞争发展的核心。企业良好发展的核心在于强化人与物之间的连接，促进整个供应链循环的良性发展。面对多样的社会环境，构建高客户满意度的供应链已经成为现代企业的普遍发展趋势。

从整个大数据层面来说，现阶段累积所有客户的大数据，有助于建立一个从快递员到企业各个层面的工作数据体系。通过对大数据进行分析，未来将会实现细致到能够指引快递员配送路线的效果，这就是对大数据价值的一方面理解运用。以同城配送为例，运营工作中快递公司常常要面临一些常规的算法问题，大到对一片区域的配送，小到对一笔订单的配送，都要用算法得到合理的方案，而通过分析大数据，企业将能够实现提升人、物、地三者之间关联性的效果，并在实际中进行验证。

（三）大数据促进供应链金融的发展

供应链由三个"流"组成：需求信息流、货物与服务流、资金流。资金流是一个完整的供应链能够长久循环的关键。供应商如果不能及时获得货款，那么在下一阶段的生产过程中必然受到资金不足的影响，进而影响产品质量，使得企业信任度下降，最后导致整个供应链中断甚至是崩溃。因此，在供应链模式的发展过程中资金成为了一个不容小视的问题。供应链模式的生产工序是通过市场来协调的，因此企业与客户的交易频率和贸易过程中交易的产品总量都提高了。企业为满足市场交易的需要，就要准备更多的资金，但对于上游的众多中小企业来说，它们在银行信用贷款模式中属于高风险的贷款对象，因此要付出更多的成本，甚至得不到贷款，从而导致了整个供应链有可能中断崩坏。

供应链金融给商业银行带来了新市场和盈利模式，能有效地降低供应链管理的成本，因此开始日益受到企业界的重视。近年来，制造模式发生了重大变革，产品的生产过程不再是传统上的单一工序，一个完整的产品往往需要经过若干工序，由多个企业合作完成，如果把这些工序按时间排列就形成了一条产品产业链，其中每一个小环节都是价值增值的过程，产品链本身也是一条价值链。随着技术的进步和工业水平的提高，人们的消费水平也日益提高，单一的产品生产已无法满足多样的消费需求。

供应链金融是一种非常有效的模式，但这种模式存在一个比较严重的问题，这种授信模式的基础是供应链上下游之间稳定的采购关系，然而在实际运作中无法完全获知企业的交易情况。大数据的发展能够更好地获取这些数据，从而实现对中小企业的授信，增加供应链金融的可行性。

（四）大数据促进服务业供应链的发展

现代服务业作为第三产业，是以现代科学技术为支撑，在新的商业模式、服务方式和管理方法基础上建立的服务产业。随着经济的发展，以及大数据领域关键技术的突破，大数据已经成为各个行业进行活动、决策的行动依据。我国"十三五"规划纲要明确指出"实施国家大数据战略",专家、学者们也从自己的研究领域出发,挖掘大数据的作用,阐述了相应的观点和理论。大数据在现代服务业中有极高的应用价值。

随着人们思想观念的转变,作为现代服务业之一的旅游业已经成为国民经济的战略性支柱产业。旅游业通过给游客提供旅游产品和服务获取利润,要处理大量的旅游信息。利用大数据可以收集旅游信息,通过对数据的处理、分析和反馈,增加供应链上下游之间企业的紧密合作,在获取更多利润的同时提升客户满意度。旅游业即将迎来大数据供应链时代。旅游业的供应链环节从基础的娱乐设备生产商、旅游中介商、提供娱乐的旅游供应商直到游客和相关管理部门,无时无刻不在产生数据。在整个旅游服务供应链中,游客需求管理是比较重要的部分,只有掌握游客的需求,才能更好地决策,大数据恰好为这一决策提供了有力依据。通过对历史数据、动态数据的采集,可以对游客的需求进行分析与建模,挖掘数据背后的信息,最大化发挥大数据的预测功能。这样可以有效防止旅游企业准备过剩,造成资源浪费。还可以有效避免因准备不足,延长服务等待时间,降低游客的体验,增加客户流失,降低旅游企业自身的市场竞争力。日益成熟的互联网技术为游客提供了更多建议、评论和投诉的渠道,大数据可以准确捕获客户的反馈意见,提供决策依据。①

大数据供应链在餐饮业也颇受青睐,同旅游业相似,餐饮业中大数据的作用也主要体现在预测上,给客户和商家都带来许多方便。基于已经搭建的互联网点餐平台,收集上面的大量数据,在此基础上进行挖掘,发现客户需求的普遍规律,并以此为实践的依据,可以节约更多的供应链成本,创造更多价值。供应链的上游企业可以根据大数据反应的客户需求,制订相应的生产计划,下游的客户可以将自己的消费体验反馈给上游,实现大数据有价值、真实的特点。

从大数据服务业的产业结构看,我国大数据服务业的产业生态环境已经初步形成。② 数据的收集、存储、分析和应用将被广泛应用于大数据服务业,大数据供应链更是其中至关重要的一部分。大数据将会促进服务业供应链的发展,使企业和客户双方受益,进而推动服务业的发展。

三、构建基于大数据的供应链公共服务平台

基于大数据的供应链公共服务平台由存储层、分析层、应用层三个部分构成,存

---

① 吴文霞. 基于大数据的旅游服务供应链管理分析 [J/OL]. 中国商论, 2017 (24): 145 –146.

② 黄浩. 大数据服务业:趋势、挑战与对策 [J]. 开发研究, 2016 (3).

储层负责各类供应链相关数据的分布式存储和管理，分析层由并行分析挖掘计算引擎、分析挖掘基础模型和供应链业务分析挖掘模型构成，应用层构建面向企业、金融、物流等行业的大数据分析应用，为供应链相关的多方参与者提供各类监控分析结果和业务决策服务，具体如图 1 所示。

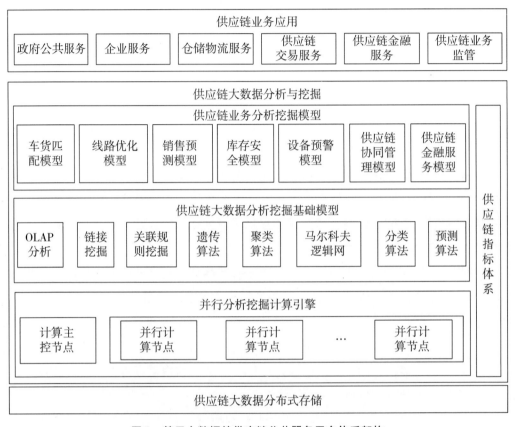

图 1　基于大数据的供应链公共服务平台体系架构

（一）构建供应链大数据交易服务平台

供应链大数据交易平台主要借助互联网、物联网、云计算、大数据等技术创新和手段，促进新一代信息技术与供应链服务相融合，平台打破了生产企业及其上下游、流通企业组织内部及组织间业存在的业务孤岛、信息孤岛，有效地规划和管理供应链上发生的供应采购、生产运营、分销和物流活动，支持供应链相关方之间的协调和合作，实现商流、物流、信息流和资金流的高效整合，形成产业组织网络、产业价值网络、产业物流网络、产业资金网络和产业数据网络。

（二）构建供应链大数据物流服务平台

供应链大数据物流服务平台将零部件供应商、物流服务供应商、产品销售商等整个供应链上各节点企业的运输、仓储、配送等物流相关信息收集整合，为链条上企业提供物流解决方案，提高销售预测的准确度，使采购、生产、库存、运输、配送、质量、服务等各项指标达到平衡，提升整个供应链的竞争力，使节点企业都能从中获取更大收益。

（三）构建供应链大数据分析服务平台

供应链大数据分析服务平台主要为与供应链有关的社会服务、政府服务、行业监管、商业服务提供数据支持，以并行分析挖掘计算引擎、分析挖掘基础模型为基础，面向供应链业务应用，遵循供应链行业指标体系，构建供应链业务分析挖掘模型，为客户、政府、行业提供高性能的数据服务支持。

（四）构建供应链大数据金融服务平台

整合供应链上下游企业的真实背景信息及贸易信息，结合大数据和风控分析模型，打造全流程供应链大数据金融服务平台，可面向供应链整条产业链实现信用管理、融资服务、存贷管理、资金管理、交易管理，保证交易安全透明，实现资金流的闭环。供应链金融全流程数据信息和相关方交易信息经区块链账本记录，可追溯、无法篡改。监管机构可获得监管节点对供应链金融全流程环节进行监管。

四、供应链大数据公共服务体系的实施保障

（一）优化供应链大数据公共服务体系的应用环境

1. 政府提供政策支持

行业和市场应用环境的改善离不开政府的指导与规范作用，大数据供应链也不例外。从2009—2013年大数据市场的萌芽起步，到2015年的高速发展，大数据产业在政府大力扶持下，于2016年进入成熟期，不仅自身成为规模庞大的新兴产业，而且有望在"十三五"期间，带动市场规模巨大的IT服务业转型，促进国民经济其他领域的飞速发展。近年来，政府对供应链管理与供应链安全的关注度逐年增加，政策支持力度也越来越大。在政策的支持下，大数据产业实现创新和应用也会更加积极，我国产业

结构的调整和升级也就有了更科学的依据。

2. 各行业推行标准化

对于行业来说，促进大数据供应链应用环境构建的最核心的贡献就是在行业内推广标准化。推动供应链上下游协同发展、资源整合、共享共用，可以促进供应链发展提质增效。以物流链为渠道，利用物联网、对象标识符（OID）等先进技术设备，推动产品从产地、集散地到销地的全链条追溯，可以促进追溯链与物流链融合。比如推进农业标准化，让种苗、产品卫生有统一的标准，就可以使各个地区的农业有个统一的衡量。再比如制造业的标准化，也极大地方便了企业间零部件的采购与信息的传递，使得同一类零件或设备在不同企业中的信息可以得到有意义的汇总。从而对标准产品进行有价值的追踪，对采集的数据进行有价值的分析。同样，服务业的标准化可以把服务流程、服务设施做成统一标准，建立和完善各类供应链平台，提高供应链协同效率。行业内部可以以平台为核心完善供应链体系，增强供应链协同和整合能力，创新信息组织方式，提高信息集约化水平。各行业针对大数据产业相关的标准制定、推广与国际合作等方面要继续完善，从而促进大数据产业的可持续发展，进一步拓宽大数据的应用领域，最终提升我国大数据产业在国际上的话语权。

各企业应该密切关注政策，积极参与行业内部的变革。企业是大数据供应链应用环境构建的主要参与者和直接受益者，所以企业应该积极跟进政策，以政策作为决策的指导与参考。在行业进行标准化的过程中，企业要积极参与，积极提供产品信息，共同促进行业标准化的建立与完善。同时积极引进和使用行业内的产品标准、服务流程以及大数据供应链的平台，从企业的产品、目标和发展方向去适应行业和政策的变革。大数据之所以在供应链管理中具有举足轻重的作用，不仅在于其能够增强决策的预见性，还在于其能够提高供应链的运营绩效和竞争力。总的来看，大数据不仅能够提高供应链运营效率、促进供应链创新与发展，还能帮助企业进行供应链风险管理。

（二）强化供应链大数据公共服务体系的信息化支撑

1. 在供应链的管理方面广泛推广大数据分析

在大数据时代的信息资源环境中，市场运营的各类信息需求呈现丰富、繁杂、迅捷等新要求。信息资源实现的价值创造已成为现代供应链运营发展的重要内容。

企业必须了解大数据可以产生的收益。具体来讲，在供应链中引入大数据不仅可以优化供应链中的库存，为产品建立库存优化模型，还能对完善库存管理、提高销售与分销流程的效率等提出有效的改进方案。

2. 数据结构化与标准化的推行

随着网络技术的发展，特别是互联网技术的飞速发展，信息量变得日益庞大。这些信息可以划分为两大类：一类是可以用数据或统一的结构表示的结构化数据；另一类是像文本、图像、声音等无法用数据或统一的结构表示的非结构化数据。大数据不同于传统数据。大数据不但有数据的产生、获取、转换、应用分析和存储的概念，而且还涉及非结构化数据，使得数据内容呈现出多样化的趋势。在这样的形式下，大数据部署正面临着挑战。在大数据背景下，如果不能对信息进行及时有效地处理与分析，就不能对市场需求进行准确判断。[①]

大数据是当前全世界都在关注的技术领域，在非结构化数据管理的标准化工作上，我国不仅要依据我国的国情，而且要在进行标准化的同时密切关注国际动态，提高非结构化数据管理标准水平，促进大数据产业及应用的发展。

3. 进行有效的数据筛选

计算机的普及以及互联网的飞速发展，使得互联网广告行业以及基于此的效果评估等第三方公司有了广阔的发展空间。

大数据安全分析应运而生。在今天的安全分析行业，大数据是一个热门词汇，但很多客户还是持怀疑态度。因为很多公司花了数十年的时间建成"数据湖"后才发现不能通过"潟湖"得到一些有用的东西。今天的解决方案通常包括昂贵的集群加上静态的商业智能报告以及看上去不错但实际作用不大的可视化仪表盘。

从谷歌、亚马逊、Netflix（一家美国在线影片现货提供商）这些公司的发展就能认识到，通过对数据集进行实时挖掘，大数据可以成为商业成功的推动者。这些公司使用大数据预测分析，可识别出客户想要买或者看些什么，这才是真正有用的安全分析模型。

在这个数据庞大的时代，数据错误已侵入各行各业的缝隙中。其中的原因多种多样。如互联网反造假的监测成本太高，对数据逻辑的错误改变不容易发现，而且对数据的单纯分析也有可能与实际相去甚远。这就需要有效过滤供应链信息，对于供应链节点组织以及供应链客户所需要的信息进行较为详细、有针对性地过滤与筛选。

（三）培养大数据供应链人才体系

大数据环境对企业结构来说是一个挑战，可能需要原本的企业进行跨界经营。另外，企业还要对原有的产品进行符合时代的创新，并且提供专业的、及时的售后服务。

---

① 成栋，陈思洁. 供应链管理中的大数据运用［J］. 现代管理科学，2017（8）：9–11.

因此，企业需要信息化人才对企业进行战略布局，也就是在大数据的采集、处理与分析中对企业的布局及目标进行合理地改进与引导。按照对信息的加工流程可将企业所需的信息化人才分为信息采集人员、信息处理人员、信息分析人员。

1. 培养信息采集人员

在新一代数据体系中，将传统数据体系中没有考虑过的新数据源进行归纳与分类，可将其分为线上行为数据与内容数据两大类。由于这种信息采集的目标是整个供应链以及在整条供应链相关企业的数据，所需要建立的数据库中数据范围大、数据多，因此对采集速度和存储空间的要求都很高。那么对于信息采集人员来说，就要熟练应用系统日志采集方法、网络数据采集方法，以及其他数据采集方法。

2. 培养信息处理人员

要想让数据发挥价值，首先要处理大数据并且能够共享、集成、存储和搜索来自众多源头的庞大数据。

在供应链运营和决策中为了有效运用大数据，首先需要建立良好的大数据库，具备分析、整合大数据的能力。从研究的主要维度看，有关的研究和探索的问题主要围绕大数据的数据类型、数据质量、大数据分析技术以及大数据分析的人力资源等几个方面展开。结构化数据是指那些在电子表格或是关系型数据库中储存的数据，这一类型的数据只占数据总量的5%左右，主要包括交易数据和时间段数据。现在的大数据分析大多以这一类数据为主，其中重要的结构化数据包括 ERP 数据。因为 ERP 系统中存储的数据是企业运转多年中系统积累的大量的行业数据，这些数据对于企业的经营决策和预测来说意义非常重大。非结构化数据主要包括库存数据、社会化数据、渠道数据以及客户服务数据。

就供应链而言，这意味着要能够接受来自第三方系统的数据，并加快反馈速度。企业在进行大数据分析时，需要考虑数据的质量问题。低质量的数据不仅会影响企业的决策，甚至还可能导致企业产生损失。事实上，数据的有用性取决于数据质量，随着大数据重要性的跃升，对高质量数据的需求也有所增加。虽然现在对于数据质量评价还没有统一标准，但是人们一致赞同数据质量评价应包含多个维度指标。数据质量评价应包括数据的内在要求和情境要求。内在要求是指数据本身所具有的客观属性，包括数据的准确性、及时性、一致性和完整性。情境要求是指数据的质量依赖于数据被观察和使用的情境，包括关联性、价值增值性、总量、可信度、可及性、数据声誉。

3. 培养信息分析人员

分析学是大数据分析的基础，它能帮助企业更好地基于事实做出决策。另外，大数据分析不仅能帮助我们获得新的见解，还有助于提高我们预测的准确性。但这些益处都是建立在数据挖掘和统计分析的基础上。甚至可以说，如果没有分析学对数据进行解析，大数据也就仅是一堆"数据"，毫无价值。大数据需要分析学，但是要想让分析学崭露头角，仅拥有数据是远远不够的，还应借助于分析工具。当然，分析学如果没有大数据作为研究对象，也只是数学和统计的工具和应用方法而已，无法发挥其对于企业的价值。大数据分析技术也是目前供应链管理的研究热点，德勤 2014 年的工业研究报告认为供应链分析首先需要从广泛的内部和外部来源获取数据，并借助相关的分析工具和技术进行数据剖析，通过数据获得见解，从而帮助供应链降低成本和风险，并提高运营敏捷性和服务质量。虽然有很多企业已经利用了大数据分析技术来优化企业的运营决策、辅助进行商业营销决策，但是关于大数据在供应链中的运用研究却相对贫乏。尽管有关大数据分析与供应链管理的实践文章和咨询报告的数量在不断增加，但是内容大多是重复的，并且缺乏严谨的科学调查。另外，即使一些企业已经开始采用大数据分析方法，但是运用方式不仅混乱，还无法触及分析的实质。所以对企业来讲信息分析人员是不可或缺的。

大数据不但会改变供应链的设计和管理方式，也会给物流企业和供应链管理带来新的挑战，首当其冲的就是缺乏拥有大数据分析能力和供应链管理相关专业知识的复合型人才。信息分析人员应当具备的技能主要包括预测（定量和定性的）、运筹、统计学（估算和抽样的方法）以及经济学（决定机会成本），这些都对大数据分析非常重要。此外，数据操作以及沟通与人际交往的能力也对大数据分析运用不可或缺，因为数据操作的技能不仅要求信息分析人员能从数据库和资料库中提取交易信息，还需要从社交网站上获取客户相关信息并与企业内部的数据进行整合，也就是需要信息分析人员能够对结构化数据和非结构化数据进行整合分析。当然，信息分析人员不仅需要高效处理数据，还需要将分析的见解准确传达。此外，大数据分析在供应链管理中的运用还要求信息分析人员具备供应链管理相关知识。总的来看，信息分析人员需要具备企业业务流程和决策制订、数据管理以及分析和建模工具等相关技能。

（北京大学光华管理学院　陈丽华　李守林　赵　瑞　赵西超）

日本综合商社与供应链管理

一、日本综合商社的起源

日本传统综合商社作为代销商，单独负责把客户的产品以某一个价位买下来，然后以自己为主体进行销售，为客户提供进出口代办业务，即从事买断及卖断的业务，自己承担风险，向客户收取服务费。日本新型综合商社不仅包括销售，而且还可以提供其他业务，是以贸易为主体，以多种经营并存，集贸易、金融、信息、仓储、运输、组织以及协调等综合功能于一体的跨国产业集团。目前，日本新型综合商社主要包括三菱商事、伊藤忠商事、丸红、三井物产、住友商事、双日、丰田通商七家。

第二次世界大战之后，综合商社为落实日本"贸易立国"政策，在全球构建销售网络。随着家电、汽车等制造企业的快速发展，这些产业所需原材料绝大部分来自国外，日本综合商社既发挥海外原材料开发和供应的功能，又承担着把日本企业生产制造的产品推销到海外市场的任务，在原材料采购和产品销售环节都构建了独立网络体系。当日本经济进入低速增长期，日本制造企业进一步减少中间环节，压缩经营成本，采取直接贸易和投资方式，摆脱商社而自营进出口业务的企业开始增加，日本综合商社从以往的业务中被排挤出去。为此，日本综合商社通过采取各种方法解决各类问题，将经营战略由扩大规模向提高分解和抗御风险能力转变。同时，日本综合商社无论是在贸易、并购项目，还是在国际大型工程项目中，依靠其全球网络体系，在一些新兴国家的经济发展过程中获取良好商机。

在第二次世界大战后日本高速增长时期，日本综合商社作为一种具有独特机能的贸易组织，发挥综合经营功能，推进了日本"贸易立国"国策的实施，实现了流通效率化，促进了日本经济贸易的发展。随着日本国内经济环境以及贸易结构变化，日本综合商社及时调整经营战略，快速适应了经营环境变化。

二、日本综合商社的发展

目前，日本综合商社成为在全世界范围内开展各种业务的全球化企业。这种经营形态自创设 100 多年以来，一直以日本的大型企业为主要客户，以服务大型日本企业为目标，以商品交易中介为主要业务。近年，日本综合商社的经营模式逐渐向以事业投资为核心的经营模式转变。因此，在将"综合商社"翻译成英文时，并不能认为综合商社是简单的贸易、物流企业，不能翻译成"general trading company"，而应当翻译成"Sogo Shosha"。现在三菱商事、三井物产、伊藤忠商事、丸红、住友商事成为日本综合商社的前五名，再加上丰田通商、双日两家商社，共七家商社被认为是目前最大的日本综合商社。日本综合商社的演变与相互关系，如图 1 所示。

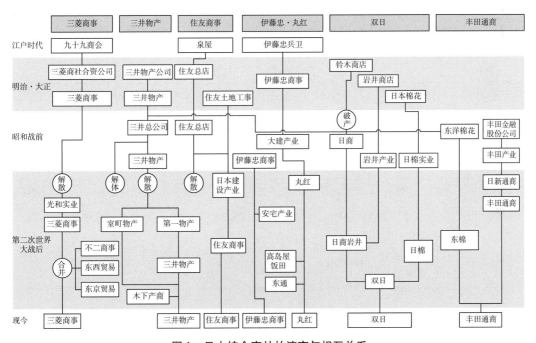

图 1 日本综合商社的演变与相互关系

2003 年之前，日本综合商社的联合总销售额一直呈现下降态势。2006 年年末，联合总销售额开始回升，占到日本第三产业全体年销售额 10% 的规模。此外，与日本国内企业相比，全日本销售额前 20 家公司中，综合商社就占到 7 家，综合商社的规模非常明显。近年来，日本综合商社行业发展呈现良好态势。但是，近年综合商社的联合当期净利润中，与资源相关的领域占比超过 50%，并且居高不下。可以看出，日本综合商社业绩急速回升的背后，有着资源及能源等特定领域业绩提升的支持。

对于日本综合商社来说，为了今后继续提高生产率以实现持续增长，在注意维持财务健全、有效扩大投资、增加高收益领域的持续投资的同时，应该大力在此前投入力度较低的服务产业等非资源领域开展新业务。以实现"收益来源的多样化"和"收益的安定化"，这也成为日本综合商社今后发展的课题。

组建综合商社绝不是简单地合并几家企业，宣告成立商社，就能够真正成为商社了，综合商社具有特殊含义。日本经过100多年不断重组调整和发展起来的综合商社，不仅以上的诸多经济因素起到了作用，另外还有很多日本特殊的政治、社会、文化因素起了作用。日本六大财团在日本经济中的地位，决定了其拥有的综合商社在日本流通中的地位。作为日本财团的核心组织，日本综合商社近年来顺应全球化发展及日本经济结构改革的需要，重点拓展新商业领域、强化资本运作和经营风险管理，推动商品和服务贸易，提升信息的高附加值化和速度化，完成了经营战略的又一次转型。日本六大财团的概况如表1所示，日本六大财团的特点和影响如表2所示，日本综合商社与银行、制造企业的关系，如图2所示。

表1 日本六大财团的概况

组织财团	三菱财团	三和财团	富士财团	第一劝银	三井财团	住友财团
综合商社	三菱商事	双日	丸红	伊藤忠商事	三井物产	住友商事
经理会	金耀会	三水会	芙蓉会	三金会	二木会	白水会
金融集团	三菱日联金融集团（MUFG）		瑞穗金融集团（MFG）		三井住友金融集团（SMFG）	
主办银行 合并前	东京三菱银行	日联银行	富士银行	第一劝业银行	樱花银行	住友银行
主办银行 合并后	三菱东京日联银行		瑞穗银行		三井住友银行	
代表企业	三菱电机 三菱汽车 三菱重工 麒麟啤酒	NTT 神户制钢 帝人公司	日产汽车 日立 佳能 日本精工	富士通 五十铃 JFE钢铁 吉河电气	东芝 丰田 王子造纸 三越	NEC 马自达 三洋 朝日啤酒
行业领域	汽车、重型机械、成套设备、石油化学等	钢铁、纺织纤维、石油橡胶、通信业、液化气、陶瓷等	金融业、住宅、海洋开发、石油开发、地热利用煤炭等	化工纤维、金融、光通信、计算机等	化工、机械设备、综合电机汽车、制造、钢铁等	石油化工、钢铁、有色金属、化工、海洋开发等

表2 日本六大财团的特点与影响

特点	影响
公司规模巨大，经营范围广泛，国内外分支机构多	综合商社实际上是日本国内厂家的代理商，对外搞进出口业务，对内搞批发，从中赚取手续费。综合商社几乎控制了大部分流通渠道（在日本国内流通领域中，综合商社控制了日本国内批发额的20%）

特点	影响
拥有雄厚的财力	1. 日本银行通过这些商社向工业部门提供贷款，发展出口工业和向海外投资。 2. 商社作为银行机构的补充，从金融方面对有关企业进行支持和帮助。综合商社对大规模的出口项目，提供长期的延期付款，掌握贴现及其他信用贷款。 3. 三菱商事有三菱东京银行和第一劝业银行；三井物产有三井银行和富士银行
拥有全球性的现代化的信息系统	综合商社运用这些信息有效地组织日本各企业的供、产、销、运，确保利益，回避风险，促进流通，稳定交易，对日本经济的不断发展起了巨大的推动作用。综合商社充当了日本进出口贸易的尖兵
综合商社有雄厚的专业技术力量	综合商社不但拥有一批具有丰富的国际贸易知识和较高水平的业务人员，而且还有相当数量的国际贸易专家、国际金融专家和法律专家，特别是三井物产，形成了"人才之三井"

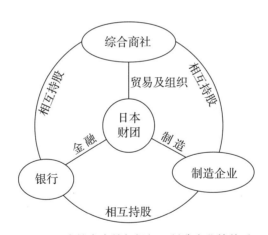

图2　日本综合商社与银行、制造企业的关系

三、日本综合商社与相关行业发展方向

（一）从产业价值链整体发展综合商社

日本综合商社需要综合性地参与服务产业的价值链整体，最大程度地发挥基于多方面的事业经验的综合能力，从而确立事业模式。

综合商社在从前的物流中介业务的基础上，开始参与从原材料采购（上游产业），到零售流通服务业（下游产业）的全过程。由此，原材料采购中的规模经济优势和物流系统共享使得成本降低成为了可能，更能精确得到零售和服务顾客的反馈，从而可以灵活调整价格、生产量以及库存，以实现经营方式从"局部最优"到"全局最优"的转变。综合商社的加入使得价值链扩大，如图3所示。

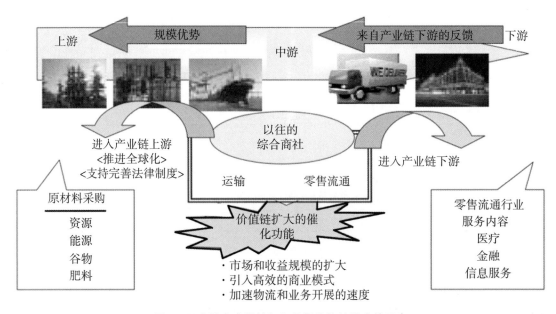

图3　日本综合商社的加入使得价值链扩大的示意

日本综合商社可以发挥既存的服务产业界所缺少的优势，包括物流、信息收集、咨询知识、事业经营人才派遣和介绍商业伙伴，以及事业投融资等金融服务等。通过充分发挥这样的优势，实现对象业界价值链的创造、变革、提高效率，扩大市场。通过合理的事业运营和成本管理，实现服务产业收益的安定化。另外，通过引进充分发挥综合商社优势的新业务模式、扩大市场和收益规模、提高物流效率、提升业务速度，也会在客户所属的对象行业引发竞争，从而使得产业的业务效率有所提高。

（二）推进业务的选择和集中

日本综合商社针对关联事业公司存在业务重复等问题的现状，积极进行调整和统合。但是，目前关联对象子公司超过4000家。因此，还可以撤离亏损业务，对业务进行统合、废除、合并等，从而更多地提升企业效率。特别是关联对象企业的子公司等处于多重组织构造下层的小规模公司，难以推进企业统一管理。对此，日本综合商社需要再次贯彻事业管理体制，推进组织最优化。

今后，日本综合商社需要从"整体最优"的观点出发，在重新评价事业的收益情况的基础上，推进集团内关联企业整合。同时，推进包含其他行业和组织外企业的重复业务的统合、废除和合并，从而进一步提高事业效率和强化竞争力，推进业务的选择和集中，如图4所示。

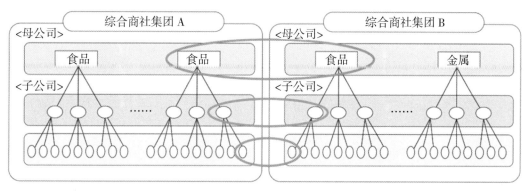

图 4　推进业务的选择和集中

（三）　在国内服务领域开拓新事业

为了保持持续增长，综合商社的发展不应该只倾向于资源能源等特定的高收益领域，而应该充分发挥有限的经营资源，探讨加入和开拓之前事业发展较为薄弱的新领域。

特别是在综合商社事业发展相对滞后的金融、环境等服务产业，更有望规划新的事业。通过引进综合商社所拥有的较高的物流能力及信息通信技术，在物流系统高速化的基础上，通过服务品质、电商交易、电子标签的配置提升事业效率。综合商社具有和产业领域整体相关联，拥有全球化的事业网络，能够统筹管理商业经营策划、提案、服务等优势，通过充分发挥这些优势，构建和引进新的商业模式，可实现收益来源的多样化及生产率的提高。

（四）　在新领域开展海外事业

海外商机不仅局限于资源领域，而且在零售、医疗等非资源领域也有很大前景。特别是在进行海外原材料采购等方面，可以发挥综合商社的优势，可以充分展现出利用现存物流网络以降低费用、发挥配置规模优势的效果。

四、日本综合商社的物流功能

日本改变了过去竞争态势，正在以一种新型竞争态势推进信息技术发展，并且确立了从"科技立国"向"知识产权立国"的战略转变。同时，日本进行着新的经济制度调整，主要表现在各财团主办银行间的合并和综合商社的转型，不断强化对全球资源和物流的控制。利用 IT（信息）技术构建高效的物流信息系统，参与仓库、物流中心等物流设施的经营，建立起包括搬运、进货、配送、流通加工等整体功能最优化的物流系统。

（一）综合商社与海运行业

日本综合商社和海运行业及造船业有着密切的关联。在造船业领域，以船主的装载货物保险为基础的船舶、钢铁、成套设备成为商社出口的三大支柱。同时，在海运行业，作为应对原材料、燃料进口的不定期船定价浮动，以及产品出口的定期船运费同盟的对策，在综合商社业务中占有重要的地位。其中，前者应用了兼用船的三角配船等独特方案，后者致力于国际综合连续性运输。

（二）钢铁物流中的综合商社

日本综合商社中主要依靠附加条件为交易核心的钢铁部门已发展起来。从 20 世纪 60 年代中期开始，由于市场需求扩张，为了保证供应，设立了日本全国性大规模钢材流通加工中心。这些流通加工中心也推进了钢铁物流的发展。

（三）流通革命与综合商社

进入 20 世纪 60 年代之后，日本开始出现流通革命论。许多综合商社采用超市直接经营模式，但很多以失败告终。之后，与大型超市合作成为了主流。在建设配送中心、冷链设备出租等方面的支持也变得非常重要。在这种物流整体结构重组过程中，综合商社特有的配送中心以及遍布全日本的食品联合工厂的建设受到了关注。

（四）物流部门的机构改革

在综合商社最困难时期的末期（1985 年前后），其物流功能开始被关注，许多商社开始设立物流开发或物流策划等新部门。这些标志着日本企业物流部门开始从消耗中心向盈利中心转变。同时，引发了对于物流部门的纵向、横向以及公司内部佣金问题的再讨论。

（五）物流相关新兴产业的发展

物流部门结构改革的同时，邮购、物流管理咨询服务（物流系统开发、包装）、物流价值增加网络（VAN）（食品、纤维、化学品、汽车、农药等）、国际物流（小额航空货物、国际综合连续运输）等综合商社新兴产业也开始得到发展。

（六）日本综合商社的运输功能

日本综合商社在减少客户运输成本方面发挥了最佳作用。由于经营的商品种类繁多，涉及的地区复杂，综合商社可以租赁卡车、货船、飞机、火车、驳船和其他交通工具，运输为客户供应的货物。同时，通过信息网络，实现货物的按时装卸。即使综合商社不租赁全套交通工具，或使用别的运输方式，也可经常因为大批量的规模效用减少运输成本。由于能保证车辆运输，利用"求车求货"系统，综合商社还可以得到那些急于填补运载舱位的运输公司给予的运费优惠待遇。

五、日本综合商社与供应链管理

日本综合商社通过信息贸易的静态和动态规模经济，在减少客户运输成本方面发挥最佳作用。其中，国际化采购和销售体系的建立，以及大批量进出口业务，使综合商社具有较强的谈判能力，特别是在国际能源和资源的开发竞争中处于有利地位，从而使商社的整体竞争力得到极大提高，也因此获得了规模经济优势。

同时，通过完善物流网络可提升服务集成能力。精细专业的物流服务是集团帮助合作伙伴降低成本、提高流转效率的基础。因此，近年大型综合商社都在不断地完善自身的供应链管理体系。

（一）综合商社对日本国内物流影响

综合商社通过投资，在一些大城市、沿海主要港口和交通枢纽地区建立作为一级进口基地的大型仓储和运输设施，再根据国内外市场供求关系变化，选择合适的时机和价位，组织进口进行储备，适时地将储备产品运送到各地市场。通过与国内流通企业特别是物流企业进行协作，综合商社对现有的物流资源进行重新组合和配置，构建多层次的包括全国性、县级、市级物流体系，形成一级进口基地、二级批发网、三级批发网、零售网的商流、物流周转网络。综合商社还将自己的物流体系与各批发团体进行对接，加大了物流的扩散力和辐射力。另外，日本各大综合商社都很注重信息建设，在企业内及下属单位均设立有信息中心，在信息收集、处理和传递设施方面也极为先进。

（二）综合商社对日本国际物流影响

日本综合商社在全世界的当地法人及其他的企业之间进行原材料、零部件、半成品、产品等的交易活动。目前，日本综合商社增大在当地采购零部件及原材料的力度，并加强在当地销售的倾向。

日本综合商社有效地利用全球化制度，并不局限为单纯地降低运输费用，同时还削减原材料、零部件、在制品、制成品等的库存量。因此，不仅仅运输、保管等单一活动的最优化很重要，将采购、生产、销售等环节进行统合，并通过最优化的国际供应链管理，引进了流通加工、跨码头、供应商管理库存（VMI）等新的功能，实现削减库存、效率最大化也很重要。

（三）综合商社与供应链管理

目前，日本综合商社是"综合事业运营、事业投资公司"，这意味着通过联结子公司，综合商社可以进入各制造业和服务业，并且实现行业投资公司化。和单纯投资公司不同，日本综合商社可以进行自主经营，兼具产业培育的功能。在初期不考虑变卖，以继续经营事业为前提，并不只以分配收入和销售利润为重点，留意该产业和本公司其他产业的关联。另外，食品加工、服装、汽车零件、化学用品、石油精炼、通信信息等多种行业的财务和服务等生产活动，由综合商社自身或者是旗下子公司来承担。灵活利用现有的事业领域上的商权，通过该领域的产业链上游直到下游的各环节，增加各种盈利的机会，实现扩大价值链战略、延伸供应链战略。日本综合商社通过供应链从资金和原材料的筹备到销售全部环节的工作人员和部门互相配合，使得所有流程高效运行，共享订单、生产量、库存量等相关信息。通过压缩库存量、缩短交货时间，及时供应产品，最终实现客户的利益最大化。通过综合商社的供应链管理，联结了各个领域的价值链。同时，日本综合商社不仅承担批发企业的功能，还构建更快速的物流网络等其他功能，开拓海外市场，提供有价值的信息，增强其影响力。

六、日本综合商社对我国供应链管理的启示

日本综合商社对我国供应链管理的启示主要表现在产业布局上，一方面通过金融、信息、物流等集成服务，扩大覆盖范围，健全产业组织功能；另一方面立足实际规划、集团产业总体布局，抓住"供给侧结构性改革""中国制造2025""国家供应链"的机遇，推动具有发展空间和市场潜力的产业，形成产业间有机结合、互动协同的格局，

推进产业链整合。

（一） 对实施"中国制造 2025"的启示

我国是制造业大国而非制造业强国，在 2016 年发布的世界品牌 500 强企业的名单中，中国仅有 36 个品牌入选，而美国有 227 个品牌。2015 年 3 月，李克强总理在全国两会上作《政府工作报告》时，提出"中国制造 2025"的宏大计划，5 月正式印发《中国制造 2025》，目标之一是"到 2025 年，制造业整体素质大幅提升……形成一批具有较强国际竞争力的跨国公司和产业集群，在全球产业分工和价值链中的地位明显提升"。

2016 年中国制造企业海外并购创下历史新高，高端制造业成为中国资本关注的一个重要领域。但在并购这些高端制造业后，对于中国企业来说，更大的挑战在于如何进行有效整合、如何保持优质资产原有的品牌形象和市场地位。

为实现《中国制造 2025》中的这一目标及解决并购海外制造企业所带来的问题，可借鉴日本综合商社的一些管理经验，使经营要素与经营模式协同，即横向价值链的协同和纵向价值链的协同。

第一，我国的中小型制造企业较多，急需建立一个信息汇集平台。该平台将我国的商业信用广泛应用在企业之间，企业通过该平台进行交易，随之产生买卖双方的信用机制，该平台成为买卖双方从事企业信用业务的机构，解决其经营活动所需的资金周转问题，保证制造企业再生产活动的进行。日本的中小型企业正是依靠综合商社这样的大企业的融资能力与抗风险能力，来实现自身资金的有效周转。

第二，企业拥有自己的信息系统。信息已成为现代的一种战略资源，在并购发生之前，先了解被收购的公司所在国家的一些法律政治因素、企业管理模式、经营环境等情况，提出应对方案，使得在并购这些企业之后，能够使企业平稳过渡。可借鉴的是，日本综合商社在推动机械设备出口中，起到重要作用的原因就是利用其发达的信息网络将信息传递给厂家，从而提高竞争力。

第三，削减臃肿的组织机构，避免管理制度僵化。借鉴日本综合商社在发展过程中，解决因部门职员过剩、官僚作风严重、职员平均年龄高龄化导致企业办事效率下降问题的方法，通过建立新的组织，提高人事机能，提高自身的运营效率。

第四，制造企业需具备市场开发的功能，加强自主创新，对随时可能出现的国外先进技术，要引进消化吸收再创新，创造属于自己的核心技术产品及品牌，及时向尖端技术型产品领域发展。借鉴日本综合商社由于经销燃料、金属、机械、化学、食品、纤维等六大类低附加值商品的经历，使得销售总额及利润明显下降。参考日本综合商社及时调整了发展方向，向尖端技术型产品领域发展，最终得以发展壮大的成功案例。

（二）对落实"供给侧结构性改革"的启示

加工贸易企业份额的增加，有效提升了我国制造业占国际市场份额，使我国参与国际分工的方式得到扩展。但是，在加工贸易中，这些企业主要依靠我国廉价的劳动力来获取利润，限制了我国整体产业结构的调整。另外，我国企业主要集中在钢铁、煤炭、石油等能源行业及劳动密集型产业，电子信息、新能源及高端装备制造方面的企业比例过低，缺乏核心技术。核心技术对外依存度高，关键核心技术往往依赖国外企业。目前，我国制造产业结构的不合理，造成产业升级缓慢。基于此，2015 年 11 月 10 日，习近平总书记在中央财经领导小组第十一次会议上讲话中提出了"供给侧结构性改革"。随后，提到供给侧改革主要的五个方面，即"去产能、去库存、去杠杆、降成本、补短板"，要从生产领域加强优质供给，扩大有效供给，提高供给结构适应性和灵活性，提高全要素的生产率，使供给体系更好地适应需求结构点。

根据微笑曲线理论（见图 5），X 轴是供应链相关活动，Y 轴是附加值。如图 5 所示，制造业的附加价值最低。可以看出，单一的制造装备业利润较低。与制造业相比，原材料采购与物流活动、产品设计与市场营销的利润较高，通过向两端发展，以获得更多的利润。日本的制造业很强，但是利润很小。因此，日本制造业通过综合商社，提供优质的采购、物流、设计、市场营销等服务，以此来增加产品的附加价值，进而获取更高的利润。我国的企业往往从事的是劳动密集型产业，占据整个产业链的中游。而跨国公司掌握研发环节和流通环节，属于知识密集型产业，处于微笑曲线的两端"研发""流通"服务区域，能够更多提升产品的附加值，从而获得更大利润。当前，生产制造的利润低，全球制造也已是"供过于求"，而研发和流通的附加值高。因此，我国制造企业应当积极响应国家的"供给侧结构性改革"战略，开拓制造业的新领域，推进制造业向高精尖方向发展，同时将制造业和物流联合起来，通过微笑曲线的左侧"研发"及右侧"流通"服务，提高附加值，进而获得最优的企业利润。

（三）对推动"国家供应链"的借鉴

为保障美国在金融、科技、经济、军事等方面的世界霸主地位，美国于 2012 年发布了《全球供应链国家安全战略》，大范围地调整了其全球战略及布局，涉及经济、政治、外交、军事、文化、金融等方面，明确表述了美国所要建立的是一个"稳定、安全、高效、有弹性"的全球供应链系统。

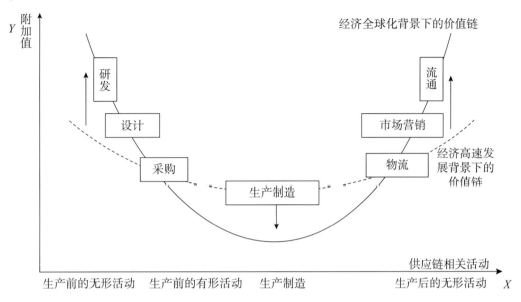

图5 微笑曲线与供给侧结构性改革

面对美国的全球供应链国家安全战略，在2014年的北京亚太经合组织会议上，习近平总书记指出，现在需要对接各国战略和规划，找出优先领域和项目，集中资源，联合推进。在2016年的政府工作报告中，李克强总理指出，要利用信息网络等现代技术，推动生产、管理与营销模式变革，重塑产业链、供应链、价值链，改造和提升传统功能，产生新的生机与活力，通过重塑我国的产业链、价值链、供应链，推动我国经济焕发新的活力。2015年3月28日，国家发改委、外交部、商务部发布《推动共建丝绸之路经济带和21世纪海上丝绸之路的愿景与行动》，标志"一带一路"倡议已经进入全面实施阶段。同时，"一带一路"也是我国第一个全球化倡议。国家供应链是我国全球化战略的支撑体系，"一带一路"倡议推进的过程，也是我国国家供应链形成与发展的过程，我国的国家供应链应该是一个包容开放、高效有序、共享共赢、安全可持续的供应链体系。

借鉴日本综合商社发展模式，我国国家供应链的发展，应参考以下几个方面。

第一，安全是实施国家供应链战略的保障。加强货物在全球供应链运输过程中的完整性，与日本综合商社有自己的信息系统类似，货物在流通过程中，应当及早了解各种威胁，加强信息资源、运输的基础设施及运输车辆等交通工具的安全维护，以此来保障供应链免受不正当的利用，并增强其在破坏面前的调整能力。

第二，战略布局是实施国家供应链战略的前提。当日本的制造企业准备向海外扩张时，通过综合商社对海外的发展进行战略布局，包括对发展空间、供需市场、资源能源、物流的布局。我国"一带一路"倡议的实施，将把我国以南北纵向发展为主的格局转变为以东西横向发展为主的格局。在如今全球供给过剩的环境下，"一带一路"

的一些沿线发展中国家还缺少优质的基础设施，"一带一路"的实施可以满足其需求，同时发挥我国的产能和技术优势，这是历史的必然选择。

第三，整合资源是实施国家供应链战略的核心。为了使经济全球化进程更加便利，需要对市场资源、产能资源、物流资源、企业资源等进行整合。物流与供应链以及国内外一切经济活动相关，各个国家之间都是相互连通的，当今都需要利用"互联网＋"技术，整合和发展世界范围内的产业链、供应链与价值链，进而获取本国优势。

第四，制订开发全球市场的发展战略。国际行情不畅通、市场渠道不畅、开拓市场难度大是阻碍中小企业国际化经营的主要原因，可借鉴日本综合商社经验，凭借其强大的信息功能，投资国内外具有发展潜力的产业、在全球市场收集信息、采购原材料、销售成品、安排物流运输、培养综合型人才、提高经营业绩、强化集团经营。加强开拓新市场、介绍新技术、发掘新客商、开发新商品及其销售渠道，并着手构筑高效物流信息系统，参与仓库、流通中心等物流设施的运营。同时，租赁上下游企业中的闲置资源，帮助中小企业组织生产。另外，充当中小企业进出口的代理，帮助中小企业组团开拓国际市场，并为中小企业的投资活动提供信息、资金的支持，承担分散风险以及销售和售后服务等活动，从宏观上进行控制和引导。

第五，制订物流金融服务战略。随着经济环境的变化，推出不同于金融机构的金融服务。对"一带一路"沿线国家，提供垫款授信、债务保证、物流金融、商品资金、租赁服务等服务内容。通过提供风险资金、收购兼并等形式，帮助"一带一路"沿线国家中小高科技企业发展。鉴于发展中国家经济高速增长，借鉴综合商社运用信息、外汇、资金、保险等机能，加强与政府、生产企业、科研机构及海外客商的合作，以BOT（建设—经营—转让）、BOO（建设—拥有—经营）等方式在发展中国家建设大型发电厂等项目，带动大型成套设备出口。

第六，共享共赢是我国实施国家供应链的目标。借鉴日本综合商社参与从原材料上游企业到零售流通服务业下游企业的全过程，通过规模效应及共享物流系统降低成本。我国所要建立的国家供应链与其他国家之间是双向的，目标不仅是通过此供应链将我国的产品产能输出，同时也要通过此供应链将国外优质的产能和技术引进来，以此来实现共享。此外，我国在实施国家供应链的过程中，不是简单地把已有的一些优质投资、贸易、产业简单地融入到供应链中，而应着眼于全局最优，与世界各国的供应链一起来创造新的价值，并在此基础上共享新的价值，即实现"共享共赢""互联互通"。

（北京物资学院　姜　旭）

2017 中国供应链金融调研报告

国内经济持续转型升级，供给侧结构性改革是突破口和着力点，而金融端是供给侧结构性改革的关键。尤其在从制造大国向制造强国迈进，"产融结合、脱虚向实"的背景下，更需要加强金融支持和服务。而供应链金融是应"产业发展需求"而生，不管对于国际发展战略与进程，还是国内转型战略与进程，供应链金融都生逢其时。供应链金融不仅仅是一种融资服务，供应链运营效率的提升、供应链整体竞争力的提升、生态圈的建立和繁荣也是供应链金融非常重要的使命。所以，供应链金融是金融端供给侧改革的重要抓手。

2017 年供应链金融产业"健康迭代"、宏观环境利好、产业生态稳健繁荣，除了传统的商业银行外，行业龙头企业、B2B 平台、供应链管理企业、外贸综合服务平台、物流公司、金融信息服务平台、金融科技公司、信息化服务商等都纷纷往供应链金融领域渗透，可谓是千帆竞发，百舸争流。

万联供应链金融研究院联合华夏邓白氏、中国人民大学中国供应链战略管理研究中心于 2017 年 3 月对供应链金融的各类市场主体进行了问卷调研，各类主体的竞争优势、市场格局、服务模式、资金渠道、风控手段是什么呢？大数据、区块链等新金融科技对行业发展的影响几何？他们的实践是否印证了产业的"健康迭代"、稳健繁荣、前途光明？未来，他们又将如何前行、走向何方？希望利用本报告记录行进中的 2017 中国供应链金融业态。

一、供应链金融生态图谱

（一）供应链金融生态圈结构

在推行供应链金融活动过程中，各供应链金融利益相关方或参与主体的角色和结构关系，以及它们与制度和技术环境的关系构成了供应链金融生态。

供应链金融生态包含四层架构：供应链金融源；供应链金融实施主体；供应链金

融资金提供方；供应链金融基础服务提供方。如图 1 所示。

1. 供应链金融源

供应链金融的受益主体主要是依附于供应链上核心企业的上下游中小微企业，通过融入供应链的产、供、销各个环节，借助核心企业信用提升供应链上中小微企业的信用，拓展融资渠道，缓解融资难、融资贵问题。

2. 供应链金融实施主体

在供应链金融发展初期，实施主体主要是商业银行。而在产业互联网大发展的背景下，银行不再是供应链金融产品与服务提供的绝对主体。掌握了供应链上下游企业真实贸易信息的行业龙头企业、供应链管理企业、B2B 平台、外贸综合服务平台、物流企业、金融信息服务平台、金融科技公司、信息化服务商等各参与方纷纷利用自身优势，切入供应链金融服务领域。

3. 供应链金融资金提供方

供应链金融资金提供方是直接提供金融资源的主体，也是最终承担风险的组织。

4. 供应链金融基础服务提供方

供应链金融的发展需要配套的基础设施服务提供方，如区块链技术服务提供商、电子仓单服务提供商、供应链金融信息化服务商、行业组织等。这些企业可以利用自身供应链金融基础服务的优势，连接资金提供方、供应链金融实施主体、金融源等，为整个供应链金融生态圈提供基础服务。

供应链金融生态架构，如图 1 所示。

图 1　供应链金融生态架构

（二）供应链金融生态参与主体

1. 商业银行

商业银行针对供应链融资需求企业的实际情况，提供多种模式的融资解决方案。商业银行在资金成本方面具备天然的优势，但商业银行的传统金融服务模式在一定程度上制约了其供应链金融业务的发展。

2. 行业龙头企业

行业龙头企业依据自身在行业内的规模优势、经济效益优势、带动和辐射优势、竞争优势等，整合供应链上游和下游的中小微企业，连接资金提供方，为行业内的中小微企业提供融资解决方案。

3. 供应链管理企业

供应链管理企业外包供应链核心企业的非核心业务，整合供应链上下游资源，连接资金提供方，为供应链上下游中小微企业提供供应链服务和融资解决方案，提升整个供应链的运作效率。

4. 物流企业

物流企业通过物流活动参与供应链运作中，通过整合供应链中的物流网络，连接资金提供方，为服务对象提供物流供应链服务和融资解决方案，有利于稳定业务网络，提升物流企业的竞争能力。

5. B2B 平台

B2B 平台在整个电子商务市场交易规模中一直占绝对比例，是实体经济与互联网结合的最佳载体。目前诸多 B2B 平台也通过对接资金提供方为平台上下游企业提供融资解决方案。

6. 外贸综合服务平台

外贸综合服务平台为中小企业提供进出口环节的融资、通关、退税、物流、保险等相关服务，平台针对中小外贸企业发展中的资金问题，提供了中小企业国际贸易项下的供应链金融服务。

7. 金融信息服务平台

金融信息服务平台通过互联网技术连接资金提供方和供应链上的资产端，为供应链上的中小微企业提供融资解决方案和资金支持。

8. 金融科技公司

金融科技是金融和信息技术的融合型产业，关键在于利用大数据、人工智能、区块链等新技术手段对传统金融行业所提供的产品、服务进行革新，提升金融效率。

9. 信息化服务商

在供应链金融在线化、平台化的趋势下，信息系统是供应链金融业务运作的灵魂。

10. 基础设施服务商

供应链金融的发展需要配套的基础设施服务提供方，这些企业可以利用自身供应链金融基础服务的优势，连接资金提供方、供应链金融服务方、融资对象等，为整个供应链金融生态圈提供基础服务。

供应链金融生态参与主体如图 2 所示。

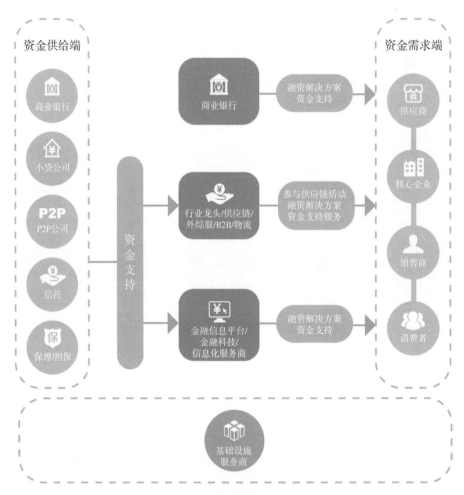

图 2　供应链金融生态参与主体

二、2017 年中国供应链金融现状调研结果

（一）供应链金融发展的整体趋势

受益于主流金融服务的缺席，应收账款、融资租赁等金融业态的快速发展以及核心企业转型的迫切需求，供应链金融行业正处于高速发展的阶段。

在本次调研中，82% 的业内受访企业表示整个供应链金融行业在 2017 年的景气程度将持续上升。该结果表明大比例的从业者对供应链金融行业的发展持有乐观态度。仅 7% 左右的受访企业表示可能出现下降的趋势。表示不乐观的供应链金融从业者主要来自于供应链管理企业及外贸综合服务平台（见图 3）。

从供应链金融机构的人员规模来看，超过 50% 的供应链金融服务商人员规模不到 100 人，属小微企业范畴，或处于初创期。约 30% 的受访机构为中型规模的供应链金融服务商，员工人数为 100~500 人。员工人数在 500 人及以上的大型供应链金融服务商不到 20%。

从人员扩张趋势看，近九成供应链金融服务商表示在未来三个月有招聘新员工的计划（见图 4）。该结果表明企业对供应链金融未来的发展预期表示看好，同时也意味着行业竞争正在逐步加剧。获取客户和风险控制将成为供应链金融赖以生存的核心竞争力。

此外，从企业需求角度来看，我国非金融企业应收账款余额规模达到 16 万亿元，工业企业应收账款规模已超过 10 万亿元。供应链金融服务商主要面对的是中小型工业企业，总应收账款规模已超过 6 万亿元。应收账款融资是供应链金融重要的融资模式，应收账款规模的不断增长为我国供应链金融的快速发展奠定了坚实的基础。

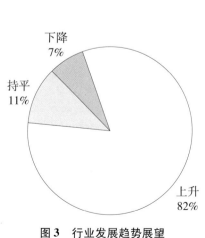

图 3　行业发展趋势展望

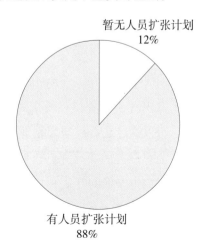

图 4　人员扩张计划展望

（二）供应链金融服务主体

供应链金融行业的参与主体囊括了银行、行业龙头企业、供应链管理企业或外贸综合服务平台、B2B 平台、物流公司、金融信息服务平台、金融科技公司等各类企业。其中，供应链管理企业或外贸综合服务平台、B2B 平台类数量约占 45%（见图 5）。

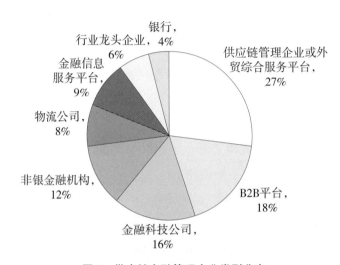

图 5　供应链金融管理企业类型分布

1. 供应链管理企业或外贸综合服务平台

在本次调研结果中，供应链管理企业或外贸综合服务平台占比最高，达 27%。我们认为传统供应链管理企业的供应链金融业务逐步趋于稳定且饱和的状态。供应链管理企业或外贸综合服务平台主要是在采购执行、销售执行等供应链服务的基础上提供垫资垫税服务。供应链管理企业或外贸综合服务平台的金融服务模式成熟、回款相对稳定、收益预期相对明确，风险多为操作风险。

2. B2B 平台

在本次调研结果中 B2B 平台占 18%。B2B 平台主要体现为两种类型。一种是从交易端切入的 B2B 平台，提供在线交易，鼓励并促成客户的在线交易，使交易数据沉淀在平台上，可以通过数据模型为企业提供更好的资信支持。另一种是从服务端切入的 B2B 平台，为客户提供从寻源、仓储、物流到信息管理等一系列的服务。无论哪一种类型平台对供应链金融的开展都提供了良好的环境。B2B 平台通过构建生态圈将供应链金融的各方主体吸引过来，包括资金供应方、担保机构、保险公司、仓储公司、物流公司等。通过平台的交易、服务、物流、风控等保障和帮助资产方客户得到相对便宜的资金，帮助资金方更全面、更精准地控制风险，相比较而言，B2B 平台比较容易做出规模。国内知名的 B2B 平台包括金银岛、易煤网、铜道电商、三正电商等。

3. 金融科技公司

在金融科技日新月异的今天，数据金融公司大行其道，自有技术及研发能力使得金融科技公司能够搭建平台，前端连接多个融资需求平台，后端连接多层级的资金平台。融资需求平台大多是核心企业，B2C 平台、B2B 平台的资金端涵盖了银行、保险代理、小额贷款、信托等多层次金融提供方。金融科技公司主要负责内外部数据的归集、处理、传输、分析，协助风险识别与控制。比较典型的代表企业包括京东金融、蚂蚁金服等。

4. 行业龙头企业

行业龙头企业通过自有资金或依托产业联盟打造产业互联网与金融服务平台，通常优先满足核心企业上下游的融资需求，再沿上下游外延拓展。或者部分国有企业利用低成本融资渠道获得资金，然后对接规模稍大的项目，而这部分项目的保险代理及小额贷款公司无法承接，从而形成了一个细分空间。此类企业有鲜易、达实智能、准时达等。

5. 银行

银行在供应链金融领域有天然优势，如资金成本低、获客容易、管控资金等，但也有体制、风控、技术等方面的制约。而其他各类市场主体正在不断抢食供应链金融的蛋糕，银行在供应链金融领域显得有点"内忧外患"。但我们认为银行仍然是供应链金融领域不可或缺的主力，原因还是在于银行的资金成本优势，其他企业要想获得更高的资金杠杆效益，还要与银行合作；而银行要想实现真正基于供应链或产业链运营的金融服务，也必须依托其他企业深入产业内部。

6. 非银金融机构

非银金融机构以保险代理公司和小额贷款公司为核心。目前传统保险代理公司的发展遇到一些瓶颈，如确权难、IT 与数据能力较弱且风控手段较少。较多的保险代理机构会选择率先进入一个垂直领域，将产品与服务进行绑定，或植入一个具有较好风控技术的平台来实现供应链金融业务的增长。小额贷款公司的供应链金融强在贷后管理、催收方式方法多样化。小、快、活等特点是其他金融提供方不具备的，小额贷款公司与其他资金提供方可实现优势互补、差异化竞争。

7. 物流公司

我国物流业正面临转型升级的关键期，一些大型物流企业以自身的物流服务优势、物流能力为基础，引入互联网技术、供应链管理技术、大数据与物联网等智能技术、金融技术等，试图打造 O2O 式的跨界融合的服务体系。供应链金融成为它们拓展利润源泉、转型升级的重要方向。

（三）供应链金融服务对象

随着各类主体的摸索实践，供应链金融的垂直化趋势越发明显，供应链金融的垂直化发展进一步提升了产融结合的深度与广度。

我国供应链金融服务对象集中在计算机通信、电力设备、汽车、化工、煤炭、钢铁、医药、有色金属业等应收账款累计较高的行业。但从调研结果显示，未来供应链金融将作为加速企业活力的重要保障因素，在更为广泛的垂直领域深耕细作，在更多的商业场景得到应用。

在本次调研的供应链金融服务公司中，以物流企业为服务对象之一的供应链金融服务商有100家，以大宗商品领域企业为服务对象之一的供应链金融服务商有84家，如图6所示。从本次调研结果来看，涉足物流行业的供应链金融服务商相对数量较多，第二位为大宗商品，包括钢铁、有色金属及农产品等，第三位是快消零售业，第四位、第五位是供应链金融的传统优势领域：汽车及电子电器。

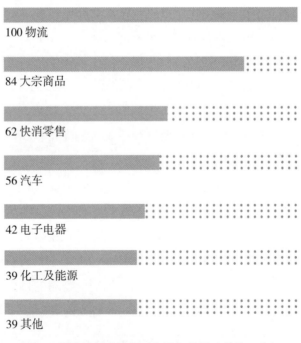

100 物流

84 大宗商品

62 快消零售

56 汽车

42 电子电器

39 化工及能源

39 其他

图6 供应链金融服务对象调研数量（单位：家）

从市场发展的角度来看，我们认为部分行业的供应链融资潜在需求尚未被挖掘，某些垂直领域可能存在较大机会。包括：物流、农业、零售、化工、餐饮等。

1. 物流行业

我国社会物流总费用已从 2015 年的 7.10 万亿元增长到 2016 年的 10.80 万亿元，增速 8.8%。其中，公路运输的规模接近 5 万亿元，有近 70 万企业提供不同形式的物流服务，而专线物流服务领域的市场不低于万亿元，排名前 10 的专线物流企业占整体市场的份额不足 1%，更大的市场份额在几十万家专线中小企业手中。物流运输企业向货主承运货物时需要向货主缴纳保证金，而且即使是信用好的货主，其支付结算也有 60~90 天账期；对个体承运方或者车队而言，一般都要先付一部分运费，等运输完成后凭回单完成剩余部分的支付。巨额的运输费用和较长的资金缺口期使物流企业面临运营资金短缺的问题，这些 60~90 天高质量的应收账款为供应链金融带来巨大的想象空间。

2. 农业

供应链金融正在成为农业上市公司的发展方向，这种趋势主要体现在畜禽养殖产业链。饲料企业居于产业链的强势地位，而养殖业资金回笼需要较长时间，资金压力大，一些上游龙头企业利用供应链金融满足下游养殖业客户的资金需求，同时也进一步促进了自身主业的发展。

3. 零售行业

对于零售行业来讲专业市场最为受益，因为专业市场掌握着大量的商户资源。一方面，因为互联网对线下零售业的冲击以及实体经济的疲软，商户的资金压力越来越大，除了少数商户可以通过银行获得贷款，大部分商户只能通过小额贷款公司、民间融资筹集资金，而供应链金融则立足于产融结合，为商户提供了新的融资渠道。另一方面，供应链金融的关键在于风险控制，专业市场掌握商户的经营信息，并且具有商铺租金、承租权费等抵押手段，能更有效地控制风险。因此，专业市场发展供应链金融有其内在的优势。

4. 化工行业

塑料行业是最适合做供应链金融的化工行业，因其具有 1.6 万亿~1.8 万亿元级的市场空间，产品具备易运输、易储存的特点，市场交易活跃，下游分散且多为中小企业。中小企业利润空间小，融资需求大。而塑料行业 B2B 平台在产业发展中充当着越来越重要的角色，并且一些 B2B 平台也已初具规模。

5. 餐饮行业

目前国内市场有 250 万家餐饮企业，420 万家餐饮门店，1100 万家食品分销商，整个餐饮行业有 3 万亿元的营收，其中 1 万亿元用于食材采购。餐饮行业的供应链金融还处于起步阶段。餐饮行业的供应链具有环节多、供应链运作波动大、效率低的特点。

大量餐饮类中小企业或个体户的资金链紧张。银行的传统信贷业务无法满足大部分中小企业的融资需求。筷来财等一些供应链金融服务平台利用先进的风控模型和强大的数据系统对金融风险进行控制，进而满足餐饮类中小企业的融资需求。

（四）供应链金融服务商的业务规模集中在什么层级

供应链金融服务商的信贷规模差异较大，这与供应链金融服务商的资源优势不同有很大关系，各类服务商的年信贷投放规模从千万级到百亿级不等，规模差异较大。

调研结果显示，放贷规模在 1 亿元以下的供应链金融服务商约占 21%，此类机构通常处于供应链金融业务起步或转型阶段。这类企业占比并不小，表明供应链金融行业目前仍处于起步阶段。供应链金融服务商的业务规模分布如图 7 所示。

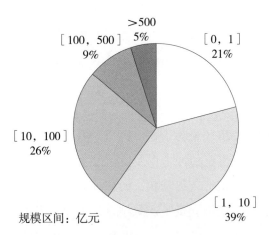

图7　供应链金融服务商业务规模分布

放贷规模在 1 亿~10 亿元的供应链金融服务商数量占比约 39%。该类供应链金融服务商已初具规模，业务模式相对成熟，具有明确的市场定位，具有较强的客户开发能力和资金供应能力。其中小部分专注于垂直领域和细分市场的供应链金融服务商的放贷规模已渐趋稳定。

放贷规模在 10 亿~100 亿元的供应链金融服务商数量占比约 26%，表明市场中已有一部分供应链金融服务商具有一定规模。此类企业中以行业龙头企业的金融服务平台居多，有稳定成熟的客户渠道及较强的获客能力。

放贷规模在 100 亿~500 亿元的供应链金融服务商数量占比约 9%，超过 500 亿元的占比 5%。这部分主要是以大型电商平台及大型银行金融机构居多，它们依赖自身强大的资金优势和客户资源优势迅速扩大规模。

（五）成熟的供应链金融风控体系

成熟的供应链金融风控体系包含三个层次：数据层、实践层、技术层。其中数据层包括风控主数据获取、风险数据拓展、数据维护；实践层包括高效的在线审批、精准及时的事中风控；技术层是指利用先进的模型科学地处理和分析数据，帮助预测和决策（见图8）。

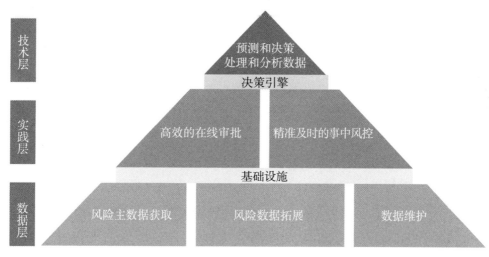

图8 成熟的供应链金融风控体系

（1）完善的风险主数据管理使风控数据维度更完整全面、信息提取更高效，可避免人为因素干扰。此外，风险数据的积累与沉淀为未来的风险建模打下坚实基础。

（2）基于 IT 系统的审批流程可进一步减少人为因素影响，提升审批效率，而事中风险监控体系可以确保异常情况的及时处理。

（3）基于大数据分析的量化风险模型能帮助企业充分利用数据资产预测风险，是金融风险定价的基础。

在本次调研中，我们依照表1中的规则将被访企业的风控成熟度分为三个等级。

表1   供应链金融服务商风控成熟度划分规则

成熟度	运营特征
领先	①利用大数据分析技术量化风险
	②建立了完善的在线审批以及事中监控系统
	③建立了客户风险主数据系统

续表

成熟度	运营特征
进阶	①正在利用数据分析提升风险评估准确度，但未使用大数据分析技术量化风险
	②正在建立在线审批以及事中监控系统
	③建立了客户风险主数据系统
传统	①基于传统金融风控经验评估企业风险
	②线下操作审批流程，易受人为主观判断影响
	③未建立客户风险主数据系统，难以支持后续数据分析

调研结果显示，10%的企业已经建立了领先的风控系统和风险数据库，并以此为基础利用大数据分析技术构建了风险预测模型。63%的企业正在将数据分析、IT技术与传统风控流程进行融合进而提升风控能力。仍有27%的企业依赖传统的风控方法和工具（见图9）。

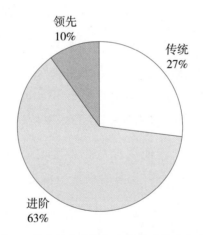

图9　供应链金融服务商风控成熟度分布

（六）丰富风控数据来源的原因

在200家受访对象中，有76%的企业主要依赖于自身数据来评估客户逾期风险（见图10）。根据华夏邓白氏过往的项目经验，客户自身的交易、经营数据只能在一定程度上提供风险预警，有时会出现"这家客户一直很好，但不知道什么原因突然信用状况恶化"的情况。这种现象的产生往往是因为我们对客户的风险识别受制于有限的信息。一家公司的经营不仅受到其主要贸易伙伴的影响，同时会受到产业链上下游企业、周边产业以及各种宏观因素的影响。

因此，拓展风险数据的获取渠道从而更全面地掌握和预测客户发展，是建立成熟

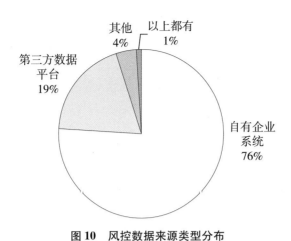

图 10　风控数据来源类型分布

风控体系的基础。

（七）目前主流的风控数据所包含的维度

在供应链金融领域，财务报表、工商注册、法律媒体监控、物流/生产/运营数据、付款拖欠/账期等信息对风险识别与风险控制很有价值。在调研中我们发现 24% 的企业已经开始应用这五大类信息作为风控主数据（见图 11）。

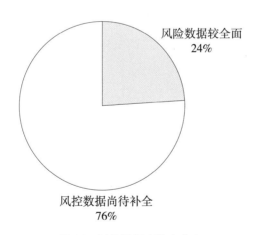

图 11　风控数据完整度分布

此外，华夏邓白氏基于多年的数据建模经验，建议供应链金融服务商可以依靠自身的数据优势或者借助第三方征信机构在企业特征、行为数据、交易、财务状况、负面信息、信号数据这六个方面进行风控数据的沉淀与挖掘。

（八）利用数据分析技术构建风险评分卡

基于大数据的风险预测模型正在逐步被行业内的领先企业所接纳。接受调研的企业中有35%的企业仍在使用基于风控经验的风险评分表；48%的企业已将数据分析引入风险评估中；17%的企业已经开始使用基于大数据分析的预测模型进行风险量化（见图12）。

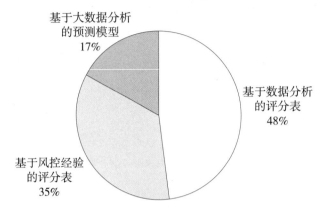

图12　风险评估技术等级分布

专家法模型在风险评估过程中容易受到评估人员的主观因素影响，导致结果不够准确。在过往风控建模项目中，华夏邓白氏团队常常遇到如图13所示描述的情况：专家法模型中每一个横坐标分段的逾期概率相差无几，甚至出现评分较好的客户逾期概率反而更大。与之形成鲜明对比的是，基于大数据分析的预测模型能够大幅提升预测的准确性，不同分段的逾期概率区分度高，最好分段的未来逾期概率只有3%左右，最差分段的未来逾期概率高达45%，区分度高更有利于针对不同客户设计不同策略。

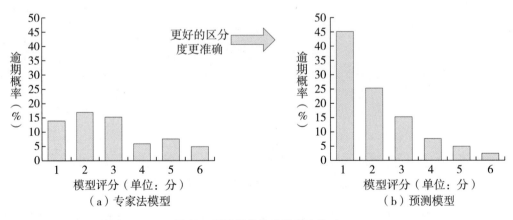

图13　风险评估技术准确度比对

（九）小结

通过本次调研我们发现90%的企业均认为征信信息缺失、数据挖掘能力弱、模型评估能力弱三方面制约了其业务的进一步发展。数据源方面，这些企业可以加强与第三方数据源合作，进一步完善风控数据体系，提升风控能力。在评估能力方面，可以通过招聘、与风险建模咨询公司合作等方式，提升风险建模方面的能力。

业务发展痛点类型分布，如图 14 所示。

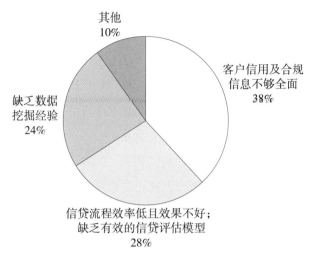

其他 10%

客户信用及合规信息不够全面 38%

缺乏数据挖掘经验 24%

信贷流程效率低且效果不好；缺乏有效的信贷评估模型 28%

图 14 业务发展痛点类型分布

三、供应链金融发展趋势

中小企业是我国经济的重要组成部分，其创造的最终产品和服务价值占国内生产总值（GDP）总量的 60%，纳税占国家税收总额的 50%。与此同时，中小企业在促进就业方面也做出了突出贡献，是新增就业的主要吸纳器。然而，融资难问题一直是制约我国中小企业发展的桎梏。一方面，中小企业的资金链有进一步恶化的状况；另一方面，我国目前存在着大量的应收账款，2016 年我国规模以上工业企业应收账款净额为 12.8 万亿元。因此，如何采用更为有效的手段解决中小企业融资难问题，成为了当今经济发展中的重要课题。正是在这一背景下，供应链金融成为了当今推动经济进一步持续发展、有效解决中小企业融资难的重要战略举措。从当今我国供应链金融的走向看，供应链金融在我国的发展将会呈现出五个趋势。

（一）以互联网平台为基础的产业整合正在加剧

供应链金融的前提是供应链管理，没有健全、良好的供应链作为支撑，供应链金融就成为了无源之水、无本之木，因此，供应链建设和发展的程度是供应链金融健康发展的关键。从我国供应链管理的发展来看，目前经历了从传统的业务型供应链向协调、整合型供应链发展。供应链金融开展的初期阶段是银行所推动的以应收账款、动产和预付款为基础的"M＋1＋N"式融资业务，其业务开展和风险管理的基础是核心企业发生的上下游业务活动，作为融资方的银行并不参与供应链运营。而进入第二个阶段，供应链金融的推动者不再是传统的商业银行，而是产业中的企业或信息化服务公司，它们直接参与到供应链运营过程中，在把握供应链商流、物流和信息流的基础上，与银行等金融机构合作，为供应链中的企业提供融资等服务。随着第二阶段供应链服务和运营的逐步成熟和发展，供应链金融得以开展的基础会逐渐从"链"式进化到"网"式，即基于互联网平台的虚拟电子供应链。基于互联网平台的虚拟电子供应链是通过运用高速通信的网络技术，让虚拟产业集群中所有的中小微企业能够低成本、甚至无代价地加入网络平台，并且任何一个企业与其他参与者能够协同预测、同步开发和生产，实现高效配送和精准服务，满足分散动态化的客户需求。因此，虚拟电子供应链实现了所有利益相关方的高度整合，或者说它成为众多子平台、子生态的连接平台。

（二）产业供应链开始与金融生态结合

供应链金融的本质是一种基于供应链优化企业融资结构与现金流的有效方式，从根本上讲，供应链金融不仅仅是融资这种资金借贷性行为，更是通过产业与金融的有效、有序结合，一方面实现产业现金流的加速，缩短行业的现金流周期；另一方面也能实现金融的增值和稳健发展。产业作为一种生态需要也应该与金融生态相结合，其含义是通过产业供应链推动金融生态的打造和发展，反过来运用金融进一步推进产业供应链生态的壮大。因此，供应链金融的发展，不仅需要产业端的创新，更需要金融端的创新。金融端的变革应当体现在两方面：一方面是金融端的主体以及业务生态建设，也就是说要能使供应链金融有效发展，金融机构之间的合作和协同机制的建立至关重要；另一方面是不同规模金融机构之间的合作。目前我国存在着不同规模的金融机构，以银行体系为例，有全国性商业银行、省级商业银行、外资商业银行、区域性商业银行、农村商业银行以及民营金融机构和互联网银行。这些银行各自有着不同的定位、渠道和优势，如果相互之间能够基于各自的优势充分合作，就能为产业优化整个供应链网络的现金流，不仅是加速现金流，而且能创造现金流。

（三）金融科技成为推动供应链金融发展的主导力量

以往互联网的作用只是作为金融活动开展和管理的辅助手段，而今却可能成为推动供应链金融发展的主导力量。供应链的主体具有多样性、活动具有异质性，如果没有良好的标准化、电子化、可流转、安全签章的电子票据、电子税票和电子仓单，就无法实现业务流程的顺畅管理。同理，没有良好的云平台、云计算，虚拟电子供应链就无法真正实现。而要真实把握供应链运营规律，有效知晓每个参与主体的行为，就需要建立和发展大数据的能力。针对资金和资产对应匹配的唯一性和真实性，就需要运用区块链技术和物联网技术。利用区块链技术实现分布式记账和资金管理，实现智能合约，同时借助于物联网技术做到资金和资产的唯一对应。显然，没有金融科技的支撑，上述这些问题都不可能得到真正有效地解决，供应链金融会遭遇巨大瓶颈。

（四）防范风险成为供应链金融的核心能力

供应链金融长远发展的另一个核心要素是风险管控，供应链金融作为一种微观金融活动，其运营的规律如同一座天平，天平的两端是资产和资金，天平的梁是产业供应链信息，而支撑整个天平的是其底座（即风险管控）和支柱（即信用）。金融的本质是风险估值和信用，这两点如果被忽略了，就会产生巨大的金融危机，因此，对风险的预警和管理是供应链金融的重中之重。总体上讲，风险管控需要从供应链结构管理、流程管理和要素管理几个方面入手。结构管理指的是能够有效、合理地设计、构建供应链运营和服务体系，使得各个主体角色清晰，责权利明确，同时又能使供应链运营业务实现闭合化、收入自偿化。流程管理指的是明确整个业务和金融活动的流向、流量和流速，整个业务和金融活动能够实现管理垂直化，同时能够根据流程的状况和要求，协同各类金融机构设计和提供风险缓释手段，实现风控结构化。要素管理则是能对金融产品和业务信息数据做到及时、迅速地获取和分析，真正做到交易信息化，并且能够在全面掌握各主体资信的前提下，通过声誉资产化建立供应链信用体系。

（五）协同专业化将成为智慧供应链金融的主题

供应链金融的成功实施需要生态中多种形态组织的充分沟通和协同，这些主体除了供应链上下游企业和相关业务参与方外，还包括至关重要的三类组织机构，即平台服务商、风险管理者、流动性提供者。平台服务商搜集、汇总和整合供应链运营中发生的结构化数据以及其他非结构化数据。风险管理者根据平台服务商提供的信息和数据进行分析，定制金融产品，服务于特定的产业主体。流动性提供者是具体提供流动性或资金的主体，也是最终的风险承担者。这三类组织机构各自发挥着不同的作用，共同推动供应链金融的发展，因此，这就需要它们充分探索与发展各自的能力，将其提供的差别化服务发挥到极致，只有实现高度的专业化，才能产生协同化。

（文/万联供应链金融研究院　华夏邓白氏　中国人民大学中国供应链战略管理研究中心）

绿色供应链外部整合：作用机制及影响结果

一、绿色供应链外部整合研究背景

随着经济的迅速发展以及环境问题的日益严重，企业经济活动与自然环境的冲突已引起了各界的关注。世界气象组织（WMO）在 2017 年刚刚发布公告称，2016 年已经被确认是有气象记录以来温度最高的年份，刷新了 2015 年才刚刚创下的最热纪录。而在此之前，2015 年也同样打破了 2014 年的最热纪录。相反，南极和北极地区的冰雪面积进一步缩小，也于 2016 年达到了新的极低值。北极地区的格陵兰冰川解冻的时间进一步提前，并且融化的速度在进一步加快。世界的变化如此，我国也不例外。根据我国相关部门的数据显示，2016 年是我国自开始进行气象记录以来平均温度第三高的年份，而且 2016 年夏季我国最高温度突破了历史极值。

由于全球经济发展所引发的环境问题也受到了学术界的关注。在不断出现的经济活动与自然环境纷争面前，学术界自 20 世纪 80 年代起，从各个方面对企业如何有效开展绿色实践活动以改善环境进行研究。这不仅包括企业内部的绿色实践行为，如采用绿色技术，开展企业绿色治理以及启动企业社会环境责任活动等；同时，还关注企业所在的供应链绿色活动，以追求供应链竞争环境下的更大绿色需求。这其中，绿色供应链整合由于涉及更大范围的绿色效应，无疑受到了学者的更多关注。绿色供应链整合是在供应链整合中加入对环境因素的考虑，指企业与其所在供应链中的上下游进行组织内和跨组织的绿色协同实践。绿色供应链整合分为绿色供应链内部整合和绿色供应链外部整合。绿色供应链内部整合是一个企业内部绿色管理实践的实施，包括环境管理体系（EMS）和认证（如 ISO 14000/ISO 14001 认证）以及环境改善的跨职能合作。而绿色供应链外部整合则需要不同程度的供应链中上游和下游合作伙伴的整合，包括对环境管理实践的共同策划和参与。

在对前人学者的文献进行归纳总结时发现，现阶段，绿色供应链整合的做法仍然处于初级阶段，即大多数企业现在仅仅考虑到了绿色供应链内部整合，绿色供应链外部整合往往更容易被企业所忽视。制造企业，特别是我国的制造企业，在进行绿色节能减排的改进时，大多只从自身考虑，在企业内部采取一系列的节能减排措施。这种措施虽然有效，但是效果有限，能达到的减排降幅较小。而对于企业中占比较大的原材料采购以及产成品销售方面，企业在进行内部绿色整合时往往收效甚微。这时，外部绿色整合则能有效打通企业与上游供应商和下游客户的联系，通过合作，可在原材料采购和产成品销售方面达到有效的节能减排。因此，绿色供应链外部整合，即绿色供应商整合和绿色客户整合值得被进一步研究。

二、绿色供应链外部整合研究现状

（一）绿色供应链外部整合的实施动因

绿色供应链外部整合的实施离不开驱动因素的作用。目前我国的企业环境管理和环境意识相对国外发达国家企业而言还比较薄弱，大多数企业还是将关注点停留在经济利益上。研究和识别西方绿色供应链外部整合的实施动因有助于我们进行有效借鉴，有意识地鼓励、引导和推动我国制造企业积极采取绿色供应链外部整合。下面从绿色供应商整合和绿色客户整合两个方面对实施动因进行分析。

在研究绿色供应商整合的实施动因中，各个学者都有不同的分析维度。布拉默（Brammer）等（2011）和比约克隆德（Bjorklund）（2011）从阻碍和促进的维度对绿色采购行为进行了研究。Brammer 等（2011）认为财务限制和信息问题是企业同供应商进行绿色采购的阻碍，而企业高层领导的支持和在战略制订中加入对绿色采购的考虑是企业同供应商进行绿色采购的推动因素。与 Brammer 等（2011）将企业的主观态度和行动作为其推动因素不同，Bjorklund（2011）认为一些客观压力如公司声誉、产品形象和客户的环境需求是企业进行绿色采购的驱动因素。而一些学者是从内部和外部两个维度对绿色供应商整合的动因进行了分类［罗明琇（Lo）（2014）；立泽（Tachizawa）等（2015）；布鲁尔（Brewer）与阿内特（Arnette）（2016）］，他们认为从内部推动企业进行绿色供应商整合的是企业内部高层管理者对于环境保护的主动性和对于企业声誉的维护，而从外部推动企业进行整合的因素则包括政府、消费者、竞争者、供应商等的压力。还有很多学者将动因的研究重点放在了政策压力以及客户压力上［扎伊拉尼（Zailani）等（2012）；朱庆华（Zhu）等（2013）；Hoejmose 等（2014）；Adebanjo 等（2016）］，认为这两种压力是迫使企业进行绿色供应商整合的动因。其中，政策包括企业所在国的国内政策压力以及其产品销售国的环保政策，而客户压力主要是来自对环保要求较高的发达国家中企业客户的压力［朱庆华（Zhu）等

（2013）]。Zailani 等（2012）将政策压力分为政府的环境监督、政府的财政刺激、不符合法规的威胁、国际组织的财政刺激、政府的环保法规等方面；将客户压力分为了供应链中客户的要求、客户取消合同的威胁、客户对环保的承诺、客户鼓励企业实施绿色措施、客户的绿色要求等方面。但对于政策和客户压力是否是进行绿色供应商整合的动因还存在不同观点，Ehrgott 等（2013）在对 244 家美国和德国企业进行研究后发现，客户压力和政策压力不是促进绿色供应商整合的前置因素，而中层采购经理的压力是其前置因素。除了上述学者研究的促进绿色供应商整合的绿色动因以外，竞争对手实施绿色行为的压力 [戴菁（Dai）等（2015）]、企业对环保行为的承诺 [卡蓬（Carbone）与穆阿提（Moatti）（2011）；拉奇（Large）和汤姆森（Thomsen）（2011）]、企业的环保精神 [安东尼（Antony Paulraj）（2011）]、经济全球化 [林立国（Lin）等（2014）]、向供应商提供更多业务量 [波蒂厄斯（Porteous）等（2014）] 也是一些学者认为的促进绿色供应商整合的动因。

从以上分析中可以看出，学者对于绿色供应商整合的关注度较高，对其动因研究比较广泛。

相比之下，对于绿色客户整合的实施动因研究较少，一般不将其作为一个单独变量进行研究，而是在对绿色供应链整合的研究中加入对客户整合部分的考量 [朱庆华（Zhu）等（2013）；罗明琇（Lo）（2014）；戴菁（Dai）等（2015）]。Zhu 等（2013）通过研究分析 396 家中国制造企业后认为制度压力可以通过影响内部整合间接地影响外部整合，外部整合分为了供应商整合和客户整合。Dai 等（2015）认为竞争对手实施绿色行为的压力会促使企业进行客户整合。Carbone 与 Moatti（2011）认为企业实施绿色供应链战略的意愿会促进企业进行绿色客户整合，包括 B2B 和 B2C 两个层面。

归纳起来，本文认为影响绿色供应商整合的实施动因可以按照企业内部动因、供应链内部动因和外部动因三个方面来进行分类。企业内部动因包括公司声誉的维护、公司产品形象的保持、企业高层管理者的支持和在战略制订中加入对绿色供应链管理的考虑几个方面；供应链内部动因包括客户的压力和供应商对于绿色行为的意愿；外部动因则包括环境法规的压力、政策激励以及竞争者绿色行为的压力几个方面。对于影响绿色客户整合的实施动因研究则略显不足，基于前人研究结论，本文认为可以分为企业实施绿色供应链战略的意愿、竞争者的压力和制度压力三个层面。尽管相关研究有助于我们加深对绿色供应链外部整合影响因素的认识，但仍然存在诸多不足。对于绿色供应商整合，学者的研究过多集中在绿色采购 [Brammer 等（2011）；Bjorklund（2011）；Lo（2014）]，而对于其他整合内容的关注相对较少；对于绿色客户整合，主要的研究都侧重在外部动因 [Zhu 等（2013）；Dai 等（2015）]，而对于企业内部和供应链内部的动因研究还略显不足。

（二）绿色供应链外部整合的维度

在本文筛选出的文献中，涉及绿色供应链外部整合维度的论文数量较多。各个学者根据论文研究关注点的不同对整合维度的选择也有一些不同之处，但从整体上看，对于绿色供应商整合和绿色客户整合的研究维度边界已经逐渐确定。

对于绿色供应商整合维度的选择，一些学者认为绿色供应商整合的主要方面是绿色采购 [Brammer 等（2011）；Bjorklund（2011）；格林（Green）等（2012）；施耐德（Schneider）与华伦堡（Wallenburg）（2012）；Vijayvargy 与阿加瓦尔（Agarwal）（2014）]，企业通过绿色采购，能通过原材料控制企业所生产产品的环保程度，因此他们在研究中主要探讨了绿色采购与企业之间的关系。而一些学者在研究中，也同时考虑了企业与供应商合作进行环保方面的生态设计 [塔特（Tate）等（2012）；Lo（2014）；Prajogo 等（2014）]，与供应商协同进行生态设计的过程中，在选择环境友好的替代材料、零部件乃至生产过程中，企业都需要与供应商紧密合作，因为供应商对于材料和零部件的环保属性更为清楚。除了上述企业与供应商进行的合作，企业对于供应商还有一些有关环保方面的要求，如企业会要求供应商拥有环保认证（如 ISO 14000/ISO 14001 认证）或者只选择有环保认证的供应商，以及会对供应商进行定期的环境审计 [霍费尔（Hofer）等（2012）；Vijayvargy 与 Agarwal（2013）；奥塔斯（Ortas）等（2014）；Yu 等（2014）]。另外，企业还会在要求供应商实行绿色整合的同时为其提供环保知识、技术或者资金支持，或者建立共同的环境管理系统 [Wong（2013）；瓜兰德里（Gualandris）等（2014）；Hoejmose 等（2014）；Chen 等（2015）；李（Lee）（2015）]。

对于绿色客户整合维度的选择，学者研究得最为普遍的两个维度是绿色包装和与客户协作进行生态设计 [Green 等（2012）；Vijayvargy 与 Agarwal（2014）；Dai 等（2015）]，因为生态设计的实践大多来源于客户的要求，或者是为了赢得更多环境偏好的客户，所以与客户合作可以更准确地了解客户的环境需求。除此之外，企业还会与客户进行清洁生产、共同协作减少运输中的能源消耗、合作进行逆向回收等措施 [Wu（2013）；Prajogo 等（2014）]。另外，一些学者在绿色客户整合的维度中也加入了企业与客户建立共同的环境目标，以及建立共同的环境管理系统，谋求在战略层面的合作 [乔凡尼（Giovanni）（2012）；Wong（2013）；Wu（2013）]。

综上所述，我们可以发现对于绿色供应链外部整合的维度研究上，学者已经形成了一个较为系统的框架，笔者分析整理后如表 1 所示，这为学者未来研究绿色供应链外部整合的驱动因素以及绿色供应链外部整合对绩效的影响方面打下了很好的基础。

表1 绿色供应链外部整合的维度

	绿色供应商整合	绿色客户整合
维度	绿色采购	绿色包装
	生态设计	生态设计
	选择有环保认证的供应商	清洁生产
	对供应商定期的环境审计	协作减少运输中的能源消耗
	环保相关的知识、技术培训	逆向回收
	环保相关的资金支持	建立共同的环境目标
	建立共同的环境目标	建立共同的环境管理系统
	建立共同的环境管理系统	

（三）绿色供应链外部整合与企业绩效的关系

自然资源基础观认为，绿色管理是影响企业绩效的重要因素。现有对绿色供应链外部整合与企业绩效关系的研究主要从企业的环境绩效、运营绩效和财务绩效的角度进行实证分析。

对于绿色供应商整合与企业绩效的关系，大部分学者的研究结论都证明了企业实行绿色供应商整合可以对企业环境绩效、运营绩效和财务绩效有正向影响，但是在影响路径上的观点却不甚一致。苏珊（Susan Golicic）与史密斯（Smith）（2013）认为绿色供应商整合可以直接影响企业环境绩效、运营绩效和财务绩效，并且都是显著正向影响。Large与Thomsen（2011）、Giovanni（2012）和Zhu等（2013）的研究结论都认为绿色供应商整合对环境绩效有直接的正向促进作用，而对于企业财务绩效的影响却是间接的，即绿色供应商整合通过影响环境绩效间接地影响企业的财务绩效。而对于运营绩效的影响学者也有不同的结论。Yu等（2014）认为绿色供应商整合对运营绩效有直接影响，而Green等（2012）却认为绿色供应商整合通过影响财务绩效而间接影响运营绩效。虽然影响路径不同，但上述学者的结论都是绿色供应商整合对绩效有正向影响。在现有研究中，部分学者对此仍有不同的观点。Wong（2013）在研究中得出的结论是绿色供应商整合与财务绩效与环境绩效的关系不显著。同样，Zhu等（2011）和Adebanjo等（2016）也认为绿色供应商整合对企业的环境绩效和运营绩效的影响不显著。

除了对于环境绩效、运营绩效和财务绩效的关注，一些学者还研究了绿色供应商整合对绿色创新、企业竞争力和一些其他方面的影响。Wu（2013）和Dai等（2015）的研究都证明了绿色供应商整合会对企业绿色创新有正向影响，其中包括了产品创新和流程创新。Chen 等（2015）认为绿色供应商整合对企业竞争力的提高具有调节作用，包括环保成本减少与差异化程度提高。Ehrgott 等（2013）也认为采取绿色供应商整合可以提高组织声誉和学习能力，从而提高企业的竞争力。

同样，在绿色客户整合方面，学者主要研究了其与环境绩效、财务绩效和运营绩效之间的关系。

相对于在绿色供应商整合的研究中学者对于绩效影响的观点并不完全一致的情况，在绿色客户整合方面的结论则偏向一致，大部分学者都认为绿色客户整合可以直接正向促进企业的环境绩效［Zhu 等（2011）；Golicic 与 Smith（2013）；Wong（2013）；Vijayvargy 与 Agarwal（2014）］、财务绩效［Zhu 等（2011）；Golicic 与 Smith（2013）；Wong（2013）］和运营绩效［Golicic 与 Smith（2013）；Zhu 等（2013）；Yu 等（2014）］。而少量研究结论则认为绿色客户整合对财务绩效具有间接影响作用［Giovanni（2012）；Zhu 等（2013）］。绿色客户整合与企业绩效关系的研究结论都认为它们之间具有正向关系，可能是因为企业与客户合作进行生态设计后，企业的产品因为在设计之初就有了客户的参与，从而更能符合客户的要求，进而会有更大的订货量，导致对企业绩效存在较为明显的促进作用。另外，绿色客户整合对于企业创新绩效和企业竞争力的影响方面，一些学者也做了相应的研究。Chenet 等（2015）认为绿色客户整合对企业竞争力的提高具有直接正向影响的作用。Wu（2013）和 Dai 等（2015）也证明绿色客户整合会对企业绿色创新有正向影响。

综上所述，学者对于绿色供应链外部整合与企业绩效之间关系的研究方面，主要侧重于研究企业的环境绩效、运营绩效和财务绩效，有少量关注绿色创新绩效和企业竞争力。在环境绩效、运营绩效和财务绩效的研究方面，学者对于绿色供应商整合的研究结论差异较大，虽然大部分学者认为存在正向作用，但是还是存在着一些相反的结论；而在绿色客户整合方面学者的结论则基本一致。另外，一些学者也认为绿色供应链外部整合可以正向促进企业绿色创新绩效和企业竞争力。关于绩效研究的部分结论如表 2 所示。

三、今后研究方向

通过以上文献回顾，可以看出对于绿色供应链外部整合大致可以分为影响因素、维度、与企业绩效的关系三个部分。首先，本文认为影响绿色供应链外部整合的动因可以按照企业内部动因、供应链内部动因和外部动因三个方面来进行分类。企业内部动因包括公司声誉的维护、公司产品形象的保持、企业高层管理者的支持和在战略制

表 2　绿色供应链外部整合与企业绩效之间关系的部分学者研究结论

作者	绿色供应商整合		绿色客户整合	
	维度	与绩效的关系	维度	与绩效的关系
Chen 等（2015）	①共同建立环境管理系统、政策规定　②协同的行动：产品设计、流程设计、分销、污染防治	绿色供应商整合能提高企业竞争力，包括环保成本减少与差异化程度，作为一个调节作用	①适应变化的市场中关于绿色的需求　②与客户协同进行生态设计、清洁生产，绿色包装，采取回收计划和回收	绿色客户整合能提高企业竞争力，包括环保成本减少与差异化程度，作为一个更直接的影响因素
Dai 等（2015）	①参与产品的绿色改进　②参与创造新的环境友好型产品　③在其他方面的绿色整合（营销、制造等）	绿色供应商整合对增量环境创新产生积极影响	①在设计环境友好型产品时向客户咨询　②让客户参与产品设计　③客户是环保产品设计的一个组成部分	绿色客户整合对增量环境创新都产生积极影响
Golicic 与 Smith（2013）	—	正向显著		正向显著
Gualandris 等（2014）	①调整与供应商的战略规划　②加强协调的规划决策　③对供应商的专门的投资	绿色供应商整合可以通过正向影响 GSCM 而影响企业绩效（全球采购、本地采购）；供应商整合可以直接影响企业绩效（本地采购）	—	—
Ehrgott 等（2013）	知识共享	采取绿色供应商整合提升核心企业的声誉，提升组织学习能力	—	—

作者	绿色供应商整合		绿色客户整合	
	维度	与绩效的关系	维度	与绩效的关系
Giovanni（2012）	①选择有环保认证的供应商 ②共同设立环境目标 ③共同减少供应链对环境的影响 ④共同解决出现的环境问题	外部对环境有直接影响，对财务有间接影响	①共同设立环境目标 ②共同减少供应链对环境的影响 ③共同解决出现的环境问题	外部对环境有直接影响，对财务有间接影响
Green 等（2012）	绿色采购	绿色采购对财务绩效有直接影响，然后通过财务绩效间接影响运营绩效	产品设计，绿色包装	产品设计、绿色包装对环境绩效有直接影响，然后通过财务绩效间接影响运营绩效
Large 与 Thomsen（2011）	①供应商环境审计 ②协助供应商建立内部环境管理系统 ③为供应商提供培训、教育	直接对环境绩效有正向影响	—	—
Prajogo 等（2014）	绿色设计	环境管理系统会对供应商的绿色设计有正向影响	①绿色设计 ②绿色包装 ③绿色运输、分销配送	环境管理系统会对企业与客户合作进行的绿色设计、绿色运输有正向影响
Vijayvargy 与 Agarwal（2014）	绿色采购	—	与客户的协作（绿色产品，绿色流程设计）	对环境绩效有正向作用

续表

作者	绿色供应商整合		绿色客户整合	
	维度	与绩效的关系	维度	与绩效的关系
Wong (2013)	环境信息整合（共享环境相关的信息）	与财务绩效、环境绩效的关系不显著	环境信息整合（共享环境相关的信息）	证明客户信息整合能正向促进财务绩效与环境绩效
Wu (2013)	①建立共同环境目标 ②对供应商的环境审计 ③选择有环保认证的供应商 ④向供应商提供清洁生产的技术	绿色供应商整合可以促进企业绿色创新（产品创新和流程创新）需求不确定性对其有有正向促进作用	①共同建立环境目标 ②合作减少产品对环境的影响 ③合作进行清洁生产、绿色包装和其他环保活动	绿色客户整合可以促进企业绿色创新（产品创新和流程创新）需求不确定性对其有正向促进作用
Yu等 (2014)	①提供技术 ②环境审计 ③建立环境目标 ④选择有环境认证的供应商	绿色供应商整合可以促进企业的运营绩效	①绿色包装 ②绿色运输	绿色客户整合可以促进企业的运营绩效
Zhu等 (2011)	—	绿色供应商整合可以促进企业的财务绩效	—	绿色客户整合可以促进环境绩效和财务绩效
Zhu等 (2013)	—	外部整合直接影响环境绩效和运营绩效，再间接影响财务绩效	①绿色设计、清洁生产 ②绿色包装、绿色运输 ③逆向合作回收	外部整合直接影响环境绩效，再间接影响财务绩效

订中加入对绿色供应链管理的考虑几个方面；供应链内部动因包括客户的压力和供应商对于绿色行为的意愿；外部动因则包括环境法规的压力、政策激励以及竞争者绿色行为的压力几个方面。其次，在绿色供应链外部整合的维度研究中，绿色供应商整合和绿色客户整合的维度不完全相同，绿色供应商整合注重绿色采购、与供应商合作的生态设计和对供应商的环保认证等，绿色客户整合注重企业与客户合作进行绿色包装、生态设计、绿色运输和逆向回收等方面。最后，在绿色供应链外部整合和企业绩效的关系研究中，现有文献的结论大多支持两者之间的正向影响关系，但还存在一些不同结论，因此，两者之间的关系需要进一步探讨。

下图对现有研究进行了总结，实线方框和实线箭头分别表示现有研究已经深入考察的变量和因果关系，虚线箭头表示现有研究仍显不足或有待后续研究深入探讨的因果关系。如下图所示，现有的绿色供应链外部整合研究主要从企业实施绿色整合的影响因素、整合维度、企业绩效等方面进行了理论分析和实证检验，但在绿色客户整合的影响因素方面以及绿色供应链外部整合与企业绩效的关系影响路径方面仍然存在诸多不足。同时，在绿色供应链外部整合的现阶段研究中，大多研究两个变量的直接关系，没有深入分析制度情境、环境不确定性、企业能力和社会资本等因素在企业实施绿色供应链外部整合过程中的调节作用。

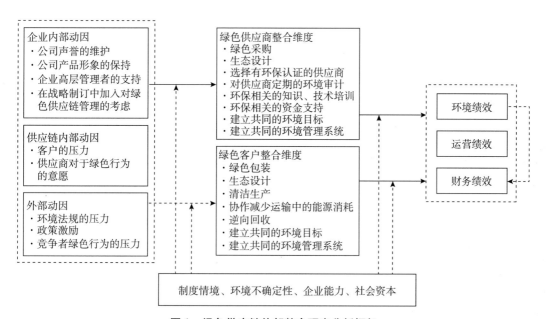

图1　绿色供应链外部整合研究分析框架

通过以上分析与总结，本文认为后续绿色供应链外部整合研究可从以下几方面展开，以弥补现有研究的不足并实现新的突破。

（1）更多研究绿色客户整合的影响因素。在前人关于绿色供应链外部整合的研究中，更多的是关注向供应链上游的整合，而对向下游的客户整合的关注度明显不足。在供应链管理中，企业上游供应商和下游客户在企业运营中的作用都非常重要。更多关注对下游的客户整合，可以更大程度地发掘绿色供应链外部整合对企业绩效和竞争力的影响潜力。

（2）深入分析制度情境、环境不确定性、企业能力和社会资本等因素在企业实施绿色供应链外部整合过程中的调节作用。特别是我国学者可以研究西方学者的研究成果在我国的制度情境下是否同样适用，或者存在差别。研究制度情境的影响作用可以使已经得出的研究结论对某一特定制度环境更加适用。另外，随着社会的迅速发展，环境的不确定性已经越来越影响企业的活动，因此，研究环境不确定性对绿色供应链外部整合动因以及绩效的影响就变得更为迫切。这方面的研究有利于提高绿色供应链外部整合在我国的适用性，并且能够帮助我国企业解决绿色管理资源不足以及绿色管理能力构建、提升等问题。

（中央财经大学商学院 刘晓红；联想（北京）有限公司 韦占宇）

参考文献

［1］ABBASI M, Nilsson F. Themes and challenges in making supply chains environmentally sustainable ［J］. Supply Chain Management, 2012, 17 (5): 517 - 530.

［2］ADEBANJO D, TEH P L, AHMED P K. The impact of external pressure and sustainable management practices on manufacturing performance and environmental outcomes ［J］. International Journal of Operations & Production Management, 2016, 36 (9): 995 - 1013.

［3］BJÖRKLUND M. Influence from the business environment on environmental purchasing—Drivers and hinders of purchasing green transportation services ［J］. Journal of Purchasing & Supply Management, 2011, 17 (1): 11 - 22.

［4］BRAMMER S, WALKER H. Sustainable procurement in the public sector: an international comparative study ［J］. International Journal of Operations & Production Management, 2011, 31 (4): 452 - 476.

［5］BREWER B, ARNETTE A N. Design for procurement: What procurement driven design initiatives result in environmental and economic performance improvement? ［J］. Journal of Purchasing & Supply Management, 2016.

［6］BURGOSJIMÉNEZ J D, VÁZQUEZBRUST D, PLAZAUBEDA J A, et al. Environmental protection and financial performance: an empirical analysis in Wales [J]. International Journal of Operations & Production Management, 2013, 33 (8): 981 – 1018.

[7] CAMPOS L M S, VAZQUEZ – BRUST D A. Lean and green synergies in supply chain management [J]. Supply Chain Management, 2016, 21 (5): 627 – 641.

[8] CANIËLS M C J, GEHRSITZ M H, SEMEIJN J. Participation of suppliers in greening supply chains: An empirical analysis of German automotive suppliers [J]. Journal of Purchasing & Supply Management, 2013, 19 (3): 134 – 143.

[9] CARBONE VALENTINA, MOATTI VALÉRIE. Towards greener supply chains: An institutional perspective [J]. International Journal of Logistics, 2011, 14 (3): 179 – 197.

[10] CARTER C R, EASTON P L. Sustainable supply chain management: evolution and future directions [J]. International Journal of Physical Distribution & Logistics Management, 2011, 41 (1): 46 – 62.

[11] CHAVEZ R, WIENGARTEN F, YU W, et al. Integrated green supply chain management and operational performance [J]. Supply Chain Management, 2014.

[12] CHEN P C, HUNG S W. Collaborative green innovation in emerging countries: a social capital perspective [J]. International Journal of Operations & Production Management, 2014, 34 (3): 347 – 363.

[13] CHEN Y J, WU Y J, WU T. Moderating effect of environmental supply chain collaboration Evidence from Taiwan [J]. International Journal of Physical Distribution & Logistics Management, 2015, 4510 (9): 959 – 978.

[14] CHOI S B, MIN H, JOO H Y, et al. Assessing the impact of green supply chain practices on firm performance in the Korean manufacturing industry [J]. International Journal of Logistics, 2016: 1 – 17.

[15] CORREIA F, HOWARD M, HAWKINS B, et al. Low carbon procurement: An emerging agenda [J]. Journal of Purchasing & Supply Management, 2013, 19 (1): 58 – 64.

[16] DABHILKAR M. Sustainable supply management as a purchasing capability: a power and dependence perspective [J]. International Journal of Operations & Production Management, 2016, 36 (1).

[17] DAI J, CANTOR D E, MONTABON F L. How environmental management competitive pressure affects a focal firm's environmental innovation activities: a green supply chain perspective [J]. Journal of Business Logistics, 2015, 36 (3): 242 – 259.

［18］DAM L, PETKOVA B N. The impact of environmental supply chain sustainability programs on shareholder wealth ［J］. International Journal of Operations & Production Management, 2014, 34.

［19］EHRGOTT M, REIMANN F, KAUFMANN L, et al. Environmental development of emerging economy suppliers: antecedents and outcomes ［J］. Journal of Business Logistics, 2013, 34（2）: 131 – 147.

［20］GANDHI S, MANGLA S K, KUMAR P, et al. A combined approach using AHP and DEMATEL for evaluating success factors in implementation of green supply chain management in Indian manufacturing industries ［J］. International Journal of Logistics, 2016.

［21］GIMENEZ C, TACHIZAWA E M. Extending sustainability to suppliers: a systematic literature review ［J］. Supply Chain Management, 2012, 17（5）: 531 – 543.

［22］GIOVANNI P D. Do internal and external environmental management contribute to the triple bottom line? ［J］. International Journal of Operations & Production Management, 2012, 32（3）: 265 – 290.

［23］GOLICIC S L, SMITH C D. A Meta – Analysis of environmentally sustainable supply chain management practices and firm performance ［J］. Journal of Supply Chain Management, 2013, 49（2）: 78 – 95.

［24］GREEN, ZELBST P J, MEACHAM J, et al. Green supply chain management practices: impact on performance ［J］. Supply Chain Management: An International Journal, 2012, 17（3）: 290 – 305.

［25］GUALANDRIS J, GOLINI R, KALCHSCHMIDT M. Do supply management and global sourcing matter for firm sustainability performance? An international study ［J］. Supply Chain Management, 2014, 19（3）: 258 – 274（17）.

［26］HOEJMOSE S U, GROSVOLD J, MILLINGTON A. The effect of institutional pressure on cooperative and coercive "green" supply chain practices ［J］. Journal of Purchasing & Supply Management, 2014, 20（4）: 215 – 224.

［27］HOFER C, CANTOR D E, DAI J. The competitive determinants of a firm's environmental management activities: Evidence from US manufacturing industries ［J］. Journal of Operations Management, 2012, 30（s 1 – 2）: 69 – 84.

［28］KIRCHOFF J F, TATE W L, MOLLENKOPF D A. The impact of strategic organizational orientations on green supply chain management and firm performance ［J］. International Journal of Physical Distribution & Logistics Management, 2016, 46（3）: 269 – 292.

［29］ LARGE R O, THOMSEN C G. Drivers of green supply management performance: Evidence from Germany ［J］. Journal of Purchasing & Supply Management, 2011, 17 （3）: 176 –184.

［30］ LEE S Y. The effects of green supply chain management on the supplier's perform-ance through social capital accumulation ［J］. Supply Chain Management, 2015, 20 （1）: 42 –55.

［31］ LIN L, MOON J J, YIN H. Does international economic integration lead to a cleaner production in China? ［J］. Production & Operations Management, 2014, 23 （4）: 525 –536.

［32］ LIU Y, SRAI J S, EVANS S. Environmental management: the role of supply chain capabilities in the auto sector ［J］. Supply Chain Management, 2016, 21 （1）.

［33］ LO S M. Effects of supply chain position on the motivation and practices of firms go-ing green ［J］. International Journal of Operations & Production Management, 2014, 34 （1）: 93 –114.

［34］ MEINLSCHMIDT J, KAI F, KIRCHOFF J F. The role of absorptive and desorptive capacity （ACDC） in sustainable supply management: A longitudinal analysis ［J］. Internation-al Journal of Physical Distribution & Logistics Management, 2016, 46 （2）: 177 –211.

［35］ NICHOLS B S, KIRCHOFF J F, KOCH C. Stakeholder perceptions of green mar-keting: the effect of demand and supply integration ［J］. International Journal of Physical Dis-tribution & Logistics Management, 2011, 41 （7）: 684 –696.

［36］ ORTAS EDUARDO, MONEVA J M, Igor ÁLVAREZ. Sustainable supply chain and company performance: A global examination ［J］. Supply Chain Management, 2014, 19 （3）: 332 –350.

［37］ PAULRAJ A. Understanding the relationships between internal resources and capa-bilities, sustainable supply management and organizational sustainability ［J］. Journal of Sup-ply Chain Management, 2011, 47 （1）: 19 –37.

［38］ PORTEOUS A H, RAMMOHAN S V, LEE H L. Carrots or sticks? improving so-cial and environmental compliance at suppliers through incentives and penalties ［J］. Produc-tion & Operations Management, 2015, 24: 1402 –1413.

［39］ POWER D, SOHAL A S. The diffusion of environmental management system and its effect on environmental management practices ［J］. International Journal of Operations & Production Management, 2014, 34 （5）: 565 –585 （21）.

［40］RONNENBERG S K, GRAHAM M E, MAHMOODI F. The important role of change management in environmental management system implementation ［J］. International Journal of Operations & Production Management, 2011, 31 （6）: 631 – 647 （17）.

［41］SARKIS J. A boundaries and flows perspective of green supply chain management ［J］. Supply Chain Management, 1996, 17 （2）: 202 – 216.

［42］SCHNEIDER L, WALLENBURG C M. Implementing sustainable sourcing—Does purchasing need to change? ［J］. Journal of Purchasing & Supply Management, 2012, 18 （4）: 243 – 257.

［43］SHI V G, KOH S C L, BALDWIN J, et al. Natural resource based green supply chain management ［D］. Sheffield: The University of Sheffield, 2012.

［44］TACHIZAWA E M, GIMÉNEZ C, SIERRA V. Green Supply Chain Management approaches: Drivers and performance implications ［J］. International Journal of Operations & Production Management, 2015.

［45］TACHIZAWA E M, WONG C Y. The performance of green supply chain management governance mechanisms: A supply network and complexity perspective ［J］. Journal of Supply Chain Management, 2015, 51 （3）: 18 – 32.

［46］TATE W L, DOOLEY K J, ELLRAM L M. Transaction cost and institutional drivers of supplier adoption of environmental practices ［J］. Journal of Business Logistics, 2011, 32 （1）: 6 – 16.

［47］TATE W L, ELLRAM L M, DOOLEY K J. Environmental purchasing and supplier management （EPSM）: Theory and practice ［J］. Journal of Purchasing & Supply Management, 2012, 18 （3）: 173 – 188.

［48］THOMAS R W, FUGATE B S, ROBINSON J L, et al. The impact of environmental and social sustainability practices on sourcing behavior ［J］. International Journal of Physical Distribution & Logistics Management, 2016, 46 （5）: 469 – 491.

［49］UGARTE G M, GOLDEN J S, DOOLEY K J. Lean versus green: The impact of lean logistics on greenhouse gas emissions in consumer goods supply chains ［J］. Journal of Purchasing & Supply Management, 2016, 22 （2）: 98 – 109.

［50］VIJAYVARGY L, AGARWAL G. A comparative study of green supply chain management practices in Indian, Japanese and Chinese companies ［J］. Journal of Supply Chain Management, 2013.

［51］VIJAYVARGY L, AGARWAL G. Empirical investigation of green supply chain management practices and their impact on organizational performance ［J］. Journal of Supply Chain Management, 2014.

［52］ WONG C W Y. Leveraging environmental information integration to enable environmental management capability and performance ［J］. Journal of Supply Chain Management, 2013, 49 (49): 114 – 136.

［53］ WONG C Y, BOON – ITT S, WONG C W Y. The contingency effects of environmental uncertainty on the relationship between supply chain integration and operational performance ［J］. Journal of Operations Management, 2011, 29 (6): 604 – 615.

［54］ WU G C. The influence of green supply chain integration and environmental uncertainty on green innovation in Taiwan's IT industry ［J］. Supply Chain Management: An International Journal, 2013, 18 (5): 539 – 552 (14).

［55］ ZAILANI S H M, ELTAYEB T K, HSU C, et al. The impact of external institutional drivers and internal strategy on environmental performance ［J］. International Journal of Operations & Production Management, 1980, 32 (5 – 6): 721 – 745.

［56］ ZHU Q, SARKIS J, LAI K H. Institutional – based antecedents and performance outcomes of internal and external green supply chain management practices ［J］. Journal of Purchasing & Supply Management, 2013, 19 (2): 106 – 117.

［57］ ZHU Q, YONG G, LAI K. Environmental supply chain cooperation and its effect on the circular economy practice—performance relationship among chinese manufacturers ［J］. Journal of Industrial Ecology, 2011, 15 (3): 405 – 419.

企业篇

河南鲜易供应链有限公司：鲜易供应链开创中国温控供应链服务品牌

一、关于鲜易供应链

河南鲜易供应链有限公司（以下简称"鲜易供应链"）定位于中国温控供应链集成服务商，为此鲜易供应链依托网络化温控仓储及冷链运输配送系统，以物联网技术、供应链金融为核心服务，通过构建云仓网、运输网、共配网、信息网，围绕供应链优化、开展仓运配、金融、集采分销一体化服务，引领整合产业资源，帮助客户实现商流、物流、信息流及资金流同步，打造统一、安全、高效、协同的温控供应链系统。

作为我国温控供应链标杆性企业，鲜易供应链于2015年以12.994亿元收入蝉联中国冷链百强企业第三名。近年来，鲜易供应链在"四网融合"的战略指引下，实现了快速持续增长，2015年与荣庆、双汇物流国内冷链巨头共同位居全国冷链前三甲，其背后显现出的实际是我国温控供应链日益成熟的发展模式及强烈的市场需求。

鲜易供应链先后获得"中国供应链管理示范企业""中国冷链管理示范企业""中物联常务理事单位""中物联冷链委轮值理事长单位""中国仓储与配送协会副会长单位""中国冷链物流百强企业""AAAA级物流企业""五星级冷链物流企业""中国仓储服务金牌企业""河南物流行业诚信企业"等资质荣誉，是河南省温控供应链工程研究中心承建单位。

二、鲜易供应链实施温控供应链管理的背景

随着经济全球化趋势的加强，我国城市化进程的加快和居民消费水平的提高，人们对生鲜食材提出了更高的要求，对冷链产品的需求快速增长，冷链物流已成为物流行业的新宠和不可逆转的发展潮流，但是当前我国冷链物流的发展还在初级阶段，与国外发达国家存在很大的差距，面临的挑战也很多。

我国冷链基础设施比较薄弱，比如我国目前冷库保有量为9300万立方米，总量与

美国基本持平，但人均冷库拥有量只有美国人均的 1/5、日本人均的 1/4、德国人均的 1/3。我国冷库结构也不合理，冷冻库多、冷藏库少，储存型冷库多、流通加工型冷库少。我国冷藏车和保温车的保有量为 9.34 万辆，仅相当于美国或者欧洲一年的增长量，人均冷藏车也仅为日本的 1/10。

冷链标准不统一，监管不到位。目前国内冷链大部分的国家标准和行业标准都是推荐性的，企业贯彻积极性不高，大部分都在执行企业自己的标准。

冷链人才短缺，冷链行业需要懂得制冷、保温、食品、物流、供应链等很多专业知识的复合型人才。目前国内开设冷链物流专业的院校不多，大部分冷链人才需要企业自己培养。

冷链物流行业集中度不够，效率低，成本高。冷链物流企业规模小、比较分散，中国冷链物流百强企业只占市场份额的 10% 左右。现有冷链需求和资源都是碎片化，导致企业运营效率很低，成本很高。

冷链信息化水平低，技术落后。由于企业规模都比较小，很多物流企业还没有信息化系统，做不到精细化管理，更谈不上企业智能化，未来冷链需要大数据的支撑。

食品企业对品牌不重视，消费者对品质不敏感。没有从源头和需求两端给冷链物流行业提供发展动力。

三、鲜易温控供应链提供的服务

鲜易供应链顺应时代潮流，首创"云温控供应链系统"，通过实施"产品＋服务""科学技术＋综合管理技术""软件＋硬件""平台＋杠杆"，构建连接生产、仓储、运输、加工、集采、交易、配送的一体化温控供应链，以多元化的地面服务能力、网络化的供求信息管理和全球化的贸易运作能力，为我国现代生鲜产业提供超越传统冷链的系统化服务，为我国冷链产业模式创新探索转型之路，开创中国温控供应链服务品牌。

一是温控仓储服务。鲜易供应链在全国布局 20 多个温控基地，形成了完善的 DC（仓储配送中心）、TC（快速分拨中心）、PC（流通加工中心）、EC（电商配送中心）网络，为客户提供存储、拆零、分拣、配货、包装、贴标、流通加工、检验检疫及保税一体化服务。

二是冷链运输服务。鲜易供应链围绕全国五纵五横交通运输网络，布局 20 多个基地网络，覆盖 28 个省市自治区，为客户提供全程可视化的冷链干线和零担卡班服务。

冷链干线：冷链运输服务除港澳台地区、西藏、新疆和青海外均已覆盖。

零担卡班：已开通 9 条线路，覆盖 11 个直辖市、省会城市，每天定点发车，准时到达。已开通的 9 条线路：郑州—（长沙）—广州、郑州—（南京、昆山）—上海、郑州—西安、郑州—成都、郑州—北京、北京—天津、北京—沈阳、郑州—武汉、北京—上海。

三是冷链城配服务。鲜易供应链在北京、上海、广州、郑州、天津、沈阳、长春、武汉、合肥、长沙、西安、成都等 20 多个核心城市有 3000 多个配送网点为食品加工、生鲜电商、商超连锁、餐饮团膳等客户提供 B2B 冷链城配服务。

四是供应链金融服务。针对有资金需求的中小型生产客户及商贸流通客户，鲜易供应链联手金融机构推出定制化的金融解决产品"存货易"和"代采易"，帮助客户有效缓解资金压力，助力其进一步做大做强。

四、鲜易温控供应链的探索与实践

1. 商业模式创新

鲜易供应链顺应时代潮流，首创"云温控供应链系统"，通过实施"产品＋服务""科学技术＋综合管理技术""软件＋硬件""平台＋杠杆"，构建云仓网、运输网、共配网、信息网，围绕供应链优化，开展仓运配＋金融一体化服务，引领产业资源整合，帮助客户实现商流、物流、信息流及资金流同步，打造统一、安全、高效、协同的温控供应链系统，为我国冷链产业模式创新探索转型之路，开创中国温控供应链服务品牌。

2. 信息化系统支撑

鲜易供应链通过 PaaS（Platform as a Service，平台即服务）平台建设，目前开发的 OMS（订单管理系统）接收处理客户预约订单，根据客户合作类型把订单推送到 WMS（仓储管理系统）与 TMS（运输管理系统）中，并根据客户业务类型，实现 WMS 与 TMS 之间业务数据快速流转，且运用分拣分拨、RFID（无线射频识别）、RF（射频）、GPS（全球定位系统）等物联网技术快速协同完成客户业务，实现仓配一体化信息化服务。与各业务系统、管理系统打通接口连接，使系统之间基础信息共享、业务数据流通，减少业务数据转化流程，提高仓储配送服务效率，提升客户满意度，加强市场竞争力。

3. 物联网技术应用

目前鲜易供应链已实施三大项目：车联网、库联网和园区联网。鲜易供应链仓储服务平台包括 DC（仓储配送中心）、TC（快速分拨中心）、EC（电商配送中心）、PC

（流通加工中心）四种类型，应用二维码、无线射频识别等物联网技术和大数据，建立了智能化仓储系统、智能电子标签拣货系统（DAS），对存储货物的动态实现了在线管理，并与合作伙伴共享数据信息。鲜易供应链探索干线运输、区域分拨、城市配送等多式联运模式，应用 RFID 标签、GPS、温度传感器、司机 App 等技术，实现了对 5900 多辆车的定位服务，对车内温度与湿度、车辆运行状态进行适时监控，保证运单的全流程可视化和平台化，确保全程冷链，保障食品安全。

4. 标准体系建设

鲜易供应链通过加快物流技术与服务模式创新，加强物流标准体系建设，成功入选商贸物流标准化专项行动第二批重点推进企业，目前是中物联双 4A 物流企业（许昌鲜易、许昌众荣），中物联冷链委 5 星级冷链物流企业。同时鲜易供应链积极参与国家、行业标准的制订，主持、参与制（修）订国家标准《食品冷链物流追溯管理要求》、行业标准《肉禽类冷链温控运作规范》，提升行业管理水平和能力。鲜易供应链拥有一套完整的内部管理体系和标准业务流程，年度客户满意度达到 98.5%，自建标准冷库通过欧洲商贸业最高标准 BRC（英国零售商协会）体系认证。

5. 社会资源整合

鲜易供应链在掌握大量需求信息的基础上，通过对行业资源、社会资源的有效整合，使社会上碎片化的库、车资源集成在一起，实现对社会资源的有效管理，并衍生出附加值更高的业务，进而提升供应链整体运行效率和运行价值。通过供应链集成整合，鲜易供应链与同行业企业从传统的竞争关系发展成为竞合关系，与同行业企业之间的关系"不再是一个此消彼长的关系，而是一个相互促进的关系"。

6. 引领大众创业，万众创新

鲜易供应链完善内部创业创新机制，实行自主创新经营体、事业合伙人等机制，加快发展多种形式的内部创业创新主体。鲜易供应链投入先进设备，提供标准、技术和信息系统，创业团队以智本和资本投入创业平台，并参与收益分配。2015 年 9 月以来，鲜易供应链与设备厂商、金融机构合作，帮助创业司机解决资金问题。在早期创业员工示范引领下，鲜易供应链因势利导，先后帮助 926 名司机购置车辆，帮助 123 名司机成立了自己的物流公司。

五、鲜易供应链砥砺前行，硕果累累

1. 参与行业标准制订

鲜易供应链积极参与国家、行业标准的制订，主持、参与制（修）订国家标准

《食品冷链物流追溯管理要求》、行业标准《肉禽类冷链温控运作规范》，提升行业管理水平和能力。

2. 推进商贸物流标准化进程

目前，鲜易供应链已实现了从集采到终端全流程的标准化、信息化、透明化管理，产品从入库、在库、出库、在途、终端实现全路程无缝监控，鲜易供应链将在专项行动任务要求的指导下，不断完善自身标准化建设，及时主动报送实施进度和做法成效，推动国家商贸物流标准化进程的发展。

3. 帮助客户做大做强

鲜易供应链依托强大的服务网络、先进的储运设施、领先的在线管理系统、专业的服务团队及现代化的温控供应链基地，联动标准、信息、金融层面的合作伙伴，先后与上游肉类、水产品、乳制品、速冻食品、农产品等冷链产品加工制造企业以及下游的连锁零售、餐饮团膳、电子商务等渠道终端客户，围绕温控供应链的不同环节展开了深度合作，初步实现了平台与平台、系统与系统、供应链与供应链的有效连接，帮助客户提升整体供应链的运行效率与质量，帮助客户做大做强。

鲜易供应链始终坚持客户至上的服务观念，依靠优质的服务、完善的全国网络布局、先进的信息技术支撑，以高效、优质、快捷的服务获得了众多国际、国内大客户的认可，服务的客户包括和路雪、百胜、伊利、蒙牛、五芳斋、三全、思念、龙凤、大润发、小肥羊、皓月、华英、阿香米线等国内外知名企业。

六、结束语

当今世界已进入全球互联网供应链时代，发展中的鲜易供应链将秉承一贯的开放性、创新性、学习性、成长性，在产业链、供应链上谋求与国内外企业的合作，与合作伙伴共同发现价值、设计价值、创造价值、保障价值、分享价值，开放共享、共生共赢。

（河南鲜易供应链有限公司）

中国交通建设股份有限公司：支撑集团型施工企业的集采平台建设与实践

一、集团型施工企业供应链管理分析

工程建设领域市场竞争激烈、利润逐年降低，企业采购成本占到项目总成本的60%以上，降低采购成本、及时供应、保障质量是项目管理的焦点。供应链管理是企业管理成败的关键，集采平台的建设是解决集团型施工企业供应链管理复杂问题，促进企业降本增效、有效提升供应链管理水平的重要举措。通过加强供应链管理实现产业链向价值链转化是企业管理成败的关键。

为打造核心竞争力，集团型施工企业普遍具备投融资、咨询规划、设计、施工和制造、运营和销售等多环节的能力。全产业链变成了企业的优势，将产业链转化为价值链，打造"利益共同体"是企业转型升级的关键。供应链管理整合资源，保障运营质量、控制企业成本，是促进产业链向价值链转化的关键措施。产业链、供应链、价值链的关系，如图1所示。

图1　产业链、供应链、价值链的关系

中国交通建设股份有限公司（以下称简称"中国交建"）是全球领先的特大型基础设施综合服务商，主要从事交通基础设施的投资建设运营、装备制造、房地产及城市综合开发等，为客户提供投融资、咨询规划、设计建造、管理运营一揽子解决方案和一体化服务。

中国交建的产业链长、业务类型不同、多级法人，这些因素造就了内部供应链的多态性，供应链整合是供应链管理的难点。下面将对中国交建内部基础设施建设、制造业、投资等部分业务供应链特点进行举例分析。

（一）基础设施建设供应链分析

基础设施建设业务流程如图 2 所示。

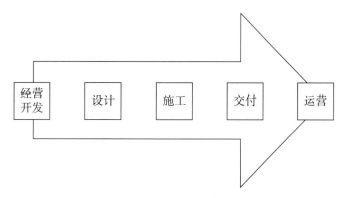

图 2　基础设施建设业务流程

1. 供应链在基础设施建设领域发挥的作用

（1）经营开发阶段：历史采购数据对项目投标、投资概算等业务决策的支撑。

（2）设计阶段：需要通过设计部门及采购部门联合推进设计中的材料标准化，优化、减少采购品种。

（3）施工阶段：供应链通过采购、库存及物流管理、物资核算核销，保障供应，降低成本。

（4）交付阶段及运营阶段：物料、设备周转租赁管理工作，降低库存成本。

2. 供应链在基础设施建设领域目前存在的问题

（1）采购需求分散在各地，点多、线长，不便于集中管理。

（2）供应商管理难以到位，部分供应商打一枪换一个地方，风险难以防控。

（3）资金匮乏，财务费用占采购成本较高，但缺少科学分析。

（4）工作量大、效率低，人才短缺，采购工作缺少策划与调研，采购方式选择不准，缺少透明度，供应商竞争不充分。

（5）供应链未在设计阶段发挥作用，导致需求计划准确性差、采购周期短、临采多，采购成本难以降低。

（6）主要材料需求大，供货周期长，单批次收货少；间接采购与项目当地经济环境紧密相关，大部分项目处于艰苦地区，采购难度大。

（7）周转材料价值较高，需调配维护保养。

3. 基础设施建设信息系统应用类别：项目管理系统、集采平台

与制造业供应链相比，基础设施建设有以下特点：一是由于地理位置的不确定性，

供应链管理过程中仓储管理环节简单，如管理不严容易造成物资数量超耗，增加了项目管控风险；二是大型基础设施建设项目往往交通不便，运输成本高；三是施工过程中遇到不可预见的情况多，设计变更频繁、需求的不确定性增加了项目的成本。

（二）集团内装备制造业供应链分析

基建企业装备制造业务承担着打造"大装备、大支撑"的重任，产品围绕集团核心业务与未来发展，开展生产和研发工作。产品类型有筑养路机械、盾构机、钢结构、港口机械、海洋重工、车辆配件等。装备制造业务流程如图3所示。

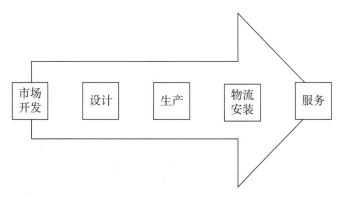

图3 装备制造业务流程

1. 装备制造业供应链运营特点

（1）跨部门协作："大装备"以跨部门协作来优化产品设计，从而加速了新产品导入、降低产品的成本，并增加产品的可制造性和可服务性。

（2）制造业产品的复杂度高，产品线、产品型号多、库存高，规模效益递减，同时导致流程、系统变得更复杂，降低了运作效率，增加了单位成本。

（3）重资产运作：为降低交付时间，重工制造企业的一项能力是远程、大吨位的整机投放能力，且有自营船队，能把几千万吨重的钢结构投放到世界各地。

（4）源头采购：大型装备质量要求高、稳定性强、原材料材质特殊，大部分采购需要对接全球厂家，如钢材、机电设备等。

（5）供应链敏捷性要求：产品从市场到交付周期短，需要供应链快速响应。

2. 集团内制造业供应链呈现出的问题

国内制造业大多处于粗放经营下的高成本增长状态，成本的增长速度高于营收的增长速度，在营收增长放缓时高成本、高增长的模式无以为继，精益化管理是唯一出路。

（1）集成产品开发流程。产品开发是平衡客户需求和控制成本的关键。制造企业在主打产品市场占有率高的情况下，进一步扩展业务就得进入细分市场，增加产品的复杂度，消耗了企业的大量资源。集成产品开发流程就是集成市场开发、设计、生产、安装和服务，优化产品设计，快速开发有竞争力的产品。

（2）加强物料编码管理。制造企业物料需求有几十万种，编码管理不到位，会造成物料浪费、成本增加。规范专业的编码分类，是 ERP 系统运行的基础。

（3）标准化设计。从备品备件标准化入手，减少物料种类，降低库存及采购工作复杂度。

（4）降低库存成本。制造业库存量大，资金成本高。降低库存措施主要有三个方面：一是引入协同式供应链库存管理模式，采用框架协议＋订单开展采购，共同管理业务过程、共享信息来改善供应商的伙伴关系；二是提高预测的准确度，达到提高供应链效率、降低库存的目的；三是加强库存管理，减少呆滞物资。

（5）工器具种类多，采购工作量大。一是可通过协作队伍外包模式减少工器具采购；二是可对接 MRO（维护、维修、运行）工业品超市电子商务平台，提高采购效率。

（6）加强废料管理。开展废料回收、管理、综合利用，避免经济损失，加强成本控制。

3. 制造业供应链信息系统应用类别：ERP 系统、集采平台

装备制造业供应链管理从需求计划、生产、供应管理出发，平衡需求和供给，降低浪费，可提高供应链的反应速度、灵活性和效率。

（三）集团内其他业务供应链发挥的作用

1. 投资板块

投资业务主要包括四个管理阶段：投资前期管理、投资决策管理、工程建设管理和项目运营管理。在投资前期管理阶段，供应链可以在投资计划的滚动修订过程中提供成本测算模型；在投资决策管理阶段，供应链产生的历史采购数据可以在论证研究、投资批复中提供决策依据，确保具体投资项目切实可行、风险可控。

2. 疏浚板块

中国交建是世界最大疏浚企业，拥有中国最大的疏浚船队，耙吸船总仓容量和绞吸船总装机功率均排名世界第一。疏浚板块业务的开展需要大型施工船舶及专业设备支撑，船舶及设备的调度管理、耗品采购是管理的重点。

中国交建通过生产经营指挥调度系统，对中国交建重点船舶、重点项目等进行监控、调度指挥，实现中国交建总部及时、准确掌控船舶船位动态及生产情况；统一调度协调指挥船舶等大型装备；实时查询各单位大型船舶的地理位置及环境状况、工作

或闲置情况、船上设备性能指标、生产数据分析等，为实现集团对船舶的资源调度、风险预警和生产管理控制提供帮助；中国交建各级单位通过平台，可获取兄弟单位装备的相关信息，实现同区域、跨板块资源共享；各单位的项目部可通过平台向上级发起资源请求，实现本地区资源共享、远程专家指导和风险处置协同。

现代施工企业对供应链管理短板越来越关注，均通过加强计划管理、汇集总量，提升采购主体层级，优化采购方式，加强履约管理等多种手段，提升供应链管理水平。互联网技术的发展为施工企业供应链管理的提升提供了支撑，通过建设集采平台开展集中采购管理成为施工集团型企业的共同选择。但是大型施工企业集采平台建设与其他企业不同，在系统建设过程中，系统设计要充分考虑企业产业链长、项目多、层级多、采购分散的业务特点，系统功能可支持不同供应链模式的融合，并随采购管理推进进行扩展，分析业务管理所处阶段并支持管理决策。

二、支持不同供应链模式融合的集采平台系统设计

集采平台是整合集团供应链资源、融合不同供应链管理模式、发挥采购规模优势的有效工具。系统功能在设计过程中一是要遵循交易公开、操作透明、过程受控、全程在案、永久追溯的原则；二是要融合不同类型供应链的实际需求，围绕中国交建产业类型多、法人层级多开展研究。

根据管理需要，大型施工企业集采平台设计功能（见图4）包括计划、任务、方案、寻源、合同、框架协议、结算、仓储管理、供应商管理、编码管理、专家管理、集采目录、内外部门户等功能，并预留接口，可与财务系统、ERP系统、PM系统、OA系统、电商平台打通。采购系统的内部门户可以向各级采购用户提供服务信息。供应商可以通过外部门户关注招标信息、中标公告，并发布产品信息。系统的重点功能是电子采购的招标采购、竞争性谈判、询价和其他采购、供应商管理、采购统计、商情信息等。在此基础上，大型施工企业采购系统建设还考虑到各产业间管理起点的不均衡，随工作推进系统功能需求变化较大，对系统设计要求高等特点，主要有以下几个方面内容。

（一）品类标准化、可扩展

通过编码管理功能支持采购品类的标准化管理。

（1）集团型施工企业产业链长，物资品种多，标准化的编码是供应链整合的基础，规范的编码可支持不同产业的采购需求统计合并。

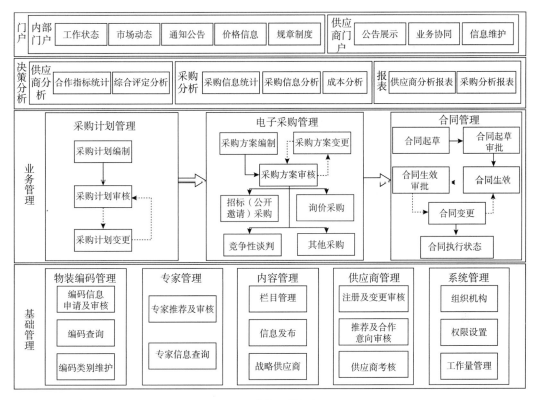

图4 功能设计框架

（2）采购管理的推进一般从大宗物资入手，采取"抓大放小"的集中采购管理模式。系统上线初期，设备、物资的主要品种入网采购，成熟后可扩展到全部设备、物资，并逐步涵盖企业运营的所有采购。

根据这种情况，集采平台设计可扩展编码管理的功能，支持大类、中类、小类、品名四级类别标准化管理。

（二）整合供应链资源相关功能

通过计划管理、任务管理、方案管理、合同管理等功能支持多种业务管理模式，整合资源开展采购。业务管理模式包括直接采购、集中采购，授权采购、委托采购、联合采购，统谈统签、统谈分签等业务管理模式。

（1）资源整合：采购计划管理功能可根据品类编码将不同采购平台、不同需求单位的资源统计、合并，支持管理决策人员开展集中采购，实现了主干精简、末梢灵活的目标。

（2）任务管理：可以汇集采购计划，在集中采购过程中，实现任务分配、授权下级单位、委托招标代理机构、联合采购等功能。

（3）合同管理：可以根据采购计划中的采购平台及需求单位等信息控制合同签订单位，实现统谈统签、统谈分签的业务管理模式。

（三）标准的寻源流程

标准的寻源流程包括：公开招标、邀请招标、竞争性谈判、询价、其他采购（单一来源、线下采购）、框架协议采购等。

（1）招标采购分为公开招标、邀请招标两种流程，主要实现对招投标业务的全流程管理，实现招投标工作的公平、公正、公开。可以实现招标公告发布，在线报名、售标、投标，在线开标、评标、授标、中标结果发布等。

（2）竞争性谈判主要功能包括发布邀请函，发售文件，答疑澄清，投标、开标、多轮报价，评标结果录入、定标、公示等。与招标不同的是，采购过程中可以根据谈判情况发起多轮报价，根据最终报价情况定标。

（3）询价的主要功能包括发布邀请函，答疑澄清，多轮报价，定标。其他采购主要是指对单一来源和线下采购结果的管理，录入采购过程的资料信息，以及进行备案。

（四）固化信息，加强采购策划

通过方案编制加强策划工作，内容主要包括采购方式选择、寻源环节配置、采购参与人员名单、供应商范围、需求信息、预算费用、市场价格、投标保证金等信息，加强采购人员调研工作。

（五）可扩展的组织架构，适应多层级管理

组织机构管理涵盖集团总部、二级子公司、三级子公司、项目部，甚至更多管理层级，适应不同产业类型的组织架构。

（六）供应商分级管理

系统通过供应商管理的准入、日常考评、推荐、分级管理等功能，实现集团公司对供应商的统一管控。供应商可通过外部门户提出申请，填报公司资料、合作情况，选择推荐单位，经过审批后开展采购协同工作。

（七）严格的消耗管控体系

（1）基础设施建设供应链解决方案：通过项目管理系统与集采平台对接，实现需求、采购、消耗数据统一，管住价、控制量，控制项目成本。

（2）制造业供应链解决方案：通过ERP与物采系统对接，在ERP中采购需求根据客户订单、BOM（物料清单）、库存、在途物资信息自动生成，经过审批后的采购需求实时导入集采平台开展采购，采购结果回传ERP。通过系统互通打造及时反应的敏捷供应链。

（3）其他业务板块：疏浚业务板块大型装备通过集采平台采购后，计入固定资产，通过生产指挥调度平台对装备运转、调度进行管理。

（八）间接采购管理

在企业内部生产和经营活动中被使用和消耗的间接物料有小金额、多批次的特点，占用采购工作量大，不便集中管理。通过集采平台与知名电商平台对接，开展施工辅助材料、小型工器具、办公用品、商旅服务等采购，可实现阳光采购，降低成本。例如：京东、史泰博、阿里巴巴1688平台、MRO工业品超市等网站。

（九）周转材料管理功能

集采平台通过周转材料管理功能管好、盘活周转材料，减少浪费，规范管理。功能包括周转材料配置方案、购置计划审批、台账管理、调配、保养、转让等。

集采平台功能的设计可以满足总部、二级子公司、三级子公司、项目部四个层级在系统中开展采购业务。在业务流程方面，采购计划、采购方案、采购合同等系统功能采取松散的耦合设计，每个功能都是独立单元，没有计划可以编制方案，线下采购可以直接录入合同，适应各种企业运营管理情况。

三、集采平台建设经验及推进措施

集采平台在建设与推进过程中面临了很多的问题和困难，系统建设过程中调研、需求分析、设计、开发、测试和试运行等阶段性目标，需要通过集团各层级采购管理部门及信息化部门的通力合作才能完成。回顾集采平台开发建设的过程，有以下几点总结。

（一）有力的项目组织保障

在中国交建信息化领导小组的带领下，项目初期由信息化管理部、物资采购管理中心联合成立项目管理组，负责制订项目的阶段性目标、实施路径、功能范围，协调解决项目开发建设中存在的问题，以及对关键环节的质量监督等。同时，在管理组的领导下，由物资采购管理中心业务人员和中国交通信息中心技术人员组成项目实施组，负责项目的需求管理、开发、测试和培训等工作。

（二）准确的需求采集与落地

项目组依据中国交建相关管理办法和采购管理思路，结合内外部调研情况，分析并形成了采购管理及业务需求，并召集各单位采购管理部门负责人参加研讨会，收集意见。同时，严格按照国家七部委颁布的《中华人民共和国招标投标法》《电子招标投标办法》《电子招标投标交易平台技术规范》等法律法规，编制了《需求规格说明书》，保障系统建设既满足管理及业务需求，又符合国家及行业相关要求。

（三）业务骨干的全程参与

物资采购管理中心安排业务骨干全程参与项目建设，保证了项目建设进度和质量，为系统成功上线奠定了基础。

（1）设计和开发阶段：为技术人员讲解采购管理业务，讨论设计方案。

（2）测试阶段：组织各层级业务人员利用真实采购业务开展测试，验证系统功能。

（3）试运行阶段：选取不同业务板块、不同层级、有代表性的公司和项目部作为试点单位，并开展专项培训，确保试点工作顺利进行。

（4）系统运维阶段：保证每个升级版本都经过大量严格测试，并与信息化开发单位共同建立运维团队，提供"全天候"的运维保障。

（四）各单位的大力支持

集采平台上线后，各二级子公司领导和相关部门都非常重视这项工作，以成立工作组、下发通知、开展考核、扩大网上采购物资范围等多种形式，推动应用工作，取得了很好的效果。

（五）强力的推进措施

上线初期，集采平台应用主要遇到五类问题：部分单位执行要求不到位、推动上线工作力度不够、网上采购不规范、操作不熟练、流标率高等。集团在加强宣传、明确指标、监督检查、重点帮扶、完善功能五个方面推进了集采平台的推广应用。

（1）加强宣传：通过系统门户网站、企业报刊等媒体定期宣传电子采购应用情况，并定期编制工作简报呈送公司各级领导。

（2）明确指标：发布《采购管理工作考核办法》，考核办法中指标分为定量和定性指标，其中定量指标权重70分，定性指标权重30分。定量指标包括电子化采购、采购集中度、采购主体、采购方式、降本增效、统一付款率等。

"电子化采购"在定量指标中占 15 分，其他各项定量指标依据电子采购的数据和各单位的报送数据进行计算。

（3）监督检查：依据系统中的数据定期开展采购管理工作大检查，监督电子采购应用工作。

（4）重点帮扶：对于开展集采平台应用工作积极的单位，总部管理部门在推进工作、专项培训等方面进行支持。

（5）完善功能：运行过程中收集各级单位采购人员的需求，不断完善系统功能。

另外，集团型施工企业采购管理须实时监控系统业务数据及业务质量，定期检查不正常的业务。例如：监控采购计划不准确，长期不执行采购；虚假操作，违规采购；长期呆滞方案、定标金额与合同实际不符；供应商名称不准确、用户账号重复、审批效率低等情况。定期公布监控数据，可以加大系统推进力度。

四、成果及展望

（一）推进效果

集采平台在上线初期，覆盖了基建、疏浚、装备制造和总部直属项目部等 30 家二级子公司、133 家三级子公司。运行过程中，各单位自主开展系统深化应用工作，系统应用已推进到了 500 个项目部。

上线 31 个月来，系统中有用户 33490 个，其中内部用户 7790 个，注册供应商 25700 家（已审批通过 21339 家），已完成采购交易 10542 笔，金额 830.95 亿元，节约成本比例约 2.6%，降低成本效果显著。

（二）集团型施工企业供应链管理技术展望

BIM 技术发展迅速，为集团型央企供应链提升带来了新的动力，未来会出现企业运行监控系统支撑供应链的运行，为企业运营服务。

企业运行监控系统呈现了规范化、可视化、系统化、信息化等特点，供应链管理架构如图 5 所示。

PLM：产品全生命周期管理系统，保障产品运行质量。

PM：项目管理系统控制项目成本。

BIM：建筑信息模型，以建筑工程项目的各项相关信息数据作为模型的基础，进行

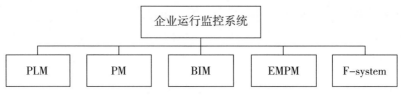

图5 供应链管理架构

建筑模型的建立，通过数字信息仿真模拟建筑物所具有的真实信息。

EMPM：集采平台，规范采购行为，降低采购成本。

F－system：财务系统，对接各系统可打造财务、业务一体化，加强企业整体管控。

通过信息技术支撑，BIM系统在对接各系统后，可为基础建设领域采购需求的准确性、材料消耗的管控提供强有力的支撑。集团总部管控将可实现全球项目运营监控，实现规范化、可视化、系统化、信息化等目标。

（中国交通建设股份有限公司　王　波　王　燕　江福国）

深圳市怡亚通供应链股份有限公司：综合供应链创新服务平台"供应通"

一、企业简介

深圳市怡亚通供应链股份有限公司（Eternal Asia，EA；以下简称"怡亚通"）成立于 1997 年，是我国第一家供应链服务上市企业，服务涵盖了从生产到零售的所有中间流通环节，可以同时为上下游客户提供采购与分销的全套解决方案，是提供全程供应链服务的专业服务商。怡亚通现有 500 余家分支机构，全球员工 30000 余人，服务平台遍布我国 380 个主要城市（包括中国香港）和东南亚、欧美等 10 多个主要国家和地区。作为国内领先的供应链服务商，怡亚通为全球 2000 余家顶尖企业提供专业的供应链服务，包括 GE（通用电气）、IBM（国际商业机器公司）、AMD（美国超微半导）、CISCO（思科系统公司）、PHILIPS（荷兰皇家飞利浦）、HP（美国惠普公司）、OKI（冲电气工业株式会社）、PANASONIC（松下公司）、PICC（中国人保公司）、英迈、联想、华为、海尔等。怡亚通以卓越的整合、创新、管理能力使公司近十年的经营指标持续增长。怡亚通获得的荣誉或称号有中国企业 500 强、中企联中国 500 强、中国民营企业服务业 100 强、中国一般贸易进口企业百强、中国民营企业进口百强、中国医药保健品进口企业 100 强、中国物流 100 强企业、中国经济十大创新企业、国家高新技术企业、中国供应链管理示范企业、广东省电子商务示范企业、中国 AAA 级信用企业、全国文明诚信示范单位。

怡亚通精准洞察企业发展需求，专注于整合优势资源，在我国率先构建了以物流、商流、资金流、信息流四流合一为载体，以生产型供应链服务、流通消费型供应链服务、供应链金融服务、全球采购及产品整合供应链服务、互联网供应链服务为核心的全程供应链整合服务平台，通过不同的供应链服务模式，帮助不同产业链的合作伙伴实现从研发、采购、生产到市场营销、分销终端等各环节的全程供应链管理和优化，最大限度促进企业价值增值和提高竞争力。

2016 年，怡亚通全年实现营业总收入 583.33 亿元，比 2015 年同期增长 46.06%；实现利润总额 7.12 亿元，比 2015 年同期增长 25.42%；归属于上市公司股东的净利润 5.66 亿元，比 2015 年同期上升 14.86%。基本每股收益为 0.27 元，较 2015 年同期增长 12.50%。

二、案例背景

随着互联网产业的蓬勃发展和电子商务的兴起，以及科技创新及信息化的推进，传统产业受到极大冲击，流通业、制造业、金融业等领域的供应链管理和服务体系出现大变革，互联网供应链大行其道，它的迅猛发展催生了 B2B、B2C、O2O（线上到线下）、C2B（消费者到企业）等新业态，传统行业的供应链管理与服务体系将实现重新洗牌。在全产业链中探索新模式，实现线上线下的融合，以及通过"高速公路"搭建智慧物流平台，实现企业低库存甚至是零库存的理想需求，成为了传统供应链企业迫切需要解决的问题。

三、解决方案

怡亚通综合供应链创新服务平台"供应通"集品牌直供与营销为一体，以商店需求为中心，以 VMI（供应商管理库存）为物流基础，以互联网为工具，以平台服务为载体，建立商店集中采购及综合服务 B2B 平台。通过打造供应通平台，怡亚通得以创建一种以"互联网为工具，物流为基础，供应通为载体"的商业新生态，既可为上游品牌商和众多厂商实现快速终端覆盖及终端动销，也可为下游经销商提供一站式商品采购服务，从而提升物流效率，降低商品流通环节的运行成本。

（一）物流基础建设

"供应通"在省级平台推动物流整合、加速网络搭建；在市级平台，夯实物流基础能力、规范操作、加快仓储与配送资源的升级。平台建设重点是物流网点及基础设施的建设以及推行"供应通"战略下的供应商管理库存（VMI）模式。

VMI 物流业务运作流程分为三部分：商品的"进"、商品的"出"、商品的"库存管理"。

（1）商品的"进"。即此类商品进的数量、品类等，是完全基于系统预先设定的安全库存，由系统根据现有库存数量、安全库存数量、预计销货量等数据自动匹配计算出来的，具有较强的计划性、准确性。上游厂商接到怡亚通 VMI 物流方提供的自动补货计划，迅速、准确组织商品的生产或补货；卖家在为怡亚通补货之前，先将一份"预出货计划"

（ASN）提前交付给怡亚通物流，必要时进行送货前预约，以便其提前做好相应收货准备。

（2）商品的"出"。VMI 物流的商品出库完全遵照上游厂商的发货指令，"指哪发哪，令到必达"（双方物流系统需对接），同时怡亚通 VMI 物流还为上游厂商解决客户拒收、退货、回单问题。

（3）商品的"库存管理"。商品的"库存管理"重点如下：因为所有的补货需求、货权转移结算等关键数据都是基于物流提供的数据转化而来，所以供应通 VMI 更强调库存管理数量的准确性、入出库数据更新的及时性、货物收发的准确性；对物流信息化、智能化条件要求更高，安全库存设置、低于安全库存预警、自动补货功能、相关系统的无缝对接等功能十分必要。VMI 安全库存管理见下图。

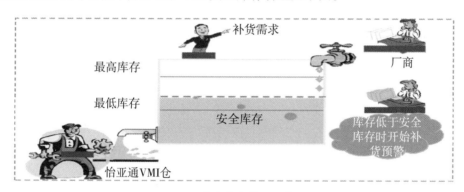

VMI 安全库存管理示意

（二）分销基础建设

在省级平台方面分销基础建设主要包括：统筹集采中心的建立，整合内外资源，以及推动升级转型。在市级平台方面分销基础建设主要包括：强化终端拓展覆盖及维护能力，线上交易平台的终端安装及使用推广，以及区域采购资源的整合与对接。

（三）信息系统基础建设

在省级平台方面信息系统建设主要包括：统筹宣导、标准化操作培训、鼓励区域创新、推动落实执行。在市级平台方面信息系统建设主要包括：内部系统规范化操作执行、外部客户应用系统的推广、安装及推动应用。

怡亚通经过多年的沉淀已经建立了强大的信息化系统，此次建设重点是打造"供应通" VMI 云仓物流系统。

四、案例创新点

"供应通"平台是一种服务模式的创新，平台的搭建打通上、中、下游系统及怡亚通内部各关联系统，实现信息的全面协同、共享、可视；降低供应商库存，提升 VMI 物流反应速度，为上游供应商提供更多、更好的物流基础及增值服务，成为上游品牌商的销售平台、零售终端的直采平台、品牌商的营销服务平台、经销商的分销服务平台、物流商的业务整合平台、流通行业的大数据平台，其创新点与战略实施意义在于以下六点。

（1）助力上游实现终端覆盖、终端动销，提升库存分拨至消费端的效率。

（2）助力终端转型升级，提供一站式的采购服务、营销服务、金融服务、O2O 增值服务等。

（3）技术优势升级分销平台，打造分销、营销、物流、信息、金融五维一体的服务平台。

（4）引领流通行业的变革，实现由分销整合到行业整合再到产业整合的转变。

（5）通过信息化建设，规范分销营销行为，从而帮助分销商、终端门店提升信息化能力，带动提升全社会的信息化能力。

（6）以提升流通的效率、优化成本结构为目标，同时确保平台正品商品交易，保障用户高品质的商业体验。

五、应用效果

（一）社会效益

怡亚通"供应通"平台旨在建立商店集中采购及综合服务 B2B 商业新生态，以"互联网为工具，物流为基础，供应通为载体"，既可为上游品牌商和众多厂商实现快速终端覆盖及终端动销，直供终端，赢在最后一米；也可为下游经销商提供一站式商品采购服务，从而提升物流效率，降低商品流通环节的运行成本。

（二）经济效益

"供应通"提供了采购服务、物流服务、信息服务、市场服务和资金服务，并按照所达成的业务量收取一定的服务费及毛利，其业务规模决定盈利能力。

"供应通"打开了怡亚通供应链"高速公路"的各个接口，可以扩大怡亚通业务区域和渠道覆盖，实现区域全面覆盖。通过"合作伙伴＋品牌＋渠道"解决了规模竞争力的问题，实现了规模垄断优势，形成体量竞争力。预计项目完成并步入运营轨道后，"供应通"业务将促使怡亚通年营业收入增加数亿元，纳税额千万元级以上。

（三）环境效益

企业在生产过程中需要考虑对环境的影响，即由原材料到合格产品的生产过程中物料流动、物能资源的消耗、废弃物的产生等对环境的影响。同时，产品在向下游分销物流过程中由于物流包装、库存积压等情况也会对环境产生影响。

针对这些问题，怡亚通综合供应链创新服务平台"供应通"通过整体协同服务帮助客户在整个物流过程中节约成本，人力投入的减少使其更加专注于核心竞争力的构建。"供应通"平台在保证企业生产线良性运转的同时，降低了供应链环节费用，提高资金周转率，并且有效降低企业在生产、物流过程中对环境的影响。

（深圳市怡亚通供应链股份有限公司　邱　普　黄　克　樊年丰）

京东物流：京东履约引擎

——供应链管理标准化实践

一、京东物流基本情况

京东集团（JD）是我国收入规模最大的互联网企业之一，业务涉及电商、金融、技术三大领域。2016年，京东集团入围《财富》世界500强，是我国首次上榜的互联网企业。一直以来，京东集团以远高于行业平均增速的速度不断增长，2016年实现交易额9392亿元（按照同行主要统计口径），净收入2602亿元。依照目前的发展速度，预测在2021年以前京东集团将成我国最大的B2C电商平台。

2017年4月25日，京东集团宣布内部组织架构调整：京东物流独立运营，组建京东物流子集团（以下简称"京东物流"）。京东物流未来的服务客户不仅包含电商平台的商家，也会包含众多的非电商企业客户，以及社会化的物流企业。京东物流向全社会输出自身的专业能力，帮助产业链上下游的合作伙伴降低供应链成本。京东集团称，京东物流5年后要成为年收入规模过千亿元的物流科技服务商。

京东集团拥有我国电商领域规模最大的物流基础设施；通过完善布局，京东集团将成为全球唯一拥有中小件、大件、冷藏冷冻仓配一体化物流设施的电商企业。截至2016年12月31日，京东集团在全国范围内拥有7大物流中心，运营了256个大型仓库，拥有6906个配送站和自提点，仓储设施占地面积约560万平方米。京东集团专业的配送队伍能够为消费者提供一系列专业服务，如211限时达、次日达、夜间配和2小时极速达、地理信息系统（GIS）包裹实时追踪、售后100分、快速退换货以及家电上门安装等服务，保障客户享受到卓越、全面的物流配送和完整的"端对端"购物体验。

二、案例背景

电商行业中，客户在订单交易完成后，一部分电商网购平台的订单全程信息的流转信息不全面，订单全程可视化程度低，发货不及时，长时间不发货或无揽件信息，经常出现订单包裹丢失、短缺、破损等情况，导致了大量包裹延时送达、退换货慢、退款到账不及时等问题不断出现。而作为电商平台的企业，内部严格的精细化、全环节运营管控非常有必要，同时建立一套针对不同品类、不同业务运营模式订单的作业管理标准势在必行。

为提升客户体验，企业急需一套以客户极致体验为导向的内部履约管控体系（Control Town），有了这套管控体系，才能让消费者购物放心、送达安心、服务舒心。

三、案例解决方案

京东履约引擎的内控体系（见图1），建立了京东独有的四大网络管理，实现了中小件、大件、生鲜、B2B履约全覆盖（未来会增加众包网络、跨境网络）。纵向实现订单全流程闭环履约管理，横向支持全品类、多平台业务接入，管理三百多个仓的生产波次、一万多条路由的发货时间和运输波次、四千多个站点的配送波次、四万多个四级地址的时效管理，并提供实时数据报表及可视化运营，让运营各环节得到有效监控。

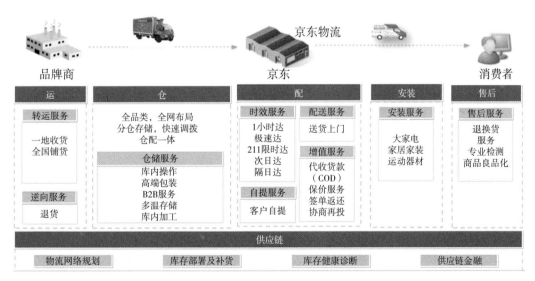

图1 京东履约引擎的内控体系

（一）极致服务产品的打造

在物流层面打造以追求最优客户体验、兼顾运营效率最大的能力，封装成消费者在订单交易时可选择的服务产品，使得消费者体验到极致的运营服务能力，消费者体验得到极大升华。例如，在消费者下单时京东可提供211限时达、京准达、极速达、定时达、夜间配、自提等配送服务产品（见图2）。

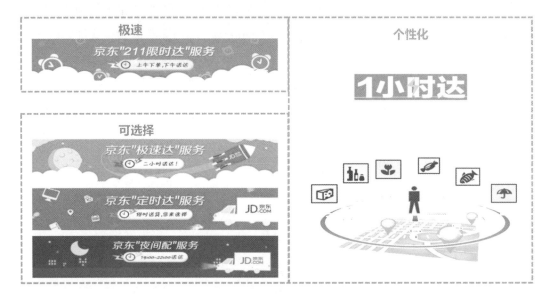

图2 京东的配送服务产品

211限时达：当日上午11：00前提交的现货订单，当日送达；当日23：00前提交的现货订单，次日15：00前送达。

京准达："京准达"是为客户提供的一项可以选择精确收货时间段的增值服务。如客户选择"京准达"配送服务，通过在线支付方式全额成功付款或以"货到付款"方式成功提交订单后，京东将在客户指定的送达时间段内送达商品。

极速达："极速达"配送服务是为客户提供的一项个性化付费增值服务。如客户选择"极速达"配送服务，需通过"在线支付"方式全额成功付款或以"货到付款"方式成功提交订单后，京东在2小时内将商品送达客户。

定时达：在定时达区域，客户可预约7天内三个时间段配送（09：00—15：00，15：00—19：00，19：00—22：00，晚间时段为支持夜间配区域），大家电商品可以享受10天内预约配送。

夜间配："夜间配"服务是为客户提供更快速、更便利的一项增值服务。如客户需要晚间送货上门服务，下单时可在日历中选择"19：00—22：00"时段，商品将在选定日期19：00—22：00送达。

自提：有上门自提和自提柜两种方式。

（二）建立内控体系，打造标准化的履约平台

通过智慧物流布局、数字化运营和自动化作业，打造标准化智慧履约平台。利用

大数据、人工智能等技术，实现路网实时负载的预测和分析、库存管理、智能排产、最优调度，同时通过自动化技术实现仓内运作流程的优化和提效。京东自主研发 WMS（仓储管理系统）、青龙、TMS（运输管理系统）等业务运作系统，保障订单履约时效。

（三）多业务模式管理

京东是综合式购物平台，经营的品类、客户的类别都具备多样性，针对不一样的品类或不一样属性的客户，需要打造专属的一体化服务标准流程和产品，为客户提供更加极致的履约服务。为满足多品类的物流需求（如生鲜、日用百货、图书、3C、家电、新通路大客户等），京东打造了独有的四张物流网络：生鲜冷链、大件、中小件、B2B 网络。

（四）全流程环节管理

将包裹物流全环节可视化给消费者，同时企业具备以客户体验为导向的内部各环节、全流程的考核管控机制，任一订单包裹履约保障必须全流程作业标准化，另外对于各环节的作业标准，一线作业要有清晰地认知。

（五）订单全生命周期的控制

对订单生成、流转、生产、取消、修改、拒收、支付、退款等全周期进行持久化管理，让消费者在发生订单交易各种行为后，有清晰实时的物流、信息流、资金流，并一直持续到交易结束。

（六）退换无忧

建立逆向订单履约标准化的服务流程，保障消费者换货或退货时，能够及时换货或退款。售后上门：客户购买商品 15 日内因质量问题提交退换货申请且审核通过，在京东自营配送范围内，京东提供免费上门取件服务。售后到家：自商品售出一年内，如出现质量问题，京东将提供免费上门取送及原厂授权维修服务。

四、案例创新点

（一）极致产品打造

在服务快的基础上，京东推出"快 + 准"的产品，形成京准达、标准达、极速达的完善服务体系，同时推出自提、付款方式、配送方式等产品服务。针对不同地址，在客户下单过程中的可视化页面如商品详情页、结算页、提交成功页、订单详情页等，京东都明确向客户提供可送达时间，从而保障客户的物流体验。

（二）作业标准

以客户体验最优为导向建立企业内部运营标准化流程，使内部作业流程满足客户时效、服务的需求，保障客户体验最优。

（三）信息及时全面性

针对不同地区送货时效不等，客户不清楚具体几天送达，页面上无明确的送达时间，订单全程信息的流转信息不全面，包裹流转到某环节无后续流转信息或缺失某节点流转信息等问题，要实现及时全面性的信息可视化，减少客户因不明信息而产生的急迫催单。

（四）建立多种业务运营模式

针对生鲜、大家电、中小件、B2B 业务可实现单独的网络运营，包括仓储、分拣、运输、最后一公里配送。

（五）订单全生命周期标准化服务

通过内部的标准化作业流程，对订单生成后的流转、生产、取消、修改、拒收、支付、退款等全周期进行持久化管理，建立客户体验标准化服务流程。

五、应用效果

（一）经济效益

通过供应链的创新，京东履约内控平台在自建物流的基础上，提供全程供应链履约引导，从而大幅降低京东平台的平均履约成本，将客户下单到收货的平均时长从原有 3.8 天缩短到 1.72 天，将京东平台的正向订单交易时间平均缩短 54.7%，大幅提升电商供应链效率，提升社会化物流交付水平。

在提升电商供应链效率的同时，京东履约内控平台也大幅降低了消费者对电商物流的投诉率，服务满意度达 96% 以上，并首次在行业内订单时效达成率超过 97%，成为全球电商供应链体系的标杆。

（二）社会效益

第一，首创履约内控平台，提升电商供应链信息传递效率，降低电商物流履约成本。

第二，形成非常强的内部管控体系，随着物流开放的推进，未来将成为社会基础设施服务的提供商。

第三，打造电商极致物流服务，引领行业在客户极致服务追求方面进步，通过不断提升运营能力，形成产品让消费者体验得到改善；同时也激励同业竞争企业，加速创新产品，提高服务水平和意识。

（三）推广价值

十年前，京东通过首创 B2C 的物流服务体系极大地提升了我国零售行业的流通效率，大幅降低了我国社会化物流成本，并打造了最优的客户体验。未来，京东物流将由单一服务京东商城成为社会化的商业基础设施、成为一项公共服务提供者，京东所有的产品服务和科技创新都将对社会开放，与众多合作伙伴携手建设智慧供应链价值网络，共同推动商业、社会发展。

（北京京东货运服务有限公司　周强明）

海尔供应链金融：开放、创新、在线化

产业的繁荣离不开金融的支撑，全球商业智能正在驱动供应链金融迈向全新的时代，为金融机构和企业尤其是跨国公司展现更广泛的远景。越来越多的政府、跨国公司纷纷加入供应链金融计划，以帮助国家或企业在金融危机或金融衰退中重新获得竞争优势。如何了解和使用供应链金融创新以管理流动性，避免商业生态的崩溃和促进企业整个供应链的健康发展变得至关重要。世界各国央行在金融危机中向市场投放了大量的货币，以刺激经济增长。但是，中小企业"融资难、融资贵"的问题仍然很难解决，供应链金融显然是能够长期解决这一问题的最佳选择。互联网时代贸易的全球化和供应链管理水平的极大提升将大幅度推动我国供应链金融的发展，云计算、大数据、人工智能等新的技术正在为创新奠定基础，赋予我国供应链金融蓬勃的生命力和爆发力。

一、供应链金融呼唤国家战略和企业战略

海尔产业金融是海尔金控旗下专注于产业金融服务的主体。产业金融以构建良性运转的产业生态圈为目标，提供综合金融、技术交流、管理咨询及多元资源整合服务，定位为"积极的金融、生态的金融和合作的金融"。产业金融的实现路径是"播、种、收、销"，始终坚持与商业生态系统的各方结成利益共同体，努力构建"共创共赢新模式、共生共享新生态"。

《中国制造2025》提出，坚持"创新驱动、质量为先、绿色发展、结构优化、人才为本"的基本方针，坚持"市场主导、政府引导，立足当前、着眼长远，整体推进、重点突破，自主发展、开放合作"的基本原则，通过"三步走"实现制造强国的战略目标。第一步，到2025年迈入制造强国行列；第二步，到2035年中国制造业整体达到世界制造强国阵营中等水平；第三步，到新中国成立一百年时，综合实力进入世界制造强国前列。

金融是驱动经济发展的引擎，中国制造离不开金融的强大支撑，供应链金融将为

《中国制造 2025》保驾护航。中国具有健全的工业制造体系和强大的制造能力，中国的企业正在走向世界。供应链金融是增强供应链竞争力的重要组成部分，中国制造要走出去，《中国制造 2025》的实现，离不开供应链金融的广泛实施和快速推进。

当前，伴随着互联网技术对金融业的快速渗透，我国供应链金融领域涌入一大批新加入者，其中，许多实力雄厚的产业巨头开始探路"互联网 + 供应链金融"的新模式。那么，对于产业巨头而言，如何在供应链管理中更好地推进融资模式创新和产业升级，提升整体供应链的竞争力尤为关键。

二、海尔在线供应链金融解决方案

供应链金融对核心企业来讲有两端，一个是供应商端，另一个是经销商端，海尔在线供应链金融以服务下游经销商（应收账款）为主。从西方国家供应链金融的发展过程来看，做供应链金融的大都是世界 500 强企业，而且以应收账款为主，以动产质押和直接进入为辅。

最近几年，随着市场经济的下行，家电行业进入困境，海尔下游经销商也面临经营困难、资金短缺等问题。而处于同一供应链的核心企业与上下游企业之间的关系是"一荣俱荣，一损俱损"。

早在 2013 年年底，海尔就决定搭建一个面对客户的 B2B 系统，基于与客户交互的互联网化，在线供应链金融旨在解决下游企业的资金需求难题。2014 年 9 月，海尔 365rrs.com B2B 上线，这一在线平台对全国所有经销商提供产品展示、下单、支付、结算、年度协议签订、对账、发票、全程物流的可视可控等服务。

得益于移动互联和大数据技术的发展，作为交互用户体验引领下的开放平台，海尔可以将其拥有的客户群体和规模庞大的经销商数据与银行系统进行连接，成为银行授信的重要依据。海尔与银行合作，整合了银行的资金、业务以及技术的专业优势和海尔集团分销渠道网络、交易数据和物流业务等要素的雄厚积淀，通过 365 供应链金融平台的交易记录，将产业和金融通过互联网的方式集合在一起，开拓了针对经销商的"货押模式"和"信用模式"两种互联网供应链金融业务。这两种互联网供应链金融产品的差异在于："货押模式"是针对经销商为了应对节日消费高峰，或者抢购紧俏产品/品种，或者每月月底、每季度底为了完成当月或季度计划获得批量采购折让而进行大额采购所实施的金融解决方案；"信用模式"则是针对经销商当月实际销售而产生小额采购所实施的金融解决方案。

"货押模式"：首先经销商需先将 30% 的预付款付至银行；随后经销商向海尔供应

链金融申请货押融资，海尔供应链金融将信息传递至银行；银行审核后放款至经销商在海尔的监管账户，海尔供应链金融将资金（70%敞口）定向付至海尔财务公司；然后经销商通过365rrs.com向海尔工厂下达采购订单，工厂生产出成品后，发货至海尔物流仓库，货物进入质押状态；当经销商需要提取货品时，向海尔供应链金融平台申请赎货，然后将剩余货款归还至银行；海尔供应链金融获取银行发送的全额资金还款信息后，通知海尔物流仓库，货物解除质押；物流将货品送至经销商仓库。

"信用模式"：海尔供应链金融和商业银行基于经销商的业务信用提供的金融解决方案。海尔供应链金融和银行根据经销商的信用状况提供提货资金，并定向支付至海尔财务公司；海尔财务公司将款上账至经销商指定的海尔账户内，经销商可以在正常的开货下单流程中使用融资款。

在线供应链金融主要解决下游经销商的资金需求，已成为B2B平台的一个重点方向。平台上的经销商不用抵押、不用担保、不用跑银行办手续，通过平台上的"在线融资"窗口，实现了资金及时到账，不仅方便快捷、效率高，还能享受与大企业一样的优惠利率，大大减少了利息支出。海尔集团先与平安银行、中信银行合作线上的供应链金融模式，之后又有广发银行、青岛银行等银行加入合作，目前已经为下游企业融资二十几亿元，解决了近千家海尔专卖店的资金困难问题。从目前操作的情况来看，在线供应链金融已有了一些成果：一是经销商远程开户方面有了一定的突破；二是放款全流程打通，放款时间达到"秒级"，即客户发起融资申请到出款，能在几秒之内完成。

不仅如此，海尔供应链金融还与中信银行协同创新，充分利用银行票据管理的优势，提供了银行承兑汇票模式，从而使经销商能零成本获得资金。例如，在"货押模式"下，经销商支付30%的首付后，可以向海尔供应链金融和中信银行开票，在支付开票费后，银行在线开具承兑汇票，并付至海尔财务公司，之后经销商上账从海尔开货。中信银行对所有过程不收取任何融资费，经销商只需承担千分之五的开票费，而与此同时经销商还能享受30%首付款的存款利息。该金融产品推出后，得到了经销商的高度认同和赞许。四川西充县的一位经销商开始了解该产品时表示怀疑，用电脑在平台上试着发出了一元钱的开票申请，而中信银行青岛分行劲松路支行开具了目前中国最小金额的银行承兑汇票，成为海尔供应链金融一个标志性的样本。

三、海尔互联网供应链金融平台的功能模块

将供应链金融互联网化，海尔和各利益相关方均可摆脱时间和空间的限制，及时

掌握业务动态，将整个供应链运营掌握在手中。针对供应链金融的前台和后台，基于互联网的在线供应链金融发挥了及时、透明、对称的信息优势，促进供应链金融的发展。

从供应链金融的前台看，对于授信客户（即经销商）而言，能够及时下达订单，并且获得金融支持，不断开拓业务领域。具体从功能和业务流程看，经销商可以透过互联网进入海尔的供应链金融平台，完成如下功能。

第一，进行银行绑定。目前海尔供应链金融平台和多家银行开展了合作，由于不同的银行融资利率和要求不尽一致，因此，经销商可以根据自己的情况选择对应的银行。

第二，融资充值。对于"货押模式"而言，经销商要首付 30% 的货款，因此，需要经销商在银行账户中预存相应的货值。借助平台，经销商还可以选择现金贷或者银行承兑汇票。与此同时，要标示相应的融资金额和期限，系统会自动计算利息和首付款金额。

第三，融资订单查询。经销商可以通过海尔供应链金融平台详细查询以往的融资订单，并且可以在线申请赎货。

第四，费用查询。经销商能实时查询赎货时间、金额、数量，并且还可以及时知晓银行还款状态、仓储费缴纳状态、海尔供应链金融服务费缴纳状态等信息。

从供应链金融的后台看，对于海尔供应链金融和银行而言，数据源提供数据的真实性和安全性是供应链金融顺利开展的关键。无论是"货押模式"还是"信用模式"，都是基于供应链上下游真实可靠的交易、经营和物流信息，一旦信息失真或被造假，违约风险便会急速增加，从而导致灾难性后果。海尔 365 供应链金融平台明确了信息传输各环节中的归属权和管理义务，来确保各环节数据控制方明确责任，共同维护信息的安全性。即各环节的信息归属方在与信息接收主体进行信息数据推送之前必须保证信息生成、传递和使用过程中不发生信息的泄露或外溢，将信息在传递过程中因被恶意修改或减损所导致的信息真实性和可用性受到的影响降至最低，最终保证信息被接收的主体获取。从其系统的功能看，包括了如下几点。

第一，融资统计。即能自动根据前台形成的数据计算各经销商的融资状况，包括期限、金额等各类信息，为海尔和银行了解经销商的经营和融资趋势、详细融资状况、还款状态提供支撑，从而有效地管控潜在的风险。

第二，费用查询。该板块主要是提供贷款安排费用查询和仓储费用查询，从而为银行及时了解并掌握对经销商提供金融支持的代价和收益，海尔日日顺物流存货的费用发生状况，以及判断相应的风险等提供了强有力的数据分析。

四、海尔互联网供应链金融的风险管理

由于贷款申请全部在网上完成，银行无法像传统融资服务那样根据具体情况考量中小型经销商所面对的风险，同时因为该类经销商资金链受整体市场和所处环境的影响较大，若发生到期强行提货或是由于经营不善不能到期打款提货的情况，银行信贷的违约风险和损失就产生了。针对这种情况，海尔和银行进行了相应的风控措施设计。

首先，海尔供应链金融需要与商业银行保持良好的合作关系和系统对接，海尔会将合作的经销商近三年的销售数据传递给银行，从而便于银行分析判断该经销商的经营状况和能力，确立相应的信用额度。

其次，对于"货押模式"，其定位的客户往往是销售周期明显的家电经销商。因为有货物质押作为客户的违约损失担保，该类融资服务模式对经销商的经营年限和年销售规模要求相对较低。第一，在经销商申请贷款时需要按30%的比例缴纳首付款，或是拥有部分自有资金，这样在一定程度上可以降低客户道德风险动机。第二，作为监管方的海尔物流、365供应链金融平台、银行和客户需要签署四方协议，明确每个利益相关者的责权利，控制经销商的交易信息，降低信贷风险。第三，如果经销商逾期未赎货，由海尔协助银行进行调剂销售，资金归还银行。

最后，针对风险暴露更大的"信用模式"，合格客户的年销售额需在1000万元以上，且由于申请借款的都是规模较大、信用较好的优质经销商，银行和日日顺更加重视经销商的资质，只有拥有作为海尔经销商大于3年的销售记录才能通过额度审批。另外，通过与平台数据的实时交互，银行得以监控经销商真实全面的交易信息和数据。且随着企业交易的重复进行，这些信息、数据得以不断积累和完善，从而建立起一套动态可监控、全生命周期的商业数据体系，而这便是银行为中小型经销商提供商业信用融资服务的基础。此外，"信用模式"每笔融资金额一般都在5万元左右，通过小额动态循环，海尔供应链金融和商业银行能够借助大数定律控制相应的风险。

对于该模式下各参与方而言，银行通过对一家海尔统一授信，并且建立完善的风险控制机制来管理海尔的经销商，既能减少对不同经销商分别设计供应链金融产品的成本，又可通过针对标杆复制的手段在短时间内以几何级数的方式增加客户数量。在海尔渠道去中介化的进程中，其供应链体系中的层级经销商被简化，海尔直接与下游的中小型经销商进行订单对接，大量中小规模的经销商通过传统融资模式"融资难、融资贵"的问题凸显。银行抓住这个契机与产业紧密结合，使供应链上的企业可以借助银行实现信用延伸和风险变量的转移。

五、越开放，整体供应链金融越有竞争力

365rrs.com 上线三年多以来，海尔一直借助这一平台为全国所有经销商端提供服务。一方面，得益于海尔这些年内部系统比较健全，从生产到销售再到与客户交互的所有信息全部在线，这为在线供应链金融平台打下了一个良好的基础。另一方面，得益于合作银行的"秒级"放款和良好的客户体验。

与此同时，在线供应链金融目前面临的各种挑战也是很大的。

一是物流系统的掣肘。如果没有一个完整的、健全的、高效的物流体系支撑实体企业在下游做动产质押、货物质押，而物流监管又存在一定的困难，在线供应链金融的风险就会比较大。

二是直接信用环节的挑战。很多核心企业拥有多年来遍布全国的经销商的数据信息，但这些数据是否能够有效地被金融机构采纳和使用，这是目前所面临的非常大的挑战。核心企业的数据即使能直接进入总行的系统，但是具体的业务都在分行、支行层面，分行、支行内部的风控、授信、对数据的认可能够达到什么程度？这是银行应该考虑的。对于传统的金融机构，对于传统的企业，相关数据能不能开放？是否能够采纳？能够采纳到什么程度？能够分析出什么结果？这是另一个很大的挑战。

三是开展上游供货商服务（应付账款）方面存在难点。事实上，在目前阶段核心企业很难将所有上游客户的数据开放给金融机构，甚至大多数企业是拒绝开放数据的，这是一个普遍的问题。

通过研究西方国家供应链金融发展的脉络，可以看出经济开放的程度越高，整体供应链竞争力就越强，只有上下游的融资成本低、资金充沛，整个供应链才有竞争力。但是目前我国极少有企业去考虑这个问题，即使考虑也是认为这是个生财之道，而不是说为上下游提供便利、低成本的金融服务。

因此，我国当前正处在供应链金融大时代的开端，随着开放程度日渐提高，服务领域和范围才能更广，上下游客户才能拿到更低成本的资金，整体供应链才能更具竞争力。

六、越创新，越要基于产品、IT 与产业链

过去，探索供应链金融的主要是银行；如今，更多的企业、电商、物流公司、互联网金融等机构都在纷纷发力供应链金融。供应链金融的发展进入了一个全新的历史

阶段，呈现出在线、互联、迅速、实时、跨界等新特点。

供应链金融即将进入一个蓬勃发展的时代，对于从业者而言，应该怎么去提升自身或者整个行业的创新服务能力？

供应链金融的创新主要有三点：一是金融服务本身即金融产品的创新力度亟待提高；二是注重与IT技术的结合；三是与实际企业所在产业链的结合。

值得注意的是，随着跨界逐渐成为供应链行业的趋势，要注重跨界人才的储备，以及对相关人员的定位问题。

目前，海尔供应链金融业务涉及三个相关内部系统：一是海尔下属的互联网金融海融易；二是海尔财务公司；三是海尔集团供应链金融。三个部门分工不同、各自独立运营。

站在整个海尔集团供应链金融的立场去看，365rrs.com有三个特点：价格低、资金体量大、速度快。由于365供应链金融平台直接跟多家银行合作，银行的钱直接贷给客户，资金的价格比互联网金融公司、财务公司更具竞争优势。此外，由于全程在线服务，基本上没有人工干预，资金从申请到落地是全程在线化，非常迅速。

关于供应链金融的风险，实际上是融合在产品里面的，风险来自于两点：一是产品设计；二是IT系统。产品最初设计的保证金比例是否定得合适？IT在系统架构设计的时候是否严谨？这些是决定供应链金融是否存在风险的关键。随着时间的推移，产品逐渐完善，风险也可以逐渐降低。

因此，供应链金融是一个缓慢进步的过程。尤其是在线供应链金融，今后还有很长的路、很艰难的路要走。

七、供应链金融在线化是未来发展方向

事实上，365rrs.com自上线以来，为这一平台上的相关合作方都带来了好处：下游经销商客户可以很方便地融资，物流监管方也顺利地收到了相关费用，海尔集团的上市公司得到了回款，银行放了贷款也收到了利息。

由此可见，在线供应链金融是一个让大家都受益的新事物，需要银行、核心企业将其纳入整体流程设计中，对于在线供应链金融的系统建设、流程设计、产品设计、金融信审、风控、法务等都要去适应与综合考量。银行和企业要一起发力，一起克服当前在线供应链金融面临的法律、协议、授信批量和开户等种种困难。

同时，在线供应链金融是未来发展的方向，像以海尔为代表的很多销售型公司涉及全国各地的经销商、代理商、全国各地的加工厂，以及多个供应商。如果不在线，

面对大量的发票、大量的交易、大量的融资，会很难操作，也很难跨越地域、跨越成本的约束，而在线化很容易解决上述难题。

当前，尽管很多实体企业都开始建立供应链金融平台，但未来供应链金融市场还是以银行为主导，第三方平台是重要的补充力量之一。

因为供应链金融的定义是为实体企业服务的，有些互联网金融平台利息高到离谱，这不能叫作供应链金融。所谓供应链金融，是核心企业上下游整体解决方案，一是要兼顾整体的融资方案，二是成本要低，三是体量要大。

目前，一些互联网金融平台混淆视听，认为对上下游企业的放贷行为就是供应链金融，其实这只能叫贸易融资，以赚取利息为核心。

供应链金融是贸易融资和供应链管理发展的必然选择，离不开经济发展的水平，也无法脱离金融业的发展。互联网的发展，给供应链金融提供了高效的运作平台和工具，传统的供应链金融将被完全改造。

基于端对端的在线供应链金融在 2008 年金融危机后蓬勃发展，以其高效、准确、安全的特点，极大地改变了原有供应链金融的运行方式，在产品和技术创新上焕然一新。

我国的大型公司业务遍布全国，供应商更是分布广泛，如何应对海量的供应商以及高频率的销售业务，是银行业正面临的诸多挑战，我国企业应收账款资产证券化仍然未取得明显突破，2016 年，资产证券化的数量仅为 45 只，总额也仅有 590 亿元，远远满足不了企业需求。

全球化推动着供应链金融的不断创新，贸易单证数字化和云计算的兴起为供应链金融的高效性提供了更广阔的空间，供应链管理的数字化更为供应链金融产品的创新提供便利，互联网金融的创新工具和平台使得资金来源更加多样化。多银行的解决方案仍然不能有效避免信贷中断的危险以及金融机构无法预期的审批周期。全球性的大型供应链金融平台近年开始运营自有资金池，其资金池的规模以前所未有的速度扩张。来自企业客户的财务部门越来越将应收账款视为一种可靠的投资理财品种，保险资金和养老基金的青睐更使得相关资金池的扩充有着极大的可能性。资产证券化工具的广泛使用，使得企业供应链金融在银行及自有资金池之外获取巨额低成本流动资金多了一种重要的选择。供应链金融对银行业的高度依赖正在改变。

而这一切，在我国只是刚刚开始。

我国的供应链金融必将伴随着网络化浪潮和《中国制造 2025》的大趋势成为推动世界经济的重要动力。

（青岛日日顺乐家贸易有限公司　陈璟璟）